15C
2
REISEHANDBUCH
Mykonos
2A

MYKONOS

VOM UNTERWEGS VERLAG

Verlag
Unterwegs

IMPRESSUM

Dies ist eine Originalausgabe der
Unterwegs Verlag GmbH
Auf der Höhe 6
D-78224 Singen
Tel. +49 (0) 7731 838-0, Fax +49 (0) 7731 838-19, info@unterwegs.com
www.reisefuehrer.com, www.unterwegs.com

Autor: Thomas Schlegel
Aktueller Text und Überarbeitung: Thomas Schlegel
Recherche: Natalia Cid Rodriguez, Pablo Klemann
Erstausgabe/Fotos: Anne Walser
Fotos: Natalia Cid Rodriguez, Pablo Klemann, www.shutterstock.com
Inselkarten und Ortspläne: Susanne Handtmann
Herstellung/Layout: Cedric Gruber

ISBN 978-3-86112-370-5

Haftungsausschluss

Alle in diesem Buch enthaltenen Angaben, Daten usw. wurden von den Autoren und dem Verlag nach bestem Willen erstellt und mit größter Sorgfalt überprüft. Gleichwohl sind inhaltliche Fehler nicht vollständig auszuschließen. Daher erfolgen die Angaben usw. ohne jegliche Verpflichtung oder Garantie des Verlages oder der Autoren. Beide übernehmen keinerlei Verantwortung und Haftung für etwaige inhaltliche Unrichtigkeiten.

Bibliografische Information der Deutschen Nationalbibliothek

Die Deutsche Nationalbibliothek verzeichnet diese Publikation in der Deutschen Nationalbibliografie; detaillierte bibliografische Daten sind im Internet über http://dnb.d-nb.de abrufbar.

LEGENDE

UNTERKÜNFTE

1 Andriani´s Guest House S. 82
2 Hotel Belvedere S. 80
3 Hotel Carbonaki S. 82
4 Hotel Élena S. 85
5 Hotel Poseidon S. 84
6 Hotel Rochari S. 80
7 Hotel Semeli S. 79
8 Hotel Zórzis S. 84
9 Pension Joanna S. 85
10 Pension Maria S. 86
11 Kouneni Apartments S. 81

RESTAURANTS/CAFÉS

12 Appaloosa S. 97
13 Ávras Restaurantgarten S. 92
14 Baos – Fine Dining S. 91
15 Café Point S. 88
16 Dynasty S. 100
17 Eva´s Garden S. 99
18 Kafenion Central S. 88
19 Kostas Restaurant S. 94
20 Kounelas Fischtaverne S. 93
21 Maccheroni Pizzeria S. 97
22 Madoupas, Café-Restaurant S. 87
23 La Maison de Katrin S. 88
24 Mamacas S. 92
25 Mythos Café S. 87
26 Nikos Taverna S. 94
27 Sale'n'Pepe S. 96
28 Sea Satin Market S. 90
29 Sesame Kitchen S. 99
30 Ta Kioúpia S. 96
31 Takis Fischtaverne S. 91
32 Taverna Marco Polo S. 93
33 Taverna El Greco S. 92
34 Yves Klein Blue Ristorante S. 97

BARS/DISCOS

35 Anchor Bar S. 102
36 Astra Bar S. 102
37 Ayidn S. 104
38 Babylon S. 113
39 Caprice Bar S. 103
40 Ikaros S. 110
41 JackieO´ S. 113
42 Kastro´s Bar S. 106
43 La Mer S. 104
44 La Porta Bar S. 112
45 Mad Club S. 104
46 Manto-Bar S. 112
47 Pierro´s Bar S. 110
48 Scandinavian Bar S. 105
49 Semeli Bar S. 107
50 Space Dance S. 106
51 Bar Uno S. 101
52 Veranda Club S. 106
53 Yachtclub S. 110

SEHENSWÜRDIGKEITEN

54 Alefkandra S. 75
55 Kastro-Viertel S. 75
56 Little Venice S. 75
57 Kato Myli – die Windmühlen S. 74
58 Panagia Paraportiani – die Marienkirche S. 73
59 Paraglia – die Hafenpromenade S. 72

MUSEEN

60 Aegean Maritime Museum S. 77
61 Lena´s House S. 76
62 Volkskundemuseum S. 77
63 Archäologisches Museum S. 77
64 Bibliothek S. 78

TRANSPORT & VERKEHR

65 Auto-/Mopedvermietung „Pegasus" S. 53
66 Auto-/Mopedvermietung „Pier 1" S. 53
67 Busterminal, Taxistand S. 48
68 Busterminal, Taxistand S. 48
69 Fährhafen (von/nach Athen, Nachbarinseln) S. 42
70 Olympic Airways S. 41
71 Schiffe nach Delos S. 201
72 Shell-Tankstelle S. 54
73 Yachthafen

EINKAUFEN

74 Booze Clothing S. 119
75 Minas Juwelier S. 117
76 Mykonos Records S. 120
77 Pandora S. 117
78 Remember Fashions S. 118
79 Super Markt Tria Pigádia

BANKEN

80 Commercial Bank
81 Credit Bank
82 Ionian Bank
83 National Bank

KOMMUNIKATION

84 Internet-Café S. 73
85 Post – ELTA S. 34
86 Telefongesellschaft OTE S. 39

NÜTZLICHES

87 Amphitheater S. 30, 114
88 Apotheke S. 31
89 Beauty Salon Kenios
90 Cinemanto S. 114
91 Fast Film Processing
92 Polizei S. 39
93 Quick Clean Laundry
94 Touristenpolizei S. 39
95 Zimmervermittlung, Mykonos Hoteliers Association S. 61

INHALT

MYKONOS

STRÄNDE

GRIECHENLAND

MYKONOS

Mykonos – Feel the sunshine groovy

Die Hausfrau freut sich über Mykonos´ Strände, die anmuten, als wären sie fein säuberlich aus Hochglanz-Magazinen ausgeschnitten. Der Schwule freut sich über die endlose Auswahl an straffen Jungs. Eitle Schönheiten können endlich nahtlos braun werden. Der Gourmet befindet sich auf einer Insel, deren Hauptort fast nur noch aus Kneipen, Tavernen und Restaurants besteht. Der Brave wähnt sich legal in einem Sündenbabel. Der Dichter genießt die tiefblauen Wellen, die die Ufer umspülen und seine tiefen Gedanken mit sich tragen.
Der Exhibitionist findet auf Mykonos sein Publikum, während der Schüchterne sich an der fröhlichen Non-Stop-Show erfreut! Der Autor eines Reiseführers unterliegt der Gefahr, klischeehaft zu verallgemeinern. Er muss ein Land oder eine Region vorstellen, ohne sie allzu blumig zu umschreiben, aber auch ohne dem Leser gleich jede Vorfreude zu nehmen und stattdessen in ihm eine Faszination zu „seinem Ort“ zu entfachen. Denn diesen hat er „auserwählt“, dorthin ist er immer wieder gereist, ist den Menschen dort begegnet, hat Bekanntschaften geschlossen und Neues erfahren, um nun beredt „sein Mykonos“ vorzustellen. Was Henry Miller über Griechenland sagte, gilt allemal für Mykonos: „Griechenland ist das, was jedermann kennt, auch wenn er noch nie dort gewesen ist, auch wenn er ein Kind oder ein Idiot oder noch ungeboren ist. Griechenland ist so, wie man erwarten würde, dass die Erde – gäbe man ihr die Möglichkeit dazu – aussähe ...“
Als Autorin und Reisende habe ich „mein Mykonos“ lieben gelernt. Ganz allein stehe ich mit meiner Mykonos-Manie nicht: Mykonos ist eine Insel, die auch vor kritischen Augen besteht. Mit ihrem zeitlosen Charakter und ihrer charmanten Unverbindlichkeit verkörpert sie die Urlaubsinsel schlechthin ... ein Paradies, das einem erlaubt, die buntesten Früchte zu pflücken! Und selbst in stürmischen Zeiten, deren Turbulenzen den griechischen Staat, seine Finanzen und seine Ökonomie in ihren Grundfesten zu erschüttern wissen, wird dieses Paradies, wird Mykonos nie untergehen.

Anne Walser

MYKONOS

Die kleine Insel Mykonos gehört zur Präfektur der Kykladen-Inseln. 94 Seemeilen von Athen entfernt, hat sie eine Gesamtfläche von ca. 85 km^2. Die Küstenlinie zählt 88 km. Sind mancherorts steile Felsenklippen unüberwindbare Hindernisse, vermischt sich anderswo das Meer sanft mit dem Strand.
Mykonos entbehrt fast jeglicher Vegetation. Nebst einigen wenigen Tamarisken (Feigenbäumen) scheinen auf der windigen Insel nicht einmal baumähnliche Pflanzen zu gedeihen, denn auf den kargen Böden können nur Gewächse wachsen, die sich über die Zeiten hinweg dem Wassermangel der Insel angepasst haben. Der natürliche Bewuchs der Insel nennt sich Phrygana wegen der kleinen Zwergsträucher, die mit stacheligen Distelarten (barfuß wandern nicht zu empfehlen) durchwachsen sind. Wer mit Griechenland saftig-grüne Olivenbaumhaine assoziiert, wird auf Mykonos so lange enttäuscht sein, bis er durch die traumhaften Strände und die romantische Schönheit des Eilands vertröstet wird!
Trotz ihrer kleinen, landschaftlich unauffälligen Gestalt ist die Okkupation der Insel Mykonos in den Sommermonaten unerbittlich. Die Ansprüche der Ferienhungrigen an Mykonos sind groß – manchmal zu groß, um Traditionen und natürliche Begebenheiten noch zum Zuge kommen zu lassen. Dennoch ist Mykonos ein Spezialfall in der griechischen Inselwelt, den zu entdecken sich lohnt und den zu lieben fast unumgänglich ist!
Mykonos ist längst zum Nesthäkchen Griechenlands geworden! Etwas ungezogen, aber einfach liebenswert. Die großmütigen Kykladenschwestern Páros, Náxos, Tinos und Co. überlassen dem vergnügten Nachzügler Mykonos großzügig allen Ruhm, die Griechen sonnen sich im Glanz ihres durch Mykonos neu gewonnenen internationalen Ansehens und die Touristenzahl steigt stetig. Mykonos ist stolz und eigenwillig geblieben. Man kann die Insel nicht nur als griechisches Urlaubsparadies abstempeln. Es wäre ebenso falsch, siel, losgelöst von der griechischen Rückständigkeit, als einen internationalen Dreh- und Angelpunkt zu bezeichnen: Man muss sie als einen ursprünglichen Schatz Griechenlands betrachten!
Mykonos ist einmalig – aufgrund seiner Vergangenheit und seiner Gegenwart –, farbenfroh und grenzenlos! Während sich der Tourist unaufhörlich die Frage stellt, weshalb, um Himmels willen, es ihm so auffal-

lend gut auf dieser Insel geht, die sich kaum ersichtlich von anderen Eiländern abheben kann, so schilt er sich gleichzeitig, seinen Enthusiasmus und sein genüssliches Wohlwollen zu hinterfragen, wo er doch vielmehr die Lust empfindet, die naive Freude auszurufen und zu zelebrieren!

... und genau letzteres soll der Gast auch tun, denn auf der Touristenhochburg der Kykladen wird Toleranz groß geschrieben. Wer auf Mykonos weilt, ist für einmal nicht, was er tatsächlich ist, sondern das, was er sein will! Eine proklamierte Narrenfreiheit und eine exzessive, befreiende Exzentrik sind in Mykonos allgegenwärtig.

Die Ägäis

Seit globales Reisen und Billigflüge das Gefühl von Distanz und Ferne schrumpfen lassen, hat das Mittelmeer einen seiner letzten Reize verloren: Für Mitteleuropäer ist es an die mediterranen Gestade nicht mehr als ein Katzensprung! Tempi passati! Hinz und Kunz haben die Wellen des Atlantiks, die Korallen des Pazifiks und das Türkis des Indischen Ozeans kennengelernt und träumen nicht mehr von Ferien an der Adria. Die Seebäder des Mittelmeers sind zwar noch immer rege besucht, doch müssen Cannes, Rimini und die Costa Brava mit aufwendigem Nachtleben, lukullischen Genüssen und Shopping-Erlebnissen locken, um von fehlenden Palmen, Riffen und Kokosnüssen abzulenken. Für pures Badevergnügen stehen heutzutage die Malediven, Thailand und die Karibik.

Die Ägäis mit ihrem blauen und klaren Wasser scheint das letzte Juwel des Mittelmeeres zu sein. Man muss weit reisen, um ein solches Farbenspiel an Blautönen, eine solche Lebendigkeit der Wellen und ein solch sauberes Wasser zu finden! Das seichte, türkisfarbene Wasser in den kykladischen Buchten erinnert an die französisch-polynesischen Atolle, die Schaumkronen vor Mykonos' Küste an die tiefblaue See Australiens und die Wellen, die an die Klippen schlagen, an die dramatischen Küstenstriche Kaliforniens! Die Heimat von Poseidon hält, was die blumigsten Ferienkataloge versprechen!

Aufgrund der ergreifenden Schönheit der Ägäis wundern wir uns nicht, dass viele Segler und Yachtbesitzer der berühmten Sage von Odysseus Seefahrten nacheifern: Wenn auch nicht jahrelang, so doch monatelang durchkreuzen moderne Seebären die erschreckend blaue Ägäis und unisono haben „Wasserfreaks“ diesen Teil des Mittelmeers zu ihrem Paradies erklärt.

Kleine Fischerboote im kristallklaren Wasser der Ägäis

DIE KYKLADEN

Mykonos gehört zur Inselgruppe der Kykladen im zentralen und östlichen Ägäischen Meer. Ideal positioniert, um vom Sonnenschein erwärmt und von der Meeresbrise gekühlt zu werden! Symbolisch gesehen, bilden die Kykladen einen Kreis von Steinen, die sich wie Perlen an einer Kette um die heilige Insel Delos gruppieren. Ursprung des Namens „Kykladen" ist das griechische Wort „Kyklos" (dt. „Kreis"). In der griechischen Antike wurde die geographische Positionierung der Kykladen als Demut der Natur der heiligen Insel Delos gegenüber interpretiert. Dass diese Deutung nicht nur mythologischer Humbug ist, erkennt man auf der Landkarte: Tatsächlich schließen sich die 30 größten Kykladeninseln schützend und ehrerbietend um das ehemalige Heiligenzentrum Delos.

Insgesamt 24 bewohnte Hauptinseln bilden mit ca. 15 unbewohnten Inseln und einer Vielzahl kleiner, kaum nennenswerter Felshaufen im Meer die Inselwelt der Kykladen. Das Landschaftsbild ist rau und trocken. Viele Inseln sind gebirgig und erreichen Höhen von bis zu 1000 m. Geologen führen die zerklüftete Gestalt der Kykladen auf die bewegte Vergangenheit dieser Region zurück: Erdbeben, Vulkanausbrüche und tektonische Verschiebungen, die den Meeresgrund zu Hunderten von Inseln aufgefaltet haben oder ganze Festlandteile im Meer versenken ließen. Selbst das sagenumwobene Atlantis soll der erdgeschichtlichen Entwicklung des Kykladenraums zum Opfer gefallen sein.

Die auffälligste Gemeinsamkeit der Kykladen wird der Tourist nicht in deren Landschaft finden, sondern im ausdrucksstarken Baustil der Kykladenhäuser! Schon Corbusier soll sich an der weißen, kubischen Kykladenarchitektur inspiriert haben und ungeachtet des übrigen Griechenlands wurde die Baukultur der Kykladen zum Inbegriff dessen, was man als typisch griechisch nennt: das Postkartengriechenland mit den weißgewaschenen, würfelförmigen Häuschen, rot beziegelten Kirchen, die Schwindel erregend an Felsvorsprüngen kleben, und karge Landschaft, umspült vom tiefen Blau der Ägäis!

Von den rund 9 Mio. Griechen leben ca. 1,4 Mio. auf den Ägäischen Inseln. Versucht das griechische Festland durch exklusiven Lebensstil und Kultur seinen humanistischen Einfluss auf Europa geltend zu machen, so haben auch die Inselgriechen ein spezielles Interesse an den europäischen Nachbarn. Im Gegensatz zu ihren Festlandbrüdern sind sie aber

Die Kykladenarchitektur: Blick auf Mykonos-Stadt

nicht gezwungen, einem alten Bild nachzujagen! Sie gewinnen die Herzen der Mitteleuropäer durch Sonne, Freude und Leichtigkeit! Glasklares Meer, strahlend blauer Himmel, das diffuse Licht der Sonne, goldene Sandstrände in spektakulären Buchten, schlichte Architektur auf kargem Gestein … Die „Inseln des Lichtes" – wie die Kykladen oft genannt werden – sind perfekte Superlativ-Träger.

Griechenland wäre ohne die Kykladen um einige Bewunderer ärmer. So sind die Gäste dankbar, dass vor Millionen Jahren solch herrliche Inselwelt aus versunkenen, überfluteten Gebirgen aufgefaltet wurde … Atlantis hin oder her! Sind die Kykladeninseln visuell kaum voneinander zu unterscheiden, hat sich in ihrer Runde eine Insel besonders hervorgehoben. Erstaunlich, dass ausgerechnet Mykonos als trockenste und landschaftlich ödeste Insel der Kykladen den Ruhm des modischsten und weltoffensten Eilands eingeheimst hat!

Mykonos – die Sonneninsel

Sommer, der unbestrittene Favorit unter den Jahreszeiten! Der Teint ist knackig und es bietet sich keine Möglichkeit, kaschierende Rollkragenpullover zu tragen, die, kaum sind sie weg, böse Überraschungen entblößen! Wir Mitteleuropäer leiden oft darunter, dass unsere Breitengrade nicht allzu verschwenderisch mit Sonnenschein gesegnet sind und Regengüsse zu oft die südliche Dolce Vita verhin-

Diogenes und Alexander

Trotz seines durch Krieg und Zerstörung geprägten Lebens war Alexander der Große aufgrund seiner Erziehung durch den Philosophen Aristoteles sensibilisiert auf die Weisheit und Klugheit des Menschen. Ermüdet von all seinen Heldentaten, soll sich der wackere Jüngling eines Tages an einem Fluss niedergelassen haben. Und er freute sich, als er am selben Flussbett Diogenes sitzen sah. Bis zu jenem Tag war Alexander diesem weisen Herrn noch nie begegnet, allerdings bewunderte er jenen für die messerscharfe Intelligenz, die man ihm nachsagte. Zielstrebig, wie Alexander war, wollte er sich seinem Idol sofort erkenntlich zeigen. So trat er vor den gemächlich auf einem Stein in der Sonne sitzenden Diogenes hin und versprach ihm, jeden Wunsch zu erfüllen, den er hege. So groß sei seine Bewunderung!

Diogenes soll kaum aufgeschaut, geschweige denn dem eifrigen Verehrer einen Blick geschenkt haben. Nach langem Schweigen sprach er schließlich zum ungeduldigen Alexander: „Ich habe keinen Wunsch, den Du mir erfüllen könntest! Wenn Du aber schon fragst, so antworte ich Dir: Du stehst mir in der Sonne und beraubst mich so des Kostbarsten." Diesen stillen Sieg des Genusses über Reichtum und Macht unterstrich Diogenes mit einer trägen Handbewegung und verharrte dann wieder in unbeweglicher Haltung.

Eine schöne Geschichte … Und erröten wir nicht alle ein bisschen, wenn wir bedenken, wie ellenlang die Liste unserer Wünsche gewesen wäre? Die Sage von Diogenes nimmt voraus, was jeder Griechenlandreisende feststellen wird: Griechenland ist ein Land, in dem der Sonnengott allmächtig ist und die Muße alles überschattet. Wie sähe die griechische Lebenskultur heute wohl aus, wenn Diogenes damals tatsächlich Materielles dem Genuss vorgezogen hätte. Vielleicht bräuchten griechische Behörden dann nicht Jahre, um simpelste Entscheide durchzuringen? Vielleicht wäre Zeit auch Geld und das halbe Volk befände sich nicht im wohligen Sommerschlaf? Ist mitteleuropäische Effizienz wirklich nur auf stete Regenschauer und den bewölkten Himmel zurückzuführen?

dern. Grund genug, sich wenigstens in den Ferien dem Risikofaktor „Wetter“ nicht auszusetzen. In zweieinhalb Flugstunden gelangt man nach Mykonos, das mit seinen durchschnittlich 3000 Sonnenstunden im Jahr ein wahres Sonnenparadies ist!

Die leichtlebige Insel, die sich sonst von nichts und niemandem etwas vorschreiben lässt, hat sich der Laune der Sonne angepasst. Statt geschäftiges Treiben vorzutäuschen, überlässt sich Mykonos der einlullend-beruhigenden Droge der Sonne und übt sich in Selbstgefälligkeit, die der berauschte Zustand mit sich bringt! Wer auf Mykonos ankommt, wird mit einer angenehm wohligen Trägheit durchflutet. Die von der Sonne erhitzten Tage scheinen endlos und der Übergang zu den lauen Nächten fällt kaum auf. Das flimmernde Sonnenlicht scheint jegliche Realität zu verunmöglichen, nur zu gerne setzt sich der Tourist auf das träge Rad der Zeitlosigkeit, das sich genauso schnell bewegt, wie man es selbst antreibt. Im Sommer steht Mykonos Kopf: Der bleiche Deutsche suhlt sich am Strand, der stiere Holländer tanzt auf der Bar, der trollige Schweizer vergisst die Zeit und der treue Ehemann sich bei der Betrachtung eines schönen Männerhinterns!

In unseren nördlichen Gefilden ist der Südländer klischeebehaftet: als lebensbejahender Genießer, dem ausgedehnte Siestas heilig sind und der sich instinktiv gegen den einengenden Arbeitsalltag wehrt. In Griechenland findet man dafür herrliche Paradebeispiele. Während die romantische Seite in uns dieses Savoir-vivre zu imitieren versucht, sieht die korrekte Seite diesen lässigen Lebensstil als Ursprung der wirtschaftlichen und politischen Ungeschicklichkeit. Trotz aller Nachsicht herrscht ein gewisses Misstrauen gegen die sonnenverwöhnten Länder der Welt, das wir nur dann abzulegen bereit sind, wenn wir uns selbst in der Sonne suhlen und wünschen, die Siesta ginge nie zu Ende ...

Die Griechen lieben es, Geschichten zu erzählen, besonders die, die ihre südländischen Vorzüge zur Geltung bringt und uns Schattengewächse samt unserem Ehrgeiz in den Schatten stellt. Der Hauptakteur einer Geschichte ist für einmal geschichtlich nachweisbar: Diogenes von Sinope, der im 4. Jh. n. Chr. für die Befreiung von gesellschaftlichen Zwängen eintrat. In der folgenden Sage, die in Griechenland Kultcharakter genießt, lernen wir Diogenes allerdings weniger als leidenschaftlichen Verfechter der Anarchie kennen, sondern als sympathischen, weisen Herrn.

Mykonos – Insel der Touristen

Die Statistik beweist es: Die griechischen Inseln sind dem Tourismus zum Opfer gefallen! Während es in den 1950er Jahren knapp 200.000 Urlauber waren, die jährlich an die Gestade Griechenlands reisten, liegt die heutige Besucherzahl bereits bei ca. 12 Mio. im Jahr. 75 % der Urlauber konzentrieren sich auf die Monate Juli und August. Nebst deutschen und britischen Urlaubern findet man Mykonos vor allem von griechischem Ferienvolk überflutet. Mykonos ist nicht nur ein mitteleuropäischer Ferientraum, sondern auch ein Urlaubsfavorit der Griechen! Besonders die lebensfreudigen Stadtathener zieht es im Sommer auf die kosmopolitischste der griechischen Inseln. Wer es sich leisten kann, nistet sich gleich für die vollen drei Monate Juli, August und September in einem Luxushotel auf Mykonos ein und kommuniziert online per Internet mit den Geschäften in der Hauptstadt. Finanziell eingeschränktere oder jüngere Athener beschränken sich darauf, an den Wochenenden via Fähre auf die Partyinsel zu reisen. Wen wundert's, dass böse Zungen behaupten: „Wer auf Mykonos ist, ist ebenso in Athen!"

Mittlerweile ist Mykonos völlig abhängig vom alljährlichen Touristenstrom. Das Jahreseinkommen muss im Sommer eingenommen werden, wenn die Insel zu bersten scheint. Statistiken zeigen, dass der Mykoniote 79 % seines Jahreseinkommens von Juni bis September verdient. Wegen dieser saisonalen Abhängigkeit müssen sich die Einheimischen im Sommer vollends von der privaten Welt zurückziehen und sich auf ihre gewinnbringenden Gäste konzentrieren. Familie und Sozialleben halten Sommerschlaf! 16 bis 18 Arbeitsstunden pro Tag sind üblich. Von diesem Druck befreit sind nur die älteren Mykonioten. Sie werden von den jungen Generationen traditionsgemäß umsorgt und mischen sich unbekümmert unters Sommerpublikum. In den paar wenig verbliebenen typischen Kafenions auf Mykonos sitzen hauptsächlich ältere Menschen, die rauchen, trinken und es sich gut gehen lassen. Ohne Tourismus wäre die karge Kykladeninsel kaum noch lebensfähig. Als Mykonos zum touristischen Dreh- und Angelpunkt wurde, fanden seine Bewohner plötzlich neue ökonomische Sicherheiten. Als der Tourismus Ende der 1960er Jahre bereits zum fast wichtigsten Wirtschaftsbereich der Insel geworden war, fanden fast 45 % aller jungen

Mykonioten im Dienstleistungssektor ihren Lebensunterhalt. Die jüngste Generation hatte plötzlich wieder Aussicht auf Arbeit und blieb ihrem Eiland und ihren Familien erhalten. Die Abwanderungswellen stoppten und die Heimatinsel durfte das Zuhause bleiben.

Überall, wo man sie nicht vermutet: die Maskottchen der Insel, die Pelikane

PETROS – EIN SELBSTBEWUSSTES FEDERVIEH

Wer hätte das gedacht! Der bekannteste Inselbewohner des selbstverliebten Mykonos ist weder ein braun gebrannter Adonis noch eine sagenumwobene Schönheit, sondern ein leicht zerzaustes Federvieh mit gläsernen Augen und einem langen, schnellen Schnabel: Petros, der Pelikan. Über das Maskottchen der Insel kursiert folgende Geschichte:

Im Herbst des Jahres 1955 soll ein junger Pelikan erschöpft an den Ufern von Mykonos gelegen haben. Das Tier hatte wahrscheinlich einer Gruppe Zugvögel angehört, die auf der Winterreise vom kühler werdenden Balkan nach Afrika waren, doch der Pelikan war noch zu jung, um die Strapazen einer solchen Distanz auf sich zu nehmen, und wurde von seinen Gefährten an der Küste von Mykonos zurückgelassen. Als der erschöpfte Jungvogel von Fischern gefunden wurde, sah es so aus, als würde er den nächsten Tag nicht mehr erleben. Doch einer der Fischer nahm sich dem Tier mit besonderer Hingabe an und bald gedieh der Pelikan wieder prächtig. Der bettelarme und freundliche Fischer Theodoris Kyrantoni, ein Inseloriginal wie auch der Vogel eines werden sollte, wurde zum Ziehvater des Pelikans. Theodoris benannte den Pelikan nach dem Kapitän Petros Drakopoulos, einem mykoniotischen Helden, der im Zweiten Weltkrieg unmittelbar neben ihm gefallen war.

Petros wuchs zu einem stolzen, wunderschönen und starken Pelikanmännchen heran und war bald auf der ganzen Insel bekannt. In seiner jugendlichen Ungestümheit wagte Petros eines Tages einen Ausflug auf die nahe Insel Tinos und brachte damit den Stein seiner dramatischen Berühmtheit ins Rollen.

Petros erlebte auf Tinos böse Überraschungen: Die Tinioten stutzten die Flügel des Pelikans und sperrten das Tier ein. Sie wollten Petros nicht verlieren, denn man hatte gehört, dass das majestätische Tier auf Mykonos als Glücksbringer galt. Selbstverständlich waren die Mykonioten mit den Nachbarn nicht einverstanden und forderten ihren Petros zurück. Eine verzwickte Angelegenheit, denn die Mykonioten mussten beweisen, dass jener Pelikan, der sich im Besitz der Tinioten befand, tatsächlich mit dem berühmten Pelikan von Mykonos identisch war. Ohne Beweise stellten sich die Tinioten stur und wollten von einer Rückgabe nichts wissen! Von da an schlug die Sache Wellen:

Der Streit der Inselnachbarn kam vor den Petitionsausschuss des Parlaments, schließlich vor den Premierminister und wurde von diesem auf den ordentlichen Gerichtsweg verwiesen.
Irgendwann wurde es den hitzigen Mykonioten zu bunt. Sie brachen mit einer Flotte von 12 Booten zur Nachbarinsel auf und wollten der Sache mit einer Gegenüberstellung ein Ende setzen. Der entscheidende Moment musste in Anwesenheit der Presse stattfinden – die Affäre Petros war schließlich zum beliebten Thema der griechischen Regenbogenpresse geworden: Auf Geheiß von Ziehvater Theodoris biss Petros seinen neuen, tiniotischen Wächter, einen dicken Kneipenwirt, in die Nase und flatterte glücklich auf die Schultern des gutmütigen Theodoris zurück. Petros Identität war ob dieses Liebesbeweises sofort geklärt. Die Mykonioten zogen in einem Triumphzug nach Hause und den Tinioten blieb nichts als Hohn, Spott und eine kaputte Nase.
Damit der Pelikan auf weitere Ausflüge verzichtete, beschlossen die Mykonioten, ihrem Maskottchen ein Weibchen und ein paar Artgefährten zukommen zu lassen. Es war niemand anderes als Jackie Kennedy-Onassis, die 1963 zwei weitere Pelikane nach Mykonos einschiffen ließ. Leider starben beide Tiere kurz nacheinander. Auch der Fischer Theodoris ist längst gestorben und die Versuche, Petros eine Gefährtin zukommen zu lassen, scheiterten. Entweder war die Beziehung zwischen dem verkuppelten Pelikanpaar rein platonisch, die Pelikandamen gingen wegen Petros Ignoranz beleidigt ein oder wurden Opfer eines Unfalls. Auch Petros gibt es längst nicht mehr. Seine präparierten Überreste kann man im Inselmuseum besichtigen.
1986 flog ein deutscher Reiseveranstalter Petros II, einen munteren, drei Jahre alten Nachfolger, per Charter ein. Dieser Pelikan und mit ihm bald weitere Pelikangefährten wandern noch heute durch die Gassen von Mykonos. Morgens sind die Tiere vor allem im Hafenviertel zu sehen, wo sie den Fischern ihre Beute streitig machen. Die wirklichen Namen dieser Tiere weiß niemand genau, und so nennt man alle stolz Petros in ehrwürdigem Gedenken an den ersten, eigentümlichen und schwulen(?) Pelikan der Insel, der Mykonos einmal mehr mit schillernden Vorkommnissen in die Presse brachte.

MYKONOS VON A–Z

Baden

Die Wassertemperaturen sind ab Anfang Juni angenehm und steigen bis August auf 24 °C an. Alle Strände auf Mykonos sind mit einer einzigen Ausnahme (Privatstrand des Hotels Santa Marina) öffentlich. An etwas ruhigeren Stränden lohnt sich eine Schnorchelausrüstung. Vor allem entlang der Felsen können viele Fische, Seeigel und Rochen beobachtet werden (z.B. am Eliá Beach). Seeigel kleben meist an den vom seichten Wasser umspülten Klippen und Felsstücken. Dort ist beim Einstieg Vorsicht geboten. Ein Igelstachel im Fuß kann sehr schmerzhaft sein und die Wunde sich entzünden. Das private Tauchen mit Sauerstoffflaschen ist bis auf wenige Ausnahmen verboten (am besten schließt man sich einer Gruppe an).

Beauty

Beste Adresse auf Mykonos für die Pflege der eitlen Freuden des Lebens:

Friseur, Beauty Salon Xenios
Fabrica Square 23
Tel. 22890/25352
neben der Busstation

Gepflegte Räumlichkeiten, kompetente Bedienung, leider meist weit im Voraus ausgebucht. Das Programm des Salons bietet Körperpackungen, Wachsbehandlung, Gesichtspflege, Maniküre, Make Up und Hairstyling. Es können auch Sonnenbetten gemietet werden ... doch wieso das Übel des Solariums auf sich nehmen, wenn man in wenigen Minuten das Sonnenbett am Strand beziehen kann?

Diplomatische Vertretungen

Griechische in Deutschland:

Botschaft der
Hellenischen Republik
Kurfürstendamm 185
10707 Berlin
Tel. 030/206260, Fax 20626444 Mo.–Fr.
9–17 Uhr, www.mfa.gr
Konsularabteilung:
Mohrenstraße 17, 10117 Berlin
Tel. 030/21370-33, -34
grcon.ber@mfa.gr

Botschaften In Athen, auf Mykonos gibt es keine (Honorar) Konsulate:

Botschaft der Bundesrepublik
Deutschland, Karaoli & Dimitriou 3,
10675 Athen-Kolonaki
Tel. 210-7285111, Fax 7285335
Mo.–Fr. 9–12 Uhr
info@athen.diplo.de

Embassy of Switzerland
Iassiou 2, 11521 Athen-Kolonaki
Tel. 210-723 0364, - 5, -6
Fax 7249209
athens@eda.admin.ch

Österreichische Botschaft Athen
Vasilissis Sofias 4
10674 Athen
Tel. 210 -7257270, Fax 7257292
athen-ob@bmeia.gv.at

Drogen

Junge, moderne Frauen sind ein Zielpublikum der Drogenanbieter. Allerdings werden sie selten direkt zum Kauf aufgefordert. Die Drogenpolitik Griechenlands ist streng und konsequent. Während in unseren Gefilden leichtere Drogen wie Hasch auf der Kippe zur Legalisierung stehen, drücken die Griechen auch bei einem Joint kein Auge zu (hohe Geldstrafen oder gar Gefängnis). Auch strengste Gesetze haben den Drogenkonsum noch nirgends wirklich stoppen können. Mit Sicherheit benebeln Mykonos´ Sommergäste ihre Gemüter nicht nur mit Sonne und einem kleinen Bierchen, das „Woher“ und das „Durch-Wen“ ist allerdings schwer feststellbar. Eine eindeutige Drogenszene existiert auf Mykonos nicht und der Absatz, falls es einen gibt, läuft äußerst unsichtbar ab.

Einreise

Bei der Einreise nach Griechenland genügt es, einen gültigen Personalausweis bei sich zu tragen, ein Reisepass ist nicht erforderlich. Kinder über zehn Jahren müssen entweder einen eigenen Ausweis besitzen oder im Pass der Eltern eingetragen sein. Die maximale Aufenthaltsdauer in Griechenland beträgt für EU-Ausländer und Schweizer 3 Monate. Wer länger bleiben will, muss mindestens 20 Tage vor Ablauf dieser Frist bei der Fremdenpolizei einen Verlängerungsantrag stellen. Verlängerungsanträge werden zwar meist bewilligt, aber die griechische Beamtenschaft verlangt etwas Geduld! Grundsätzlich gelten für EU-Bürger in Griechenland keine Einfuhrbeschränkungen. Nicht-EU-Bürger dürfen zollfrei folgende Artikel einführen: Geschenke im Gesamtwert von € 250, 200 Zigaretten (eine Stange), 100 Zigarillos, 50 Zigarren oder 250 g Tabak. 2 Liter Wein, 1 Liter Spirituosen über 22 % Alkoholgehalt oder 2 Liter unter 22-prozentigem Alkohol (Reisende unter 18 Jahren dürfen überhaupt keine Tabakwaren und Spirituosen einführen), 500 g Kaffee, 100 g Tee und 50 g Parfüm. Die Einreise mit Pkw oder einem Motorrad wird, wie die Einfuhr von Sportbooten, Surfbrettern und Mopeds, im Pass eingetragen.

Reisende, die mit eigenem Transportmittel einreisen, müssen beachten: Im direkten Reiseverkehr innerhalb der EU sind keine besonderen Grenzdokumente für Kraftfahrzeuge erforderlich. Wird das Fahrzeug nicht vom Eigentümer selbst gefahren, muss der Fahrer im Besitz einer Benutzungsvollmacht des Eigentümers sein. Nationaler Führerschein und Zulassung reichen aus (auch für Schweizer). Die internationale „Grüne Versicherungskarte“ muss unbedingt mitgeführt werden. Kraftfahrzeugsteuer wird für vorübergehend eingeführte Touristenfahrzeuge nicht erhoben.

Wer mit seinem Vierbeiner anreist, muss bei der Einreise ein amtstierärztliches, beglaubigtes Gesundheitszeugnis in englischer oder französischer Sprache bei sich haben und einen Nachweis der Tollwutimpfung vorweisen können.

Die Ein- und Ausfuhr von Antiquitäten, Ikonen und archäologischen Funden ist strengstens verboten und wird mit heftigen Geldstrafen belangt.

Exkursionen

Die Nachbarinseln von Mykonos sind zu nahe, um nicht wenigstens ein bisschen mit ihren Reizen zu locken. Lokale Reisebüros bieten Exkursionen zu den Inseln an.

Sunshine Excursions:

Anstatt dass jedes Reiseunternehmen eigenständige Touren anbietet, die wegen spärlicher Anmeldungen stets abgesagt werden müssen, haben sich die lokalen Büros zusammengeschlossen und bieten an Exkursionen alles an, was an einem Tag überhaupt durchführbar ist. Buchen kann man an den meisten Hotelrezeptionen oder in den Reisebüros in der Stadt.

Das breite Angebot bietet für jeden etwas: Die Reisebranche hat jede Insel mit einem „landestypischen“ Programm versehen. Doch die Inseln weisen weit mehr als die jeweiligen Attribute und angebotenen Sehenswürdigkeiten auf. Einen Einstieg oder Überblick kriegt man dennoch auf diesen Tagestouren, z.B. nach Tinos (Insel der Künstler), Syros (Besuch im größten Kasino Griechenlands), nach Delos, Páros, zum fruchtbaren Náxos und zur Vulkaninsel Santoríni.

Auf Mykonos gibt's weit mehr zu tun, als am Strand zu liegen und dem Nachtleben zu frönen, z.B. durch Sunshine Excursions: Von der klassischen Inselrundfahrt im Bus (nicht zu empfehlen), Reiten am Strand, Strandpicknicks, Jeep-Safaris durch unwegsames Gelände, einem griechischen Abend mit Sirtaki und al-

Temple of Isis auf der Insel Delos

lem, was so herrlich urtypisch ist, bis hin zur Segeltour in entlegene Buchten, die allerdings immer verschoben wird, weil am besagten Tag stets der Wind zu stark bläst.

Fotografieren

Selbst Verächter der Ferienfotomanie werden der fotografischen Inspirationen auf Mykonos gewahr. Immerhin ist man auf der Insel des Lichtes und die Freundin hat wohl noch nie so schmeichelnd ausgesehen wie im gold-warmen Licht der Kykladen. Die Vorabendstunden mit dem diffusen, weichen Licht lassen das Fotografenherz höher schlagen und die vielen Kirchen, Esel und Gassen sind dankbare Sujets, so dass der Tourist von sämtlichem kreativen Druck befreit ist. Wer seine Kunstwerke gleich zu sehen wünscht, findet in der Hora Fotoläden mit 1-Stunden-Service. Die Entwicklung ist etwas teurer als üblich, aber die Qualität durchaus in Ordnung.

Kodak Express, Lákka
(unterhalb der Busstation)
Tel. 22890/23911

Kodak Express, Agía Ioannoú
(neben der Taverne Niko's)
Tel. 22890/22773

Wer hat nicht gern gute Fotos von sich? Das Geschäft mit der Eitelkeit rentiert immer und so treiben sich vor allem am Super Paradise und Paradise Beach die Fotografen herum. Bewaffnet mit ihrem Portfolio und Kamera schleichen sie am Strand herum und versuchen ihre Opfer zu sinnlichen Schwarz-Weiß-Sessions zu überreden. Das Geschäft läuft gut und Tausende von Fotos im David-Hamilton-Stil werden auf den Felsen geknippst. Die Hoffnung auf Entdeckung und senkrechte Modellkarriere lässt Touristen verschwenderisch werden und horrende Preise akzeptieren!

Geld

Geschäfte und Hotels mögen Kreditkarten, einige Restaurants jedoch nur Bargeld. Die verbreitetsten Kreditkarten sind Euro-/Mastercard und Visa. Die Plastikkarten sind zwar immer mehr auf dem Vormarsch, doch das griechische Volk gehört zur vom Aussterben bedrohten Spezies der Barzahler – vor allem früher zu Zeiten der Drachmen, als sie mit genüsslicher Miene dicke Banknotenbündel aus dem Hosensack zogen (eine Geste, die, je mehr Geld im Sack, umso öfter angewendet wurde). Mit dem Euro wurden die Bündel weniger üppig, mit der Finanzkrise fast nur den Begüterten vorbehalten, und im Juli 2015, als die griechischen Banken für fast drei Wochen geschlossen blieben, durch zynischen Galgenhumor ersetzt. Doch Krise hin, Krise her, wer kann, betont partout eine finanzielle Lässigkeit. Während Touristen Geldscheine dezent aus der Taschenfalte ziehen, breiten Griechen die Bündel auf dem Tisch aus – ein kindlicher Versuch, die bewunderte und dem Patriarchentum zugeschriebene Süffisanz nachzuahmen.

Wechselkurse sind im Euro-Land Griechenland günstiger als in der Schweiz. Schweizer sollten ihr Feriengeld auf Mykonos wechseln und bei Reiseantritt nur einen bescheidenen Handbestand für die ersten Tage mitnehmen. In Wechselstuben ist der Devisenwechsel Mo.–Fr. bis Mitternacht und am Wochenende bis 20 Uhr möglich. Ihr Wechselkurs ist schlechter als derjenige öffentlicher Banken und oft sind Kommissionen von 2–5 % fällig.

Mit ec, Visa, Mastercard, Diners und American Express ist an den meisten Bankomaten der Insel sofortiger Barbezug möglich. Gegen Eingabe der PIN-Nummer können so lange unbeschränkt Euro bezogen werden, bis das Kartenlimit den Bezug verweigert. Während Kreditkarten kostenlos sind, werden im Ausland bei fast jedem ec-Einsatz happige Gebühren (ca. € 5–10) erhoben. Nur wenige Banken wie Consorsbank oder DKB sehen davon (noch) ab. Seitens der griechischen Behörden wird für deutsche oder Schweizer Bankkarten Entwarnung zu Beschränkungen der Höhe von Geldabhebungen gegeben. Kapitalverkehrskontrollen finden weiter statt.

Informationsstellen

Praktische Informationen kann man – mit etwas Druck – auf den griechischen Verkehrsämtern, den EOT (Ellinikos Organismos Tourismou), bekommen:

Griechische Zentrale für Fremdenverkehr, Direktion für Deutschland, Holzgraben 31
D-60313 Frankfurt a.M.
Tel. 069/257827-0
Fax 257827-29
info@visitgreece.com.de
www.visitgreece.com

Wien: Fichtegasse 2, 1010 Wien Tel. 01/5125317, Fax 5139189
info@visitgreece.at

Zürich: Löwenstraße 25
8001 Zürich, Tel. 01/2210105
Fax 01/2120516

Seit das regionale Reisebüro des griechischen Fremdenverkehrsamtes seine Aktivitäten aufs Minimum und noch weiter darunter eingeschränkt hat, sind für alle diejenigen, die ohne Unterkunftreservierung nach Mykonos angereist sind, die beiden Info- und Vermittlungsbüros des „Syndikats", will sagen der Vereinigung der Hotelliers, Pensionen- und Apartmentvermieter der Insel („Mykonos Hoteliers Association" und „Mykonos Association of Rental Rooms, Studios & Apartments"), die sich direkt nebeneinander in einem rondellartigen Häuserring in unmittelbarer Nähe der SeaBus-, Busstation und Taxistand beim Alten Hafen befinden, dankbare Anlaufstellen. Und man wird staunen, was die nicht so alles wissen.

Inselhüpfen

Dieser Begriff muss auf den Kykladen geprägt worden sein. Nirgendwo sonst im Mittelmeer liegt eine solche Vielzahl von Inseln dicht beieinander, von denen auch noch jede ihr eigenes Programm anbietet! Die Schiffsverbindungen sind gut, regelmäßig und günstig. Was gibt's schöneres, als auf dem hölzernen Schiffsdeck zu liegen und die Weite der Ägäis zu genießen.

Internet-Adressen

www.mykonos.gr – offizielle Mykonos-Website mit aktuellen Terminen, Öffnungszeiten, Infos über Sehenswürdigkeiten, Strände, Wetter etc.
www.mykonos-web.com – rudimentäre Auswahl in diversen Sparten
www.griechische-botschaft.de – Presseabteilung der griechischen Botschaft mit Infos über Politik, Wirtschaft und Medien
www.griechenland-infos.de – Super-Adresse! Mit ausführlichem ABC über Land und Bevölkerung
www.greektravel.com – thematisch geordnete Infos in Englisch
www.mykonosgreece.com – Überblick an Basisinformationen
www.travelinfo.gr – übersichtliche Hotellisten mit verlässlichen Preisangaben und Bildern
www.hellasproducts.net – Was bewegt Griechenland? Wöchentlich aktualisierte Schlagzeilen
www.surfreisen.de – Surf-Angebote auf Mykonos
www.mykonosbars.com – etwas antiquierte Auswahl an Ausgehtipps
www.mykonoshouses.com – Auswahl an Ferienhäusern
www.gaytravel.co.uk – der „schwule" Reiseplaner

Kafenion

Einer der bedeutendsten Verluste, die Mykonos infolge des Tourismusbooms erlitt, sind Konkurs und Schließung vieler Kafenions. Die Kaffeehäuser mit den kahlen Wänden, der spartanischen Einrichtung und dem Neonlicht, die erstaunliche Ähnlichkeit mit der schmuddeligen Bahnhofshalle einer Vorstadtprovinz aufweisen, mussten gestylten, kulinarisch gewitzten Lokalen weichen. Einige wenige Kafenions sind noch übrig geblieben. Für die wenigen Bewohner auf Mykonos reichen sie aus und sind oft bis auf den letzten Platz gefüllt. Wenigstens ist jetzt die Möglichkeit der Bildung von sektiererischen, parteiischen Kaffeehaus-Burgen verschwunden, und fehlende Alternativen lassen Jung und Alt, Feind und Freund in denselben vier Wänden schmoren.

Diese „Kaffeehäuser" sind der eigentliche Inbegriff des griechischen Lebens. Als Dreh- und Angelpunkt des Alltags sind sie eine Bühne der griechischen Mentalität. Kaffeehäuser sind nirgends nur Kaffeehäuser: Nach zwölf Uhr mittags wird Oúzo getrunken, und wenn die Sonne am höchsten steht, wird mit Weißwein abgekühlt.

Das Kafenion spiegelt im Kleinen die Struktur der gesamtgriechischen patriarchalischen Gesellschaft wider. Hier sind die Männer unter sich, vom Rentner bis zum Bankdirektor. Da wird leidenschaftlich Tavli (Backgammon) und Karten gespielt oder über Politik diskutiert, und dies meist sehr lautstark. Aber hauptsächlich wird die Zeit totgeschlagen mit geselligem Nichtstun.

Kaiks

Ob 10 oder 30 Meter lang, 5 oder 10 Tonnen schwer, Popularität und Vertrauen in diese Boote bleiben sich gleich. Seit 300 Jahren schwören die Seefahrer auf die simple Bauweise mit Spitzbug und flachem Kiel: Die zugespitzte Form des Bugs hält das Boot auch bei hohem Wellengang stabil, der flache Kiel verringert die Auflaufgefahr auf unsichtbare Klippen und ermöglicht, dass das Boot bequem an Land gezogen werden kann. Der bauchige Rumpf der Kaiks bietet viel Stauraum – ideal, um ihn mit Fischen oder mit Touristen zu füllen.

Kleidung

Da Mykonos fast niederschlagsfrei ist, kann auf Regenschutz und Schirm verzichtet werden. Leichte, praktische Strandkleidung ist angesagt. Nützlich sind zusätzliche Hand- und Badetücher, da der Bedarf selten von den Hotels gedeckt werden kann. Für das Nachtleben benötigt man alles Unpraktische und Auffällige: Die durchschnittliche Rocklänge liegt knapp unter dem Po, die High Heels sind trotz der unebenen Pflastersteine Schwindel erregend hoch und alles andere fast nicht vorhanden. Für zuweilen etwas frische Nächte hat man einen warmen Pullover dabei.

Selbst auf Mykonos darf in Kirchen und Klöstern keine Haut gezeigt werden. Schultern und Knie sind in den geweihten Hallen zu bedecken. Ansonsten wird einem auf der Insel das bare Nichts kaum verübelt – sofern man nicht mit dem Badekleid durch die Straßen geht.

Klima

Die geographische Lage Griechenlands zwischen Europa und Afrika sorgt für milde Winter und fast tropisch heiße Sommer. Die Kykladen

sind mit ca. 3000 Sonnenstunden im Jahr eine der sonnenreichsten Regionen im Mittelmeer.
Der Wind bläst auf Mykonos jährlich 200 bis 300 Tage, ohne etwas von seiner Energie zu verlieren. So ist die Sommerhitze trotz 40 °C angenehm. Dafür verantwortlich sind die berüchtigten Nordwinde „Méltemi". Ihre Heftigkeit hat schon oft die gesamte Schifffahrt stillgelegt und auch mit schönen Frisuren ist dann nichts. Diese Winde sorgen für die bekannte Klarheit der Luft über der Ägäis, die die Farben so intensiv leuchten lässt. An manchen Tagen kann man fast 200 km weit sehen. Der Méltemi setzt etwa Mitte Mai ein, im Juli und August erreicht er manchmal für die Schifffahrt bedrohliche Windstärken. Dann kann es sein, dass die Fährschiffe für ein paar Tage festliegen und nicht auslaufen. Der Méltemi bläst bereits am Morgen stark, doch sein Temperament lässt er meist in den Mittagstunden so richtig gehen. Meist dann, wenn man sich gerade bequem am Strand eingerichtet hat, findet man sich plötzlich von einer Sandschicht bedeckt. Am Abend lässt der Wind etwas nach.
Was heute als Trend gilt, haben griechische Inselfrauen schon längst für sich gepachtet: das Kopftuch! Wer dies als Marotte abtut, wird bald belehrt werden. Der Besserwisser wird sich dem Trend ebenfalls beugen, wenn er frisch frisiert nach draußen tritt, um innerhalb von Sekunden wieder zu jenem Haarzustand zu gelangen wie vor der stundenlangen Spiegel-Zeremonie.
Eine Legende erzählt, dass unverheiratete Männer, die nach Mykonos kommen, durch die starken Winde ihres Willens beraubt werden und ein Mädchen von Mykonos heiraten werden. Vermutlich hat sie heute mehr Wahrheitsgehalt als früher ... nur das Heiraten kommt seltener dazu.

Konzerte

Die Kykladen bieten mit ihrer dramatischen Landschaft die beste Kulisse für Konzerte und Aufführungen. Vor allem Mykonos bietet der anspruchsvollen Intelligentia der Athener einiges an kulturellen Attraktionen. Ende August/Anfang September finden klassische Open-Air-Konzerte statt, u.a. im ehemaligen Amphitheater der Insel.

Kriminalität

Statistiken weisen Griechenland als Land mit der niedrigsten Kriminalitätsrate der Europäischen Union aus. Die Zahl der kriminellen Gesetzesübertretungen beträgt noch nicht einmal die Hälfte des

EU-Durchschnitts. Beeindruckend, denn diese Rate würde ohne die beiden Großstädte Athen und Thessaloniki noch um einiges niedriger ausfallen. Beruhigend zu wissen, dass man sich nicht auf eine Reise in eine blutrünstige Räuberhöhle begibt. Sich allerdings aufgrund solcher Statistiken in allzu großer Sicherheit zu wähnen, wäre falsch. Dass Griechenland kaum als Neststätte der Moral bezeichnet wird, ist nicht nur auf die weit verbreitete Steuer-UN-Ehrlichkeit zurückzuführen. Mykonos ist keine Insel der Heiligen. Auf der Kykladeninsel hört man aber tatsächlich kaum von Diebstählen, geschweige denn von noch gewichtigeren Kriminaldelikten. Illegale Tätigkeiten auf der Ferieninsel sind meist auf Ausländer (Diebstahltouristen, abgebrannte Ferienreisende, illegale Einwanderer) zurückzuführen und die Funktion der mykoniotischen Polizei beschränkt sich eigentlich auf den kläglichen Versuch, den Verkehr zu kontrollieren. Breitbeinig in ihren schmucken Uniformen stehen die Polizisten vor den beiden Haupteingängen des Städtchens und sorgen dafür, dass wenigstens sie den ahnungslosen Urlaubern eine gesunde Portion Angst und Schrecken einjagen ... wenn auch nur mit ihrer Trillerpfeife!

Kykladenhäuser

Mykonos besitzt anders als die anderen Kykladeninseln eine reine Kykladenarchitektur ohne genuesische, byzantinische oder türkische Elemente. Um die blendend weißen Kubus-Häuschen zu erhalten, gibt es strenge Bauvorschriften. Baumaterialien sind selten Beton, Ziegel oder Maxit, sondern einheimischer Schiefer, Kalk, Gneis, Granit und Lehm. So ist die bräunlich dürre Landschaft weiter mit den typischen Häuschen, die aus einfachen Formen wie Würfel, Zylinder, Halbkugel und Kegel bestehen, durchzogen und bietet in ihrem erdverbundenen und gleichzeitig luftig-lichtdurchfluteten Kontrast pittoreske Fotomotive en masse.

Medizinische Versorgung

Die ärztliche Grundversorgung auf der Insel ist gewährleistet, doch bei schwerwiegenden Verletzungen oder Erkrankungen sollte man umgehend das Festland oder die Heimat aufsuchen. Ärztliche Behandlungen zahlt man bar gegen Quittung (apódixi), sofern ein Arzt nicht im Rahmen des staatlichen Gesundheitssystems praktiziert. Die Rechnung kann zu Hause von der persönlichen Krankenkasse zurückerstattet werden. Es besteht ein Sozialversicherungsabkommen zwischen Griechenland und Deutschland, so dass man sich auch auf Krankenschein verpflegen lassen kann ... aber die bürokratischen Wege sind lang. Die IKA (die griechische Krankenkasse) informiert über Kassenärzte, die für die entsprechende Behandlung in Frage kommen. Mit der European Health Insurance Card (EHIC) sind Behandlung und Aufenthalt in einem staatlichen Krankenhaus, Health Center oder bei angeschlossenen Vertragsärzten grundsätzlich kostenlos. Medikamente müssen im Voraus bezahlt und später mit der Krankenkasse verrechnet werden. Bei jedem längeren Auslandsaufenthalt ist eine private Auslandskrankenversicherung empfehlenswert.

Trotz Sprechstunden bis knapp vor Mitternacht sind die 17 Ärzte der Insel im Sommer völlig ausgelastet. Die brennende Sonne führt nicht nur zu schlimmen Sonnenstichen, sondern kratzt auch an der Vernunft: Waghalsige Felstouren, Klippenspringen in unergründete Tiefen, schnelles Autofahren und übermäßiger Hitze-, Alkohol- und Drogenkonsum ... Reihenweise warten Patienten mit Schürfwunden, offenen Fleischwunden und Sonnenbränden in den Wartezimmern. Leider kommt es auf Mykonos jedes Jahr zu tragischen Unfällen! Also Vorsicht, wenn man mit dem Leihauto über die Insel braust und mit dem Mofa unbekannte Sandstraßen befährt.

Staatliche Klinik:

Health Center
Mykonos-Stadt, Argyraina
(1 km außerhalb an der Straße in Richtung Áno Méra)
Tel. 22890/23994
24-Std.-Notdienst, Tel. 166

Private Kliniken:

Mykonian Hygeia Medical Center, Dexamenes
(an der Ringstraße neben der Tankstelle), Mykonos-Stadt
Tel.22890/27407, -64
mykhealt@gmail.com
www.mykonos-health.com
24-Std.-Notdienst,
im Notfall Tel. 69776/54737

Polyclinic – SEA Medical Health Clinic, Aggelika
(an der Ringstraße nach Ornós)
Mykonos-Stadt
Tel. 22890/27350
info@seamedical.gr
www.seamedical.gr
Zahnarzt: Dental Clinic, Vrysi
Tel. 22890/28421
info@dentalmykonos.com

Für kleinere Wehwehchen gibt es mehrere Apotheken in Mykonos-Stadt, die das übliche Sortiment an Pillen, Cremes und Säftchen feilbieten. Man erkennt sie an den weißen Schildern mit grünem Kreuz. Nebst praktischen Körpertrösterchen verkaufen sie auch Kosmetikprodukte gängiger Marken, diese allerdings schändlich teuer.

Farmakia Koukouzelis, Matogiani
Tel. 22890/23250, 23800
(neben der Bar Pierro's)

Nutztiere

Zuhauf leben Schafe und Ziegen in den trockenen Ebenen. Manch einer wird die Tiere etwas bemitleiden. Als wäre es nicht genug, dass die Heiden nicht grün und saftig sind, sind meist auch noch ihre Hinterbeine aneinander gebunden. Die Bewegungsfreiheit der Tiere ist dadurch eingeschränkt und der Besitzer muss sie nie weit suchen gehen. Doch könnten sie auch wie unsere Ziegen frei herumspringen, kulinarische Genüsse würden sie sowieso nicht finden. Die Nutztiere sind noch heute für die Einwohner von Mykonos wichtig als Fleisch-, Milch- und Wolllieferanten.

Öffnungszeiten

Die Nachfrage bestimmt das Angebot. Die Läden passen sich der Kundschaft, den Touristen an. So ist denn ein Großteil der Geschäfte bis spät in die Nacht offen und die Gassen werden von spendablen und leichtmütigen Menschen durchforstet. Da jedoch die Anzahl der Touristen steigt und diese nicht nur Nachtschwärmer sind, zahlt es sich auch aus, am Mittag offen zu haben. Siesta oder beschränkte Öffnungszeiten haben nur noch Geschäfte, die es nicht auf Touristen abgesehen haben, also neben Banken und der Post eigentlich niemand. Durch die steigende Präsenz von Bankautomaten ist dies nicht problematisch. Und Museen und Ausgrabungsstätten wissen schon lange, dass ab einer gewissen Stunde – in Mykonos ab 17 Uhr – der Reiz der Kultur von anderen Reizen abgelöst wird.

Periptero – der Kiosk

Sind bei uns Kioske zu kleinen Supermärkten mit automatischer Glastüre geworden, sind sie in Griechenland, speziell auf Mykonos, immer noch kleine 4–6 m² große Kabäuschen mit gespitztem Dach. Diese Tante-Emma-Läden im Kleinformat sind vollgestopft mit Waren und der Verkäufer hat gerade mal noch Platz für sich und seinen Stuhl. Zwischen Zigaretten, Aspirin, Postkarten, Kondomen, Strumpfhosen und Shampoos dudelt fröhlich ein Radio mit griechi-

Der Periptero, der griechische Tante-Emma-Laden, ist bei den Griechen und Touristen gleichermaßen beliebt

scher Musik. Peripteros sind bis nach Mitternacht geöffnet, populär und in Griechenland eine soziale Institution. Der Staat hat die Führung der Peripteros auf die sozial Schwächeren beschränkt. Eine gute Idee, wenn sie strikt durchgezogen werden würde.

Post

Unter dem Namen ELTA (Hellenische Post) haben sich Griechenlands führende Brief- und Paketunternehmen zusammengeschlossen und bieten erstaunlich moderne, effiziente und preiswerte Dienste an. Mykonos Hauptstelle von ELTA befindet sich in der Hora, Perioxi Kaminaki eine Parallelstraße von der Hafenpromenade entfernt, Tel. 22890/22238 und ist wie viele öffentliche Einrichtungen in Griechenland nur in den Morgenstunden, Mo.–Fr. 7.30–14.30 Uhr, geöffnet. Das griechische Wort für Postamt ist „Tachidromio". Für die lieb gemeinten Urlaubsgrüße braucht man die Post nicht: Briefkasten hängen in vielen Gassen, Briefmarken (grammatossimo) kann man an jedem Kiosk oder Touristenshop, wo auch Postkarten verkauft werden, kaufen. In vielen Hotels kann man Post an der Rezeption in einen Kasten einwerfen. Falls man eine Postkarte nach Hause schicken will, am besten nicht erst gegen Ferienende. Postsendungen dauern meist bis zu einer Woche. Standardbriefe und Postkarten von Griechenland ins europäische Ausland kosten 90 Cent.

Die Post bietet alle üblichen Postgeschäfte an: Der Zahlungsverkehr über Postkonto läuft spesenfrei, jedoch mit einem Limit von € 200. Postlagernde Sendungen können deponiert und gegen Vorweisen des Ausweises abgeholt werden. Die Anschrift für solche Sendungen lautet: Name Vorname, Poste Restante, GR 84600 Mykonos.

Preisniveau – Mykonos´ Hang zur Exklusivität

Das Preisniveau von Mykonos ist deutlich höher als dasjenige Griechenlands und seiner Nachbarinseln wie Náxos oder Páros. Wer komfortabel und wohl versorgt auf Mykonos leben will, muss entsprechende Geldleistungen erbringen. Mykonos orientiert sich an den internationalen Preisrichtlinien inkl. „Jet-Set-Zuschlag"! Als 2015 in Griechenland die Erhöhung der Mehrwertsteuer auf 23 % beschlossen wurde, erhielt u.a. Mykonos vorübergehend einen 30-prozentigen Nachlass, der inzwischen jedoch aufgehoben ist und seit Mai 2016 sogar auf eine Mehrwertsteuer von 24 % erhöht wurde (in der Hotellerie von 6,5 auf 13 %). Hoteliers und Gastronomen geben diese Steuererhöhung mit Ausnahme von Rabattaktionen komplett an ihre Gäste weiter.

Die meisten Mykonos-Besucher lassen sich ihr Vergnügen gern etwas kosten. Der Tag ist lang, die Nacht noch länger und für einmal soll man sich etwas gönnen dürfen! Der Übermut auf Mykonos inspiriert nicht dazu, das knapp bemessene Feriengeld akribisch zu zählen oder zu verwalten. Vielmehr überkommt einem die Lust, das Ersparte mit plötzlicher Leichtigkeit zum Fenster rauszuwerfen, das Budget zu überschreiten und sich ganz auf das Vergnügen zu konzentrieren. Anspruchslose Touristen haben's etwas leichter: Campingplätze und billige Pensionen gedenken dem dünnen Sparheft ihrer vorwiegend jugendlicheren Gäste, Kebabstände und Imbissbuden sind auch vertreten.

Mykonos´ teuerster Monat ist der August. Dann kann sich die Insel finanziell alles erlauben, ohne die Ankunftszahl der Touristen auch nur im Geringsten zu schmälern. Selbst Pauschalreise-Anbieter mit den günstigsten Preisen verdoppeln in diesem Monat ihre Preise. Nur noch für bescheidene Naturasketen gilt, dass Griechenland preislich unterhalb des Levels des teuren Deutschlands steht und das Preisniveau von Mykonos noch lange nicht dasjenige der geschäftstüchtigen Schweiz erreicht, Partylöwen hingegen sollten bei Erhalt der Rechnung nicht in Schockstarre verfallen.

Reisezeiten

Ferien sind zu jeder Jahreszeit schön. Mykonos´ Schönheit ist wenig launisch ... doch auch hier haben die Monate ihre Eigenheiten, Vor- und Nachteile.

Mai/Juni:

Im Wonnemonat blüht´s sogar auf Mykonos. Zwar nicht als exotisches Vegetationsparadies, doch die sonst das Jahr über graugrünen, von der Sonne verbrannten Matten zaubern plötzlich sattgrüne Flecken hervor, die von wildem Mohn und anderen Wiesenblumen durchwachsen sind und einen zauberhaften Anblick bieten. Mai ist offizieller Saisonbeginn, die Restaurants und Hotels öffnen und rüsten sich für das lange Sommergeschäft. Die touristischen Menschenmassen sind noch fern, die Preise für Übernachtungen, Flüge und Fähren moderat, teilweise sogar günstig. Einheimische und Hoteliers zeigen sich freundlich und motiviert. Der Winter ist vorbei und sie freuen sich auf die neue Saison. Die Gärten sind geputzt, die Häuschen frisch getüncht und alles glänzt für die Invasion der Sommergäste. Mai und Juni sind auf Mykonos herrlich, allerdings die Nächte noch kühl und das Meer geradezu abweisend kalt.

1.-Mai-Feiertag: Die Griechen beweisen am 1. Mai eine lockere Einstellung zur Arbeit. Statt mit Demonstrationen und Krawallen wird Mykonos von einem Blumenmeer überflutet! Eifrig dekorieren die Mykonioten ihre Häuschen mit Blumengebinden und Kränzen.

Pascha: Das griechische Osterfest ist der bedeutendste Tag des griechisch-orthodoxen Glaubens. Einmal dabei zu sein, ist ein ergreifendes Erlebnis. Das ganze Dorf versammelt sich in der Kirche und wehe dem, der sich davor drückt! Traditionell bringt jeder Dorfbewohner eine weiße Kerze mit. In stummer Andacht wird den Anwesenden durch den Priester das heilige Licht weitergereicht, bis alle Kerzen in der Kirche entbrannt sind. Die stille Feierlichkeit ist wunderschön mitanzusehen! Mit dem Osterfest endet die Fastenzeit. Auf den Dorfplätzen wird das aufgespießte Osterlamm über glühender Holzkohle gegrillt. Mit Feuerwerk und üppigen Speisen wird bis früh morgens gefeiert.

Juli:

Die Tourismuswirtschaft ist im Gange. Mykonos wird von ausländischen, vor allem deutschen und Schweizer Touristen überflutet! Im Juli sind die „zivilen“ Griechen noch bei der Arbeit und das Fehlen ihres südländischen Temperaments stiehlt Mykonos etwas von seinem Reiz. Die Hotels sind trotzdem ausgebucht, die Restaurants gut besucht und am Strand nähert sich die Stimmung dem Siedepunkt! Die Lufttemperatur liegt täglich bei ca. 35 °C, das Meer ist angenehm erfrischend und nicht mehr kalt. Mit den Gästen beginnt auch für die Einheimischen der Stress. Die Freundlichkeit lässt zu wünschen übrig. Da Restaurantplätze sowieso besetzt werden, scheint sich ein zuvorkommender Service zu erübrigen.

August:

Jetzt erlebt Mykonos seinen Höhepunkt. Am 15. August beginnen in Griechenland die großen Ferien und das halbe Land scheint unbedingt nach Mykonos reisen zu wollen. Wer nicht frühzeitig reserviert, bekommt spontan nicht mehr viel. Zusammen mit den ausländischen Touristen strömen die Festlandgriechen völkerwanderungsähnlich nach Mykonos. Die Zustände an den Fähranlegestellen sind chaotisch. Selbst die übelsten Hotels können sich horrende Zimmerpreise leisten, Sonderwünsche werden von Kellnern und Hoteliers nur müde belächelt.

Im August ist auf Mykonos die Hölle los! Die vollen 24 Stunden des Tages wollen genossen werden. Durch die Überzahl von griechischen Touristen findet man als Ausländer genug Gelegenheiten, griechische Feste und deren Ausgelassenheit kennen zu lernen. Man muss sich nicht auf die vom Reiseveranstalter angepriesenen „Greek Nights" verlassen und kann sich auf prickelnde Nächte freuen! Obwohl die kleine Insel zu bersten droht, ist es schwer, sich nicht von der übermütigen Atmosphäre anstecken zu lassen. Das Wetter auf den Kykladen ist nie schöner als im August. Die Hitze wird durch die angenehmen Nordost-Winde gemildert, der Himmel ist wolkenlos und das türkisblaue Wasser lockt verführerisch. Regen ist im Monat August fast ausgeschlossen.

September:

Nach dem großen Trubel ist die Insel im September einem kleinen, ausgesuchten Publikum überlassen, in deren Lobbys kein Unkundiger Zutritt hat! Jetzt gehört Mykonos den passionierten Griechenlandreisenden und den Liebhabern des Nudismus. Man kennt und grüßt sich, die Insel gehört wieder denen, die sie zu dem gemacht haben, was sie heute ist! Die Feste werden in privatem Rahmen abgehalten, am Strand die laute Musik heruntergedreht, man diskutiert und spielt in Ruhe Backgammon. Restaurants kümmern sich mit wiedergefundener Muße um die alten Stammgäste! Die offizielle Ferienzeit ist vorbei und nach Mykonos kommt, wer genug Geld und Einfluss hat, sich Ferien zu nehmen, wann er will, und jene, die keine öffentliche Unterhaltung suchen.

Panagiris: Das Fest der Heiligen Jungfrau Maria (griech. Panagia) findet am letzten Samstag im September statt. In der kleinen Kirche an der Hafenmole von Ágios Ioánnis werden am frühen Nachmittag Tische auf die Mole gestellt. Männer bereiten an langen Bankreihen Tomaten,

Zwiebeln und andere Leckerbissen vor. Panagiris ist religiöser Feiertag, der offizielle Freitag der Frauen! Die Gattinnen sind an diesem Tag von ihren häuslichen Pflichten entbunden und vergnügen sich mit Kindern und Freundinnen am Strand. Erst wenn es dunkelt, gesellen sie sich zu den Männern und demonstrieren, wer eigentlich das Sagen hat! Nach Sonnenuntergang wird das Buffet eröffnet. Alle sind zu freiem Speis und Trank eingeladen. Dampfende Schüsseln, verlockende Teller und brutzelnde Grillspeisen stehen bereit. Bis spät in die Nacht hinein wird Ágios Ioánnis von den traurigen Klängen der Santuri erfüllt und auf dem von Feuerschein beleuchteten Platz bleibt das ganze Dorf bis früh morgens sitzen.

Oktober:

Gegen Mitte Oktober ist „kehraus". Die Restaurants stuhlen hoch, die Liegestühle am Strand kosten nichts mehr. Die Nächte werden kühler und das erfrischende Nass schien auch schon einladender. Das touristische Mykonos bereitet sich auf einen langen Winterschlaf vor, während das Mykonos der Mykonioten erste zaghafte Schritte nach dem Trubel macht. Schwarz gekleidete Frauen halten ihr Schwätzchen in den Gassen, wo vor kurzem noch knapp bekleidete Boys ihren zweideutigen Hüftschwung übten, und der eitle Pelikan Petros verfällt in eine manische Depression, wenn seine Bewunderer verschwunden sind. Die verschlafene Atmosphäre des mykoniotischen Oktobers hat seinen Reiz, besonders für jene, die sich mehr am goldenen Herbstlicht erfreuen als an langen Nächten und wilden Eskapaden.

Sonne

Sonne ist schlimmer als Donner und Blitz, sagt der griechische Volksmund. Nicht nur in der Sage von Ikarus. Dieser bekam vom Vater Dädalus ein Paar Flügel geschenkt, die aus Vogelfedern und Wachs angefertigt waren. Die Flügel sollten sie in ihre Heimat zurücktragen, doch der Sohnemann wurde übermütig und versuchte sich der Sonne zu nähern. Das Wachs der Flügel schmolz und Ikarus stürzte in die Ägäis.

Die Sonne über der Ägäis brennt kräftig und es braucht keine Wachsflügel, deren Wirkung zu erfahren. Auf Mykonos ist Schatten rar. Nicht nur im August, wenn die Hitze am stärksten ist und die Luft Temperaturen von 40 °C erreicht, wird durch die kräftigen und kühlenden Meltémi-Winde die unerbittliche Kraft der intensiven Sonneneinstrahlung unterschätzt. Heftige Sonnenbrände sind die Folge.

Strom

Außer auf Schiffen und Fähren (110 Volt Gleichstrom) gibt es überall 220 Volt Wechselstrom. Adapter sind nicht erforderlich, alle gängigen Flachstecker passen.

Surfen

Der Méltemi-Wind kommt in den Sommermonaten schräg ablandig bis sideshore über die Berge. Dadurch entsteht Flachwasser, ein Traum für alle, die Speedsurfen oder Manöver lieben. Die geschützten Buchten verhindern ein Abtreiben ins offene Meer. Einige Strände sind zu wahren Surfeldorados geworden, vor allem der Kalafáti-Strand, wo sich die Surfschule von Ali und Pezi Huber befindet.

Tauchen

Vor Mykonos wartet kein Barrier Reef, dennoch hat die Insel für Taucher viel zu bieten. Neben den feinsandigen Stränden und versteckten Buchten erwartet sie die faszinierende Unterwasserwelt der Ägäis mit Sichtweiten von 30–40 Metern. Unterwasserfotografen werden begeistert sein, die hier ein Paradies für Makro- und Nahaufnahmen finden. Näheres zu Tauchschulen im Kapitel „Strände".

Telefon

Telefonzellen gibt's viele auf Mykonos. Sie funktionieren ausschließlich mit Karten, die an Kiosken erhältlich sind. Das Telefonamt OTE befindet sich nahe dem Archäologischen Museum. Der Ausbau des Funknetzes ist sehr gut.

Internationale Ländercodes:

Deutschland 0049

Österreich 0043

Schweiz 0041

Die Vorwahl nach **Griechenland** lautet **0030**, für **Mykonos 22890**, danach folgt die fünfstellige Nummer des Anschlusses. Auch bei Anrufen innerhalb von Mykonos wählt man zuerst die 22890 und dann die Rufnummer.

Wichtige Telefonnummern:

Notruf Polizei: 100

Feuerwehr: 199

Pannenhilfe: 104

Deutschsprachiger Notfalldienst Athen: 1-7775644

Touristenpolizei Mykonos: 22890/22482

Bei finanziellen, rechtlichen Schwierigkeiten oder für einfache Informationen über die Insel wendet man sich an die Touristenpolizei. Die Büros befinden sich am Hafen und sind von 8–22 Uhr geöffnet.

Hafenverwaltung: 22890/22218

Ob man ein eigenes Boot hat oder die letzten Updates von Ankunft und Abfahrt der Fähren nach Athen will, die Hafenverwaltung bemüht sich, Auskunft zu erteilen. Das Büro ist 24 Std. pro Tag geöffnet und befindet sich direkt über der National Bank an der Wasserfront.

Trinkgeld

In Griechenland und auf Mykonos herrscht zwar keine prozentual festgesetzte Trinkgeldregelung, doch Trinkgeld wird speziell von den Griechen gern und großzügig gegeben. Es ist unüblich, das Trinkgeld einem Kellner direkt in die Hand zu drücken. Vielmehr pflegt man das Sympathiegeld in auffälliger Manier auf den Tisch zu werfen. So kann der Grieche beweisen, wie wenig sein Geist von einer erdrückenden Sparsamkeit beherrscht wird.

Trinkwasser

Wasser wird in Kanistern oder durch Röhren von der Nachbarinsel importiert. Leitungs- und Brunnenwasser sind nur zum Zähneputzen, nicht als Trinkwasser geeignet. Eine Warnung, wie sie bei uns auf Schildern angebracht ist, fehlt auf Mykonos. Am besten verwendet man das ohne Kohlensäure versetzte Mineralwasser in den 1,5-l-Petflaschen. Wer in Restaurants Wasser bestellt, bekommt stilles Wasser vorgesetzt. Man muss San Pellegrino oder Sodawasser bestellen, wenn man auf die Kohlensäure im Wasser nicht verzichten will.

Zeitungen, Zeitschriften

An der Rückseite der Agía-Kyriakí-Kirche gegenüber der Bar Piero´s findet man alles, auf das man auch in den Ferien nicht verzichten kann. Ein reichhaltigeres Angebot an Tages-, Wochen- und Klatschzeitungen findet man kaum in einer europäischen Großstadt.

Geführt wird der Laden von Iannis Terzopoulos. Er nennt sich der Identifikation halber John – jeder zweite Grieche heißt nämlich Iannis –, wobei bereits viele vor ihm zu dieser Hilfe griffen. Englisch kann er eigentlich nicht. Nur in Zahlen ist er ein Genie und selbst die fremdländischste Zeitung kann er akzentfrei beim Namen nennen. 8 Monate im Jahr sitzt er in seinem Laden, eine Zigarette nach der anderen rauchend. Wie viel uns Europäern das ständige Informationspotenzial am Herzen liegt, sieht man am Umsatz dieses unauffälligen Ladens. Bringt er doch eine halbe Million Euro im Jahr zusammen.

Zeitzone

In ganz Griechenland gilt die OEZ, die der MEZ um eine Stunde voraus ist.

Anreise

„Wenn einer eine Reise tut, so muss er zuerst die Liebe zum Land mitbringen!" Goethe mag ja Recht haben, doch es wird wohl keiner, der noch nie in Griechenland war, diesen Flecken Erde von vornherein aufrichtig lieben. Wie auch? Der moderne Mensch ist misstrauisch und reist zuerst, bevor er sich in ein Land verliebt. Die Ferien urlaubshungriger Zeitgenossen erinnern kaum an Goethes Italien-Reise: Anstatt zu Hause vom gefundenen Seelenfrieden zu zehren, jammern wir dem Ferienflirt nach und keine wertvollen Notizen, sondern braune Haut ist das Urlaubsresultat. Nicht Umbruch und Bildung, sondern Entspannung und unterhaltende Ablenkung sind angesagt. Die Medien geben uns genug Ahnung von anderen Ländern, so dass der Überraschungsgrad einer Reise berechenbar und die Fahrt ins Unbekannte in Ferienkatalogen durch Kategorien wie „Abenteuerreise", „Strandurlaub" und „Kinderferien" vollends trivialisiert ist.

Sind die übrigen Kykladen oft nur kurze Stopps der Inselhüpfer, ist Mykonos das Ziel sonnenhungriger Nachtschwärmer (also alle, die tagsüber in der Sonne brutzeln, um sich nachts in schillernde Diven zu verwandeln), die die Hochburg des Vergnügens so schnell nicht wieder verlassen wollen. Ob für übermütige Abenteurer, schnelllebige Genießer, Szenegänger oder einfach Gäste, die während ihrer Ferien unbeschwerte „good times" verbringen wollen, ist Mykonos das Ziel.

Mit dem Flugzeug

Von Anfang Mai bis Ende Oktober bieten Chartergesellschaften wie Condor, easyJet und Eurowings Direktflüge nach Mykonos an. Rückflugtickets kosten ca. € 300–500. Bevorzugt werden Reisende mit einem Pauschalarrangement (Flug-&-Hotel-Paket), nicht rechtzeitig verkaufte Plätze werden auch Individualreisenden preisgünstig angeboten. Die Charterflüge heben von den meisten Flughäfen bloß einmal die Woche ab und sind im Juli und August bereits früh ausgebucht (rechtzeitig reservieren!). Der Flug dauert 2 ½ Std. Wer nur 7 Tage Ferien hat, muss kaum Zeit für die Anreise opfern. Pauschalarrangements eignen sich für diejenigen, die die Insel noch nicht kennen und die Hotelwahl dem Reiseveranstalter überlassen. Ferienpakete werden von den bekannten Reiseunternehmen wie TUI, Jahn Reisen, Helvetic Tours etc. angeboten und können Flug, Transfer, Unterkunft mit Halb- oder Vollpension, Mietwagen und organisierte Ausflüge beinhalten. Je nach Hotelkategorie, Buchungsumfang und Saison schwanken die Preise zwischen € 500 und 900. Ein bewährtes Internetportal mit Top-Angeboten in allen Kategorien ist www.reise.com.

Wer nur den Flug bucht, muss Insel und Hotels per Taxi oder Mietauto so lange erkunden, bis die Traumunterkunft gefunden ist! In der Hochsaison, der Zeit der „Bettenknappheit", ist es weiser, die Hilfe der Hoteldesks am Flughafen zu beanspruchen. Diese Vermittlungsstellen sind über die freien Zimmer informiert und froh, alles für die Urlauber arrangieren zu können. Allerdings hapert Anfang August die umgehende Benachrichtigung der Vermittlungsstelle aufgrund der schnellen Touristenfluktuation. Viele Hoteliers schicken zusätzlich ihre Untertanen an den Flughafen, um ankommende Touristen mit Pappkartons, Swimmingpool- und Frühstücksbuffet-Bildern auf ihre Hotelzimmer aufmerksam zu machen.

Ende Juli, Anfang August ist alles ausgebucht! Die Flughafenhalle ist leer von Hotelvertretern, die Hoteldesk-Angestellten seit Stunden in der Kaffeepause. Und die Hoffnung auf eine spontane Weiterhilfe wird der Ernüchterung weichen. Wer sein zentral gelegenes Hotel auf eigene Faust suchen will, sollte wissen: Zentral gelegen heißt „Mykonos-Stadt" und „Mykonos-Stadt" heißt autofrei! Dies bringt Annehmlichkeiten mit sich, aber auch die Unannehmlichkeit des eigenen Koffer-Tragens.

Via Athen

Nicht nur für den Kosmopolit, der sich in Großstädten zu Hause fühlt, lohnt es, die Ferien auf Mykonos mit einem Zwischenstopp in Athen zu verbinden. Athen ist zwar keine Primadonna unter den Metropolen, doch so schmutzig sie ist, so lebendig ist sie – und die Athener lieben ihre Stadt. Von jedem größeren Flughafen heben mindestens einmal täglich Linienflüge nach Athen ab. Ob Olympic Air, die privatisierte staatliche Fluggesellschaft Griechenlands, Lufthansa oder Swiss, die Preise für einen Linienflug liegen bei ca. € 300–350. Der Athener Flughafen Hellinikon liegt 14 km außerhalb des Stadtzentrums und kann per Zubringerbus oder Taxi erreicht werden. Bei einem Zwischenaufenthalt sollte genug Zeit für einen Terminalwechsel eingeplant werden. Die internationalen Flüge landen und starten am Eastern Terminal, während die Inlandflüge nach Mykonos vom Western Terminal starten. Bis Mitternacht gibt es im Halbstundentakt kostenpflichtige Busse vom nternational zum „Domestic"-Terminal.

Für alle, die nicht nur Mykonos, sondern Griechenland kennen lernen möchten, sind ein paar Tage Athen unverzichtbar. Hier präsentiert sich die griechische Antike nicht nur dank Akropolis und Archäologischem Nationalmuseum in geballter Kraft. Wer mit dem Schiff weiterreist, erlebt im Hafen von Piräus eine urgriechisch-mediterrane Hafenatmosphäre und den Aufbruch ins endlose Blau der Ägäis.

Inlandflüge

Von Athen fliegen Olympic Air (www.olympicair.com), Aegean Airlines (www.aegeanair.com) und Athen Airways (www.athenairways.com) mehrmals täglich nach Mykonos. Der Preis von/nach Athen beträgt ca. € 80–100. Der Flug in einer kleinen Propellermaschine dauert 45 Minuten und ist bei ruhigem Wetter ein tolles Erlebnis: Kurz nach dem Start breitet sich unter einem der tiefblaue Meeresteppich aus, dessen Unendlichkeit nur durch die goldenen Flecken der Inseln unterbrochen wird. Ist der Tag aber windig, dehnen sich die 45 Minuten zur Ewigkeit ... der Flug scheint aus einem einzigen Luftloch zu bestehen und Mykonos plötzlich unerreichbar.

Innergriechische Fähren

Ausgangshäfen sind das südlich von Athen liegende Piräus und das Fischerdorf Rafina, ca. 1 Fahrstunde von der Hauptstadt entfernt. In Piräus ist es am einfachsten, sich von einem Taxi direkt an den Pier fahren zu lassen. Der Weg nach Rafina ist weit und eine Taxifahrt teuer. Die stündlichen Busverbindungen der KTEL-Gesellschaft enden direkt im Hafen von Rafina. Die Überfahrt nach Mykonos dauert von Piräus 6 Std., von Rafina 5 Std. Schneller als die behäbigen Fähren sind die schnittigen Tragflügelboote, die bereits nach 2 ½ Std. Mykonos' Küste erreichen. Die Schiffstarife liegen zwischen € 25 und 69. Zögern und Feilschen bringt nichts, die Preise sind staatlich festgesetzt. Tickets werden von den Büros der Schifffahrtslinien am Hafen angeboten. Die Verbindungen sind ganzjährig und regelmäßig. Bei den griechischen Zentralen für Fremdenverkehr kann man die aktuellen Fahrpläne bestellen. Diese sind allerdings ohne Gewähr, denn Fahrplanwechsel und Kursausfälle sind immer möglich und bleiben vorbehalten. Auch Verspätungen und Änderungen der Route sind an der Tagesordnung. Oft ruht der Fährverkehr wegen starkem Seegang oder Streik für einige Tage „bis auf weiteres" ... Vor allem Tragflügelboote bleiben bei größeren Windstärken im Hafen. Die griechischen Fähren haben 24-Std.-Betrieb, so ist die Chance groß, in den Genuss einer romantischen Schifffahrt unter leuchtendem Sternenhimmel zu kommen. Weil Mykonos zwei Fähranleger hat, sollte man sich vor Ticketkauf unbedingt vergewissern, wo man andocken wird, im Alten Hafen, fußläufig vom Stadtzentrum entfernt, oder im Neuen Hafen, der über zwei Kilometer außerhalb liegt und wohin die größeren und schnelleren Schiffe tendieren, schließlich wurde er für diese gebaut. Wassertaxis von SeaBus erreichen von 7.30–22.30 Uhr im Stundentakt, zu Stoßzeiten sogar alle 30 Minuten ab Neuem Hafen in weniger als zehn Minuten die Hora.

Schifffahrtsgesellschaften:
z.B. Minoan Lines Highspeed Boats (www.minoan.gr). Hier reist der VIP für € 69 und der Rucksacktourist bereits ab € 25 in 2 ½ Std. nach Mykonos. Auskünfte über www.ferries.gr, der größten griechischen Fähren-Datenbank, direkt bei den großen Schiffsgesellschaften, z.B. Blue Star Ferries, SeaJets, Ilio Lines, oder den Hafenverwaltungsstellen Port Authority Piräus (Tel. +30/21045/50000) oder Port Authority Rafina (+30/22940/28888).

Mit dem Auto

Nur geeignet, wenn man viel Zeit hat. Ansonsten sollte man das eigene Fahrzeug bei einem Kykladen-Besuch zu Hause lassen. Auch wegen Griechenlands dürftigen Straßen, der Statistik der jährlichen Parkschäden und Auto- und Motorradunfälle (obwohl für Motorräder in Griechenland das Tempolimit 70 km/h besteht). Die gängigste Route führt nicht über den Balkan, sondern nach Italien und von dort mit der Fähre nach Griechenland, z.B. Ancona–Pátras. Die Fahrt dauert ca. 33 Stunden. Die genauen Preise hängen von Fahrzeug, Unterbringung und Personenanzahl ab. Eine Person an Deck mit einem Motorrad kostet ca. € 180. Express-Fähren brauchen ca. 20 Stunden. Diese Super-Fast-Ferries sind neuere Monsterschiffe, die mehr Komfort bieten als ihre langsameren Kollegen. Dafür sind die Preise doppelt bis dreifach so hoch (€ 320 für die Unterbringung, € 120 für Fahrzeuge). Weitere Fährhafen sind Brindisi, Bari, Venedig und Trient. Die **Überfahrt** sollte rechtzeitig gebucht werden, auch online, z.B.

ANEK (www.anek.gr)
Blue Star Ferries
(www.bluestar-ferries.com)
oder Minoan Lines

Mit dem Bus

Eine strapaziöse und langwierige Anreisevariante, mindestens 1 ½ Tage (inkl. Fähre, ansonsten dauert's noch länger), mehr in Begleitung von griechischen Gastarbeitern denn mit anderen Urlaubern. Immerhin genießt man im klimatisierten Bus ein feuchtfröhliches Campleben. Busse fahren ab diversen deutschen Städten mehrmals wöchentlich. Informationen bietet die

Touring – Eurolines
bundesweit 16 Ticketcenter und 15 Buchungsagenturen

Servicehotline mit Fahrplan und -preisauskunft:
Tel. 069/971944833
Mo.–Fr. 8–18
Sa. 8–16 Uhr
service@eurolines.de
www.eurolines.de

Mit dem Zug

Endlose Stunden im Zug, ca. 40 bis zum Ziel, also via Thessaloniki nach Athen und von dort ... Nur geeignet, wenn man mit verschiedenen Zwischenstopps und Umsteigen mehr von Griechenland sehen will. Von München fährt beinahe täglich ein Eurocity über Budapest nach Thessaloniki. Den Abteilnachbar gut aussuchen, denn während der gesamten Zugfahrt nach Thessaloniki wird nur zweimal umgestiegen: in Budapest und im exotisch klingenden Ort Lököshaza. Wenn man sich kein günstiges Sonderangebot der Bahn ergattern kann, liegen die Preise für ein Rückfahrticket bei über € 300!

Infos:

www.bahn.de, www.sbb.ch

Mit dem Segelschiff

Griechenland ist das Land für Segelfreaks. Die Ägäis ist für erprobte Seebären ein wahres Paradies, auch das Chartern einer Yacht mit Besatzung ist möglich. Dieser Luxus sprengt mittlerweile nicht mehr sämtliche finanziellen Grenzen und man kann sich von der Crew bekochen und verwöhnen lassen. Da die Gewässer der Ägäis weder große Flut- und Ebbebewegungen aufweisen, man vor Riffen geschützt ist und nirgends enge Kanäle lauern, kann man sich ganz auf das Spiel von Wasser und Wind konzentrieren. Nebel hat es fast keinen, die Distanzen zwischen den Inseln liegen durchschnittlich bei 15–30 Meilen. Man findet überall sichere Ankerplätze mit gut haltbarem Sandgrund in etwa 12–20 Fuß tiefem Wasser.

Unterwegs auf Mykonos

Reisen auf Mykonos ist einfach. Öffentliche Verkehrsmittel pendeln zwischen den wichtigsten Orten der Insel und dies in ungriechisch regelmäßigen Abständen.

Kaiks

Eine Fahrt mit den Kaiks sollte man sich nicht entgehen lassen! Kaiks sind die typisch griechischen Motorboote, die im Gegensatz zu den normalen Barkas einen abgespitzten Bug besitzen. Die ehemaligen Fischkutter fahren sonnenhungrige Touristen an die Südstrände. Ihre Kapitäne sind frühere Fischer und entsprechen zur Freude der Touristen dem Klischee des alten, schweigsamen Seebären. Als der Fischfang in der Ägäis immer mühsamer wurde, brachten es nicht alle Seemänner übers Herz, das Meerleben ganz an den Nagel zu hängen, und der öffentliche Seeverkehr bietet ihnen die Option einer sicheren Existenz. Wie ihre Kollegen, die zu Hotel- oder Restaurantmanagern mutierten, sind Kaikkapitäne über die Jahre reich geworden. Die brummigen Seebären sind's deshalb zufrieden, tuckern den Sommer über von Bucht zu Bucht und setzen Touristen in der gewünschten Bucht ab.

Die Kaiks sind längst feste Institution der Insel. Vorsichtige Touristen, abgeschreckt vom schlechten Straßenzustand, schwören auf die romantische Transportart! Wer nicht seefest ist, sollte nur bei harmlosen Windverhältnissen in ein Kaik steigen. Mutet das Meer vom Strand aus auch ruhig und friedlich an, so tobt weiter draußen zuweilen heftiger Wellengang, der die „Nussschalen" zu gewagten Tänzen auf den Schaumkronen auffordert. Ansonsten ist die Fahrt entlang den wilden Klippen traumhaft und vermittelt einen wunderbaren Eindruck von der Südküste.

In der Hochsaison pendeln die Kaiks tagsüber zwischen Ornós, Platís Gialós, Paranga, Paradise, Super Paradise, Eliá und Agrári. Das etwas besser ausgestatte Kaik „Delfini" steuert die Strände von Mykonos-Hafen aus an. Retourtickets kosten je nach Zielstrand € 4–8. Bevor man sich absetzen lässt, sollte man sich beim Kapitän über die Rückfahrtzeiten informieren. Die letzten Retourboote (je nach Strand zwischen 17 und 20 Uhr) werden zwar mit einem Schiffshorn angekündigt, aber dennoch leicht verpasst. Kaiks können auch gechartert werden, um sich vom Steuermann in entlegenere Buchten fahren zu lassen.

(Kaik-Zentrale: Tel. 22890/22032)

Kaiks im Hafen

Straßen

Mykonos ist eine Ferieninsel – das Vergnügen hat Priorität. Man baut immer mehr Restaurants, Bars und Clubs, der Straßenbau blieb vernachlässigt. „Mykonos bietet eine hohe Qualität an Straßenverbindungen, die die ganze Insel bedeckt“, beschreibt eine lokale Mykonos-Broschüre den Straßenzustand der Insel. Dabei existierten gerade mal vier Straßen auf Mykonos: Die Nord-, Ost-, West- und Südstraße. Alle vier Achsen flossen vor den Toren der Hauptstadt Hora in einer Art Ringstraße um die autofreie „City“ zusammen. Wollte man von Süd nach Nord oder von West nach Ost, war die Durchfahrt durch Mykonos-Stadt unumgänglich. Vor allem, wenn kurz vor Sonnenuntergang ganz Mykonos in die Stadt strömte, wurde man als Autofahrer angeflucht, angefahren oder zum Amokläufer. Erst 1999 baute man eine Straße um Mykonos-Stadt, die diese vier Hauptachsen der Insel verband. Nur wenige Straßen sind geteert, zudem fordern Schlaglöcher, haarsträubende Kurven, Sand und Steine Fahrzeug und Fahrer heraus. Die kleinen Nebenstraßen im Landesinneren weisen größere Tücken auf. Als wären Enge und Unebenheit der Wege nicht mühsam genug, verhindern beidseitig Steinmäuerchen das Ausweichen gegenüber entgegenkommenden Fahrzeugen. Die Mykonioten kennen ihre Straßen und überlassen den Ärger von Beulen und platten Reifen kopfschüttelnd den Touristen. Besonders amüsieren sie sich über unwissende Touristen, die ihren teuren Mercedes auf die Insel verschiffen lassen. „Eine Schande ist es! Schade um die schönen Autos“, meint Marco Voulgaris, Chef der Avis-Dienststelle auf Mykonos. „Ein Fahrzeug ist auf Mykonos ein Nutzobjekt, kein Statussymbol!“

Taxis

Taxis sind in Griechenland populär, die Fahrpreise auf Mykonos aber längst nicht mehr so preiswert. Es gilt als Ehrenkodex unter den mykoniotischen Taxichauffeuren, die Richtpreise einzuhalten. Es muss deshalb nicht beunruhigen, wenn ein Taxameter nicht in Betrieb oder gar nicht vorhanden ist. Je nach Ziel kostet eine Taxifahrt zwischen € 5 und 25 (z.B. ab der Hora: Neuer Hafen € 14, Flughafen € 15, Kalafatis-Strand € 23). Die Hotelrezeption kennt die Tarife.

Es gibt ca. 40 Taxis auf Mykonos, allerdings selten dort, wenn man gerade gern eines hätte. Die beiden offiziellen Taxistände sind direkt am Hafen, unmittelbar neben der Büste der Heroin Manto am Mavrogennous-Platz, und beim Stadteingang (Lákka c/ Platía Niochóri, beim Busbahnhof). Da die Schlange der Wartenden oft lang ist, lohnt es sich, etwas vom offiziellen Taxistand entfernt mit Handzeichen auf sich aufmerksam zu machen. Auch die mykoniotischen Taxifahrer folgen dem Motto „der Schnellere ist der Geschwindere" und man wird Sie wortlos einsteigen lassen. Oft fragt der Chauffeur weitere Wartende nach deren Ziel. Falls sich die Richtung einigermaßen mit jener des Fahrgasts deckt, zögert der Fahrer nicht, diesem ein paar Umwege zuzumuten. Man zahlt trotzdem den gleichen Fahrpreis und weder Schimpfen noch Fluchen bringen den Chauffeur aus der Ruhe. Wenn Nachtclubs und Bars gegen 4 Uhr morgens schließen, ist es schier unmöglich, ein Taxi zu bekommen. Viele übernächtigte Personen lungern dann am Taxistand herum. Erhitzt von den Abenteuern der Nacht warten sie geduldig auf ein freies Taxi und scheinen sich nicht daran zu stören, dass selbst bei den ersten schüchternen Sonnenstrahlen des Tages noch immer kein Taxi in Sicht ist. In der Nacht verdoppelt sich der Taxitarif!

Taxizentrale Mykonos
Tel. 22890/22400
Nachttaxi: Tel. 22890/23700

Bus

Die Busverbindungen auf Mykonos sind gut. Die 31 meist staubbedeckten KTEL-Busse sehen zwar nicht aus, als kämen sie überhaupt den nächsten Hügel hoch, knarren in jeder Kurve und bleiben nur knapp nicht in den engen Gassen stecken. Es gibt zwei Busterminals in der Hora. Die Lákka-Haltestelle liegt im Süden der Stadt. Busse verlassen Lákka in Richtung Ágios Ioánnis (via Ornós), Ornós, Áno Méra, Platís Gialós, Paradise Beach, Paránga Beach, Eliá und Kalafáti. Das zweite Terminal liegt oberhalb vom alten Hafen im Westen der Hora, an der Odos Polikandrioti. Von hier fahren Busse nach Ágios Stéfanos (via Toúrlos), Áno Méra, Eliá und Kalafáti. In der Hauptsaison besteht ein Halbstundentakt. Ankunfts- und Abfahrtszeiten sind auf einer Kreidetafel an den Busstationen aufgelistet.

Rückfahrscheine (€ 2–5) werden direkt im Bus gekauft. Selbst wenn der Bus bis auf den letzten Zentimeter gefüllt ist, drängen sich die kleinen Brüder der Chauffeure durch den Gang, um das Fahrgeld einzuziehen. So kommt man trotz vieler Leute und kurzer Fahrzeiten selten zu einer Gratisfahrt: Chauffeur und Geldeintreiber sind ein eingespieltes Team und das Tempo des Busses genauso schnell, wie das Kassieren braucht. Die Busfahrer sind die Herren auf Mykonos' Straßen. Ihre vernichtenden Blicke lassen alle anderen Verkehrsteilnehmer unweigerlich bremsen und wehe dem, der einem Bus in die Quere kommt! Die Busse fahren in der Hauptsaison bis ca. 2 Uhr morgens. Bei speziellen Anlässen werden Extrafahrten bis 5 Uhr morgens angeboten und kleinere Gruppen können Minibusse chartern. Auskünfte erteilt die

Buszentrale von KTEL
Agiou Louka, Fabrika
Tel. 22890/26797
ktelmyk@gmail.com
www.mykonosbus.com

Trikiklos-Mobile

Das Trikiklos-Mobil ist ein kleines Transportauto auf drei Rädern (gr. tri = drei und gr. kiklos = Rad). Auf den Trikiklos beliefern die Mykonioten die Läden und Stände im Zentrum der Hora und dürfen als einzige Ausnahme das Fahrverbot missachten. Mit erstaunlicher Wendigkeit zirkeln die knatternden Dreiräder durch die Gassen, schrecken Touristen auf und füllen die morgendliche Stadt mit reger Geschäftigkeit. In der „City" sind Trikiklos unentbehrlich: Ein normales Fahrzeug hätte keine Chance, hier nicht stecken zu bleiben.

Trikiklos-Mobile auf Mykonos

ΑΠΑΓΟΡΕΥΕΤΑΙ Η ΕΙΣΟΔΟΣ
ΣΤΑ ΑΥΤΟΚΙΝΗΤΑ
NO CARS

Esel

Nach wie vor werden Esel auf Mykonos als Lasttiere verwendet und von Bauern als Transportmittel gebraucht. Auf beiden Seiten mit Körben behangen, trotten die sympathischen Tiere in der größten Mittagshitze die Straße entlang und lassen sich von johlenden Moped- und hupenden Autofahrern nicht aus der Ruhe bringen. Um das Bild Urgriechenlands zu vervollständigen, sind es meist weißhaarige, schwarz gekleidete Omas, die im Damensitz elegant auf dem Eselrücken sitzen und den Anschein geben, direkt aus dem letzten Jahrhundert angeritten zu kommen.

Mofas – Vespas – Quads – Motorräder

Mofas, Vespas, Quads und Motorräder sind auf Mykonos die populärsten Fortbewegungsmittel. Wind und Sonne ausgesetzt über die Insel zu brausen, scheint verlockender, als in einer erhitzten Blechkiste eingeschlossen zu sein. Schwärme von Mofas, Vespas und Motorräder brausen im Sommer in Richtung Strand. Der warme Wind im Haar, die Wildheit der Natur und Abenteuerlichkeit der Landstraßen geben den Fahrern ihr Freiheits- und Feriengefühl. Bikinimädchen klammern sich quietschend an ihre braungebrannten Schönlinge, harte Naturburschen mimen „Easy Rider“ und reifere Damen freuen sich verschämt über die eigene Dreistigkeit, mit vom Fahrtwind hochgewirbelten Rock über die Straßen zu flitzen ... Die Straßen zu den Südstränden sind denn auch zur „Anmachmeile“ geworden, wo nicht nur Telefonnummern, sondern auch gleich Rücksitzfahrer ausgetauscht werden und Pannen oft vorgetäuscht sind.

Zum Mieten von Mofas und Vespas braucht man einen mindestens 12 Monate alten Fahrausweis. Für größere Maschinen sind die üblichen Motorradausweispapiere und ein Mindestalter von 19 Jahren erforderlich. Je nach Größe und Ausstattung des Vehikels kostet die Miete ab 20 €/Tag aufwärts. Außerhalb der Saison können sich die Preise um bis zu 50 % senken. Eine Versicherung ist nicht obligatorisch, aber wegen der hohen Unfall- und Schadensrate empfehlenswert. Schleuderunfälle sind auf Mykonos häufig und Parkschäden können zu kostspieligen Reparaturen führen.

Es gibt auf Mykonos viele Vermieter für Motorräder und deren kleinere Kollegen. Besser wählt man ein größeres Unternehmen, die zwar teurer als die kleinen Straßenbuden sind, jedoch einwandfreie Zweiräder vermie-

ten. Vor Abschluss des Mietvertrages sollten Licht, Bremse und Benzintank begutachtet werden, ebenfalls sich vom Vermieter genau instruieren lassen, bevor man davonbraust.
Eine bewährte Vermietung ist:

Moto Speed Vrissi s/n,
Mykonos-Stadt, Tel. 22890/28555 motosp1@otenet.gr
www.motospeedrent.com
große Auswahl vom kleinsten
bis zum größten Zweirad und Quad

Filiale am Platís Gialos
Tel. 22890/23951

Autovermietungen

Mietwagen sind je nach Größe und Gewicht in Kategorien unterteilt. Um ein Auto der Kategorie A, B, C oder D mieten zu können, muss man mindestens 21 Jahre alt sein. Kategorie F, d.h. Minibusse, bekommt man ab 23 Jahren. Der Fahrer muss mindestens 1 Jahr im Besitz des Führerscheines sein. Mietfahrzeuge werden meist bei Beendigung des Mietverhältnisses bezahlt. Vermieter verlangen bei Barzahlung ein Depot von mindestens € 200, Kreditkartenbenützer bürgen mit ihrer Kreditkartennummer (Eurocard, Visa, American Express und Diners werden generell akzeptiert). Die Mindestmietdauer beträgt 24 Stunden.

Beim Mieten ist auf die inbegriffenen Versicherungen zu achten. Die großen Unternehmen versichern die Fahrer oft automatisch gegen Körperverletzung einer nicht im gemieteten Fahrzeug fahrenden Person, Sachschaden an Dritten und Sachschaden am Mietobjekt. Die Größe des Selbstbehalts hängt von der Fahrzeugkategorie ab.
Zusatzversicherungen (LIS) werden gegen Aufpreis angeboten. Babysitze oder Gepäckträger können bei vielen Vermietern günstig gemietet werden. Seriöse Vermieter bieten eine 24-Std.-Notfallstelle (dies ist jedoch nicht 100%ig garantiert wegen der lockeren Einstellung gegenüber Zeit und Verantwortung auf Mykonos). Fahrzeuge größerer Unternehmen können am Flughafen retourniert werden. Wenn man dem Vermieter Abflugdatum und die genaue Flugzeit mitteilt, wird ein Vertreter der Firma das Auto am Flughafen in Empfang nehmen.
Die Standardmieten betragen € 45–90/Tag, Wochenpauschalen € 240–400. Die Preise für unbegrenzte Kilometer beziehen sich auf eine Mindestmietdauer von drei Tagen. Die Preisdifferenzen zwischen den einzelnen Autokategorien sind drastisch! Nicht nur für Sparer gilt: Ein Fiat Panda tut's allemal auf Mykonos!

Vermieter mit tadellosem Service und ordentlichen Fahrzeugen:

Pier1, Port of Mykonos
Tel. 22890/24004, 24111
info@pier1.gr, www.pier1.gr

– Direkt am Neuen Hafen von Mykonos reicht ihr Sortiment von Minibussen, Suzuki Jeeps bis zu Renaults und Subarus. Die Bedienung ist effizient, die Preise sind angemessen. Pier1 stellt allerdings keine eigenen Stadtparkplätze zur Verfügung.

Moto Speed
Rent a Bike & Car
Vrissi, Tel. 22890/23854, 25990
info@motospeedrent.gr
www.motospeedrent.gr

Filiale am Platís Gialos
Tel. 22890/23951

– Diverse Automarken, Schwerpunkt Fiat (Panda, Punto) und Toyota Yaris. Günstige Angebote, vertrauenswürdiger Service, leider etwas außerhalb der Stadt.

Pegasus Rent A Car S.A.
Maouna, Tel. 22890/23760
info@pegasusgroupgr.com
www.pegasusgroupgr.com

– Einer der etabliertesten Vermieter. Die Tagespreise sind hoch, doch die Wochenpauschalen akzeptabel. Das Auto kann direkt am Stadteingang bei der Vermietungsstelle parkiert werden und der Mieter erspart sich so die mühsame Parkplatzsuche.

Avis, Alter Hafen
Tel. 22890/27580

Avis, Flughafen
Tel. 22890/24171
www.avis.com

– Die Filiale am Flughafen ist bis spät in die Nacht hinein besetzt. Buchen online oder per Telefon – und das Auto steht auch bei mitternächtlicher Ankunft am Flughafen von Mykonos parat. Der Geschäftsführer Marco Voulgaris, braun gebrannt und mit leuchtenden Augen das Urbild eines Griechen, ist immer für einen Schwatz zu haben. Seit über 20 Jahren sitzt er jeden Sommer in der Hauptfiliale am Alten Hafen und beobachtet die Passanten. „Mykonos hat sich verändert", meint er, „früher hätte niemand die Mühe auf sich genommen, sein eigenes Auto via Fähre nach Mykonos zu bringen ..." Sein Geschäft läuft trotzdem gut, auch wegen dem tadellosen Service.

Tankstellen

Es gibt auf Mykonos fünf Tankstellen, was angesichts des kleinen Straßennetzes vollends ausreicht. Auf jeder der vier Hauptstraßenachsen ist für Benzinnachschub gesorgt:

BP, Tel. 22890/22651
(an der Straße nach Áno Méra)

Shell, Tel. 22890/22651
(die der Stadt nächstgelegene Tankstelle liegt an der Straße nach Áno Méra)

Eko-Tankstelle Platís Gialós
Tel. 22890/22409 (auf dem Weg nach Psarou und Platís Gialós)

Eko-Tankstelle Áno Méra
Tel. 22890/71838
(5 Fahrminuten westlich von Áno Méra auf dem Weg nach Liá, Eliá, Kaló Livádi, Kalafáti)

Glastro, Alex Angeletakis
Tel. 22890/25476

Öffnungszeiten: Mo.–Sa. 8–19, So. 8–13 Uhr. Alle Tankstellen sind bedient und ziehen Cash-Bezahlung vor. Auf guten Inselkarten sind die Tankstellen eingezeichnet. Auch Autovermieter stellen auf Anfrage eine detaillierte Straßenkarte zur Verfügung.

Straßenverkehr

Die Begründer der Demokratia präsentieren sich im Straßenverkehr als eifrige Verfechter der Anarchia! Der griechische Straßenverkehr – und der von Mykonos – kann bei Fremden einen prägenden Eindruck hinterlassen. Ob schlechte, nervöse oder auffallend aggressive Fahrer – die Griechen fahren generell zu schnell! Sie sehen sich gerne als sichere, begabte Mobilisten und treiben ihr Fahrzeug oft ans Limit – meist zum Unglück anderer!

Die üblichen schlechten Angewohnheiten wie signalloser Spurenwechsel oder Missachten von Lichtsignalen entfallen auf Mykonos simplem Straßensystem glücklicherweise – es gibt keine Ampeln und mehrspurigen Straßen. Es mag am antiquierten Straßenzustand liegen, dass man sich gar nicht erst die Mühe nahm, Stoppsignale aufzuzeichnen: „Der Schnellere ist der Geschwindere" ist eines der gefährlichsten Lebensmottos der Griechen.

Schlecht ausgebaute Pfade, eine kaum existente Nachtbeleuchtung und der fahrlässige Zustand des Straßenbelags, der kaum Haftung bei einer Vollbremsung gewährt, erfordern zudem die höchste Konzentration des Fahrers. Wenn es einmal regnen sollte, verwandeln Schlamm und nasser Sand die Straße in eine dreckige Rutschbahn. Sand und Rollsplitt können ein Fahrzeug böse ins Schleudern bringen. Wer als ungeschützter Mofafahrer auch nach dem Strand weiterhin Bein zeigen will, sollte besonders vorsichtig sein. Straßenhindernisse sind selten gekennzeichnet. Die Ölspur bemerkt man, wenn man schleudert, die Baustelle spätestens dann, wenn der gemietete Jeep reingefahren ist, und überraschend auftauchende Schlaglöcher haben schon manch vorwitzigem Motorradfahrer das Lachen einfrieren lassen. In Mykonos Unfallstatistik sind fast ausschließlich Touristen involviert.

Radarkontrollen gibt es auf Mykonos nicht, dafür werden Parkbußen, auch bei Motorrädern und Vespas, en masse ausgestellt. Bußzettel werden auch direkt an den Fahrzeugvermieter weitergeleitet, so dass der Mieter erst bei der Endabrechnung seine wahren Sünden erkennt.

Die stolzen Mykonioten lassen sich durch keine Touristenkamera aus der Ruhe bringen

Unterkunft

Hotels und Hotelkategorien

Wo es Touristen en masse hinzieht, schießen Hotels wie Pilze aus dem Boden! Die strengen Bauvorschriften haben die Ausmaße der „Pilzplage" im Griff halten können. Auf der Entdeckungsreise durch Mykonos können Urlauber sich an schönen Hotelgebäuden erfreuen, als Standort zwischen den charmanten Gassen der Hora oder den goldenen Stränden auswählen und ob eine bescheidene Bleibe mit freundlichem Service genügt oder man wie griechische Schiffsreeder bedient werden muss.

In Griechenland werden touristische Unterkünfte traditionell mit den Kategorien A–E bewertet. Die Höchstauszeichnung A Deluxe vertritt die Kategorie der First-class-Hotels, Häuser der Kategorie D sind kleinere Hotelbetriebe oder Pensionen, identisch mit den 1- bis 2-Sterne-Hotels bei uns. Die Klasseneinteilung der Hotels erfolgt nicht streng nach mitteleuropäischen Maßstäben. Den Griechen sind z.B. ein kleines Radio über dem Bett oder eine Klimaanlage viel wichtiger als die Aussicht vom Hotelzimmer.

Fast 90 % der Mykonos-Urlauber buchen einen Pauschalurlaub. Der Pauschaltourist darf sich getrost für das Hotel entscheiden, welches das Reisebüro speziell preisgünstig anbietet oder jenes, dessen Reisekatalogbild dem gängigen Griechenlandklischee entspricht: weiße Mauern, Blumen, rot gestrichene Balkone ... Mykonos-Kenner suchen sich ihr Feriennest nach eigenen Maßstäben aus. Vor Ort sollte man zuerst die freien Zimmer eines Hotels anschauen und erst danach eine Wahl treffen, auch wenn der Rezeptionist dazu nur widerstrebend einwilligt. Viele Hotels vermieten ihr gesamtes Zimmerkontingent an bestimmte Reiseveranstalter. Diese Häuser haben dadurch ihre griechische Mentalität verloren und sind stark den Bedürfnissen ihrer Gäste angepasst.

Hotels auf Mykonos sind sehr persönlich und familiär geführt. Oft ist die gesamte Familie in den Hotelbetrieb integriert und der Übergang zwischen den Privaträumen des Besitzers und den Aufenthaltsräumen der Gäste ist zuweilen fließend. Wenige mykoniotische Hotelbesitzer haben eine klassische Hotelausbildung absolviert. Die Organisation des Personals und Effizienz des Services wirken deshalb oft inkompetent. Doch mit etwas freundlicher Nachsicht kann man einen unbezahlbaren Aufenthalt geboten bekommen, der jeder Kategorisierung sowieso entbehrt.

Hotelkategorien

Kategorie A Deluxe: Hotels der Luxusklasse mit allem, was das Herz begehrt. Sie gehörenen meist einer renommierten Hotelkette an und sind nach deren Treu und Glauben perfekt organisiert. Zimmer sind von € 200–750 pro Nacht erhältlich.

Kategorie A: Schöne, große Hotelkomplexe mit breitgefächertem Angebot. Swimmingpool und Sonnenterrasse sind ein Muss. Die Zimmerpreise liegen zwischen € 150 und 300 pro Nacht. In der Vor- und Nachsaison kann mit drastischen Preisnachlässen gerechnet werden!

Kategorie B: Hotels und Pensionen der Mittelklasse! Oft Familienbetriebe mit gutem, zuverlässigem Service, ohne auf Sonderwünsche und spezielle Bedürfnisse einzugehen. Die Kategorie B schließt die praktischen Lieblingsabsteigen einer Familie mit Kleinkindern mit ein. Zimmerpreise: € 120–220

Kategorie C: Die verbreitetste Kategorie auf Mykonos, die für anständige, saubere Zimmer ohne großen Komfort und unnötigen Schnickschnack steht. Der Service ist unterschiedlich: von übertriebener Freundlichkeit und Fürsorge bis zu schnippischer Kaltschnäuzigkeit! Zimmerpreise: € 90–180

Kategorie D: Laut Beschreibung des Griechischen Tourismusbüros bietet diese Kategorie kleine, bescheidene Hotels und Pensionen für den Gast mit einfachen Ansprüchen. Auf Mykonos gibt es darunter einige wahre Perlen, die bis anhin noch nicht herausgefunden haben, dass Charme und familiäre Atmosphäre oft reizvoller sind als Pool und Tennisplatz. Zimmerpreise: € 50–100

Kategorie E: Pensionen ohne Dienstleistungen und Sonderservice. Dem Gast muss ein spartanisches Bett und eine winzige Toilette genügen. Eine eigene Dusche ist nicht immer garantiert. Die meisten Hotels dieser Sparkategorie befinden sich im Herzen der Stadt und werden im Sommer zum Revier der jugendlichen Partylöwen. Diese Zimmer gibt's teilweise schon ab € 30 pro Nacht.

Im Zuge einer Internationalisierung der Standards werden zunehmend Sternekategorisierungen, allerdings nach griechischem Maßstab, vorgenommen: A Deluxe = 5, A = 4*, B = 3* (superior), C + D = 2*, E = 1**

Hotelterrasse mit Ausblick auf Mykonos-Stadt

Findet man in manch kleinem Hotelbetrieb auf Mykonos einen ausgezeichneten Service und traumhafte Umstände, sind die fünf Sterne der Luxushotels nicht immer gerechtfertigt. In Mitteleuropa sind diese Häuser Oasen des Prunks und überflüssigen Luxus, die man nur mit schüchternem Respekt betritt. Die Tophotels von Mykonos sind, obgleich sehr gepflegt und angenehm freundlich, durchaus bezahlbar. Leider versuchen gerade die besseren Hotels, das charmante Improvisationstalent der griechischen Mentalität zu vermeiden, und ihre bewusste Unpersönlichkeit erscheint als kindlicher Versuch, mit den luxuriösen Grandhotels dieser Welt mitzuhalten. Die Mehrheit der Hotels verfügt über Zimmer mit Klimaanlage, die oft nur stundenweise in Betrieb ist. Wer tagsüber die Fensterläden schließt, wird abends sein Zimmer genauso frisch und angenehm vorfinden. Die sanitären Einrichtungen der teureren, großen Hotels entsprechen unserem gewohnten Standard. Badezimmer sind meist erstaunlich groß und hübsch ausgestattet, vielfach sogar aus weißem Marmor. Die älteren, kleinen Hotels und Pensionen haben winzige Badezimmer, die Duschen oft nicht einmal einen Duschvorhang oder gemauerte Abgrenzung, die das Wasser vom übrigen Badezimmer abhält.

Die Warmwasseraufbereitung erfolgt zum Teil durch Solaranlagen. Es kommt vor, dass unter der Dusche lauwarmes Wasser ausreichen muss oder der abrupte Wechsel von warm zu eiskalt einem das Herz still stehen lässt. Mykonos Kanalisation ist nachlässig erbaut worden. Benutztes Toilettenpapier soll deshalb vielerorts in einen kleinen (leider oft nicht besonders dezenten) verschließbaren Eimer geworfen werden. Dies scheint für viele Touristen die schwerwiegendste Anpassung an Mykonos zu sein. Das gebrauchte Papier wird trotzdem in der WC-Schüssel entsorgt, so dass viele Toiletten auf Mykonos verstopft sind.

Zimmer, Preise, Saison

Übernachtungspreise werden pro Zimmer, nicht pro Person berechnet und schließen das Frühstück nicht mit ein. Bei einigen Hotels wird ein Zuschlag für Einzelbenutzung erhoben.

Doppelzimmer sind mit zwei Einzelbetten oder einem Doppelbett versehen. Da in einigen Hotels die Betten in die Wand eingemauert oder am Boden angeschraubt sind, ist an ein Auseinander- bzw. Zusammenrücken der Betten nicht zu denken. Je nach Intimität der Beziehung also bei der Reservierung die gewünschte Betten-Ausgangslage verlangen! Unter einem 3er-Zimmer versteht der Grieche ein normales Doppelzimmer, das mit einem Klappbett oder Sofa zum Dreierschlag umfunktioniert wurde. Der Komfort für die dritte Person – oder für alle drei – ist sehr eingeschränkt.

Einzelzimmer sind in älteren Hotels oft Zimmer ohne Aussicht und in Ausstattung und Komfort benachteiligt. Mykonos will schließlich niemanden zum Alleinsein überreden und fördert jede Zweisamkeit! Als würde es dem allein reisenden Tourist nicht schon so schmerzlich bewusst, dass ein Einzelgänger auf Mykonos nicht viel verloren hat!

Das Angebot an Ferienwohnungen und Apartments ist auf Mykonos beschränkt, die Mietobjekte entbehren meist jeden Komfort. Vor allem die Kücheneinrichtung ist oft auf das Notwendigste reduziert und kann jedem Hobbykoch zum Alptraum werden.

Die Feriensaison beginnt im Mai relaxt und stressfrei! Hotelbesitzer denken oft nicht im Traum daran, ihre Hotels vor Ankunft der Touristen auf Vordermann zu bringen. In einer Seelenruhe wird der im Katalog so großartig angepriesene Pool geputzt und Liegestühle müssen erst noch gekauft werden. In der Vorsaison sollte man von seinem Hotel nicht allzu viel erwarten! Meist entscheidet sich der Hotel-Direktor aufgrund der Buchungen, ob der Pool aufgedeckt wird, der Friseursalon bis auf weiteres geschlossen bleibt oder statt Frühstücksbuffet à la carte gefrühstückt werden muss. Viele Hotels bieten Sportmöglichkeiten an. Sportgeräte und -anlagen können durch den starken Gebrauch in der Hochsaison in Mitleidenschaft gezogen werden und Swimmingpools selbst in der Hochsaison zwei, drei Tage wegen Reinigung geschlossen sein.

Wasser- und Stromversorgung

Lang anhaltende Trockenperioden führen in Griechenland zu Engpässen bei der Wasserversorgung und ausbleibendem oder salzhaltigem Wasser. Auch bei der Stromversorgung hapert es. Der zeitweilige Ausfall von Klimaanlagen oder anderer elektrischer Installationen ist an der Tagesordnung. Die technischen Einrichtungen entsprechen keineswegs unserem Standard. Reparaturen können aus Mangel an Fachpersonal oder benötigten Ersatzteilen länger als gewohnt, im schlimmsten Fall länger als der gebuchte Urlaub dauern. Gegen das Auf-später-Vertrösten hilft nur Hartnäckigkeit, in Griechenland ist auch Effizienz eine Frage der Lust.

Privatzimmer

Man weiß hier, wie lukrativ das Geschäft mit den Touristen sein kann, das auf der kleinen Insel der einzig blühende Wirtschaftszweig ist. Wer es versäumte, sein Land zu verkaufen, und noch kein Hotel sein Eigen nennt, hatte wohl einfach kein Land zu verkaufen. Um sich trotzdem ein Häppchen vom Kuchen abzuschneiden, vermieten viele Mykonioten Einzelzimmer oder ganze Etagen ihrer Wohnsitze an Urlauber. Mit selbstgemalten „Rooms-to-let"- oder „Rooms-to-rent"-Schildern machen sie auf sich aufmerksam. Ihr Zielpublikum sind u.a. Feriengäste, die länger als nur eine Woche auf Mykonos bleiben wollen oder gar einen Sommerjob an Land gezogen haben. Die Preise dieser „Bed&Breakfasts" variieren je nach Einrichtung zwischen € 20 und 60. Die Atmosphäre kann sehr familiär sein. Oft hat der Gast nicht einmal einen eigenen Eingang und gelangt über die Hausküche in sein Gemach. Die Integration in ein griechisches Heim kann durchaus nicht nur in Sparferien, sondern in einer unbezahlbaren Erfahrung münden. Ganz im Gegensatz zu den teuren Hotels ohne persönlichen Kontakt.

Außerhalb der Saison ist es einfach, vor Ort auf eigene Faust eine Bleibe zu finden. Schilder weisen auf offene Zimmer hin, wer mit Koffer oder Rucksack unterwegs ist, wird unweigerlich von Vermietern oder deren Vertretern angesprochen. Allerdings sollte man sich vergewissern, dass die Unterkunft letztendlich nicht jenseits von Gut und Böse angesiedelt ist. Zwei Organisationen in Mykonos-Stadt vermitteln vor Ort und direkt freie Zimmer für diejenigen, die ohne Reservierung oder Buchung angereist sind:

Mykonos Hoteliers Association im Häuschen-Cluster (Eingangstafel: „HOTEL info RESERVATIONS") zwischen SeaBus-, Busstation und Taxistand beim Alten Hafen
Tel. 22890/24540, Fax 24760
April–Okt. tägl. 9.30–16 Uhr
MykonosHoteliers@gmail.com
www.mykonoshoteliers.com

Mykonos Association of Rental Rooms, Studios & Apartments
direkt neben dem Hotel„syndikat"
Tel. 22890/24860
April–Okt. Tägl. 9–20 Uhr
sedmykonou@gmail.com
www.mykonosassociation.yolasite.com

Behindertengerechter Urlaub

Menschen mit körperlichen, einschränkenden Behinderungen haben es auf Mykonos schwer. In kaum einem Hotel müssen nicht Dutzende von steilen Treppen erklommen werden, um zum Zimmer zu gelangen. Die Gehwege durch die überwucherten Hotelgärten sind selten breit genug für einen Rollstuhl, das unebene Kopfsteinpflaster und die hohen Randsteine der Hauptstadt können ebenfalls zum Hindernis werden. Gehbehinderten Menschen empfiehlt sich, beim Reisebüro oder der griechischen Fremdenzentrale detailliertes Material einzuholen.

Camping

Wer gern im engen, erhitzten Zelt schläft, sich durch hundert andere Zelte der Privatsphäre nicht beraubt fühlt, wird an den beiden Campingplätzen von Mykonos seine Freude haben. Sie haben sich in unmittelbarer Strandnähe eingerichtet, es gibt regelmäßige Busverbindungen zur Stadt, zum Flughafen und zusätzlich ein kleiner Busservice, der bei Großandrang einspringt und gegen Bezahlung auch Sondertouren macht (wer außerhalb der Saison z.B. im April hier absteigt, wird feststellen, dass nach 18 Uhr gar nichts mehr geht). Die sanitären Einrichtungen sind einfach, bescheiden bis überwindungsbedürftig. Vor allem die Duschen lassen zu wünschen übrig! Wer gern lange am Strand liegt und sich um neun Uhr abends auf die reinigende Duschzeremonie freut, hat Pech: Das Wasser wird eiskalt sein und die Warmwassertanks leer.

Wildes Campen ist offiziell in Griechenland verboten; allerdings drückt man auf Mykonos schon mal ein Auge zu, wenn es um die Missachtung der Gesetze geht, und man hört selten, dass Camper in verlassenen Buchten Probleme mit den Behörden hatten. Auf den öffentlichen Campingplätzen darf man auch ohne Zelt im Schlafsack übernachten, was in einer versteckten Felsbucht aber romantischer ist. In der Abgeschiedenheit kann man sich vor betrunkenen Campern, die mitten in der Nacht über einen stolpern könnten, sicher wähnen. Zudem sind die Campingplätze so stark frequentiert, dass das Gras längst einer staubigen Bodenschicht gewichen und es unangenehm ist, direkt auf dem Boden zu liegen!

Camping Paradise
Paradise Beach
Tel. 22890/22852
reception@paradisemykonos.com
www.paradise-greece.com

Der Campingplatz von Paradise Beach gilt seit seiner Eröffnung in den 1960er Jahren als einer der coolsten Griechenlands. Längst hat er sich von einer Hippiekommune zur erlebnisreichen Tages-Disco gewandelt und zieht noch immer sein Stammpublikum vom Typus des trinkfesten und lärmresistenten Partytigers, dem eine desolate Sanitärhygiene und ein beengtes Domizil die Feierlaune nicht verderben, an. Das Campingareal wird durch Restaurants und Bars vom Strand abgetrennt und so der herrlichen Aussicht beraubt. Sträucher und Schilfbahnen geben den Campern einen Hauch von Privatsphäre. Nebst Restaurants, Minimarkt, Boutiquen, Bars und Discos bietet der Campingplatz eine auch Nichtcampern zugängliche Tauchschule:

Mykonos Diving Centre
Tel. 22890/24808
www.dive.gr
(Mai–Oktober)

Es werden Kurse für jede Stufe angeboten: Tauchanfänger, Weiterbildung in Sport-, Rettungstauchen und Ausbildungen (nach PADI-Richtlinien) zu Master Scuba Diving, Assistant Instructor oder Instructor.

Vollmondpartys: Wenn in die Ferienzeit eine Vollmondnacht fällt, sollte man sich beim Camping Paradise über die Vollmondpartys informieren. Bei diesen geht so richtig die Post ab. Getanzt wird bis sechs Uhr morgens. Um Mitternacht gibt es für alle Gratisdrinks. Bei diesen

Anlässen fahren die ganze Nacht hindurch öffentliche Busse von der Stadt zum Paradise Beach.

Paraga Beach Hostel &
Camping Paraga Beach
Tel. 22890/25915
info@mycamp.gr
www.mycamp.gr

In den frühen 1990ern begann die Karriere dieser „jung"- und jugendorientierten Unterkunft als „Mykonos Camping" oberhalb des herrlichen Paraga-Strand (auch als „Paranga" geläufig) und war ein durch Büsche und Holzzaun vor neugierigen Blicken der Badegäste geschützter Campingplatz, etwas ruhiger als sein exzessiver Konkurrent am Paradise Beach. Seit 2010 gibt man sich mit neuem Namen, „upgrade"-geliftet und um ein Strand-Hostal erweitert exklusiver, bietet u.a. Internetraum und Wäscheservice, und fordert deutlich erhöhte Preise. Geeignet für Leute, die in der Nähe des Geschehens untergebracht sein wollen, aber nicht für Sparfüchse.

Arbeiten auf Mykonos

Jedes Jahr pilgern Touristen nach Mykonos, richten sich den Sommer über auf der Insel ein und wollen den Aufenthalt mit leichter Arbeit verbinden, um die kostspieligen Ausgaben der verlockenden Sommernächte zu begrenzen. Als EU-Bürger hat man auf Mykonos keine Probleme, eine Arbeit zu finden – vorausgesetzt, man spricht ein passables Englisch. Griechisch-Kenntnisse erübrigen sich auf dieser internationalen Insel, wo selbst der 80-jährige Bauer einen Brocken Englisch kann. Wer aus einem Nicht-EU-Land stammt, kann sich entweder durch den bürokratischen Dschungel kämpfen – der auf Mykonos noch dichter ist als auf dem Festland – und eine Arbeitsbewilligung beantragen (erkaufen?), oder man versucht es mit Charme und Einfallsreichtum!

Licht – die Naturuhr von Mykonos

Wenn man aufsteht, ist es Morgen, mit dem Nachtessen beginnt der Abend, der dann zur Nacht wird, wenn man ins Bett sinkt, und wenn die Unlust an der Arbeit am größten ist, dann kann man sich darauf verlassen, dass es vier Uhr nachmittags ist! Das Licht beeinflusst unser Tun und unseren Tagesrhythmus.

Doch was ist, wenn wir um vier Uhr nachmittags statt mit der Arbeit zu kämpfen, genüsslich frühstücken oder um acht Uhr morgens in enger Umarmung ins Bett sinken, statt um die erste Dusche zu streiten? Was ist passiert, wenn man nicht weiß, ob die Sonne auf- oder untergeht, wenn man nach langem Schlaf die Augen öffnet? Dann ist man im Urlaub auf Mykonos. Hier ist es selbstverständlich, um Mitternacht bedient zu werden und das Frühstücksei am Nachmittag wie den Campari um sechs Uhr morgens zu bekommen. Auf Mykonos steht die Welt Kopf, unbeeinflusst vom Stand der Sonne.

Doch auch hier haben sich mit dem Stand der Sonne gewisse Traditionen entwickelt. Bis fünf Uhr nachmittags darf auf Mykonos gemacht oder eben nicht gemacht werden, wie es einem beliebt. Erst wenn die Sonne langsam ihre Kraft verliert und die Insel in ein goldenes Licht tränkt, gibt es auf der Insel Gepflogenheiten, ja Rituale, die zu schön sind, um nicht artig befolgt zu werden:

Statt an den Strand zu gehen, kaum ist die Sonne aufgegangen, geht man lieber etwas später und bleibt dafür länger. Der Connaisseur denkt nämlich nicht daran, um 17 Uhr sein Badetuch zusammenzurollen, um mühsam im Hotel den Sand weg zu duschen. Mykonos Strände sind in der Vorabendstimmung am schönsten, und wo es am schönsten ist, dort sollte man sein! Die Natur scheint in diesen Stunden noch einmal ihre Kräfte zu sammeln, um ihr schönstes Gesicht zu zeigen. Wie eine kluge Dame von Welt, die weiß, dass der letzte Auftritt in Erinnerung bleibt, wirft sich die Insel Mykonos in ihr goldenes Gewand, glüht in der Abendsonne und drapiert verführerisch das nun ruhige, dunkelblaue Meer um ihre Formen! Die Griechen strömen deswegen erst am späten Nachmittag an den Strand. Die Rotation ist markant: Touristen, die seit zehn Uhr morgens in der Sonne brutzelten, schleppen sich mit Sonnenstich ins kühle Hotelzimmer zurück, während die Griechen sich frisch und munter am Strand versammeln und demonstrieren, wie man´s auf Mykonos macht.

Abendliche Stimmung vor Mykonos´ Küste

In die hell beleuchteten Gassen der Hora kommt man früh genug. Ins klimatisierte Hotelzimmer sowieso! Wer nach dem Baden genug von Sand, Sonne und Meer hat, sollte in eine der netten Strandtavernen übersiedeln. Das späte Mittagessen in den Strandlauben gehört zu Mykonos wie die weißen Häuschen und der launenhafte Meltémi-Wind. Für viele ist das Mittagessen nach dem Baden die erste und einzige größere Mahlzeit des Tages. Die Tavernen sind am Spätnachmittag meist bis auf den letzten Platz besetzt. Man bestellt gekühlten Weißwein, eine verlockende Auswahl an Mézedes (Vorspeisen) und genießt den Blick auf den sich leerenden Strand.

Wenn die Sonne im Meer versunken ist, verwandelt sich die Insel in einen dunklen Felsen. Nach der Schönheit der Insel will jetzt die Schönheit der Menschen bestaunt werden! Nach Sonnenuntergang zieht man sich getrost ins Hotelzimmer zurück, um sich bzw. dem Spiegelbild Aufmerksamkeit zu schenken. Während es sich in den unkomplizierten Strandtavernen in Bikini und Bermudashorts essen lässt, sieht das nächtliche Mykonos seine Gäste gern herausgeputzt und extravagant. So pflegt zwischen 22 und 23 Uhr halb Mykonos seine Eitelkeiten ... oft sogar so erfolgreich, dass man den Strandnachbarn vom Nachmittag beim nächtlichen Dinner schlicht-

weg nicht mehr erkennt oder der lästige Verehrer von Paradise in der schummrigen Disco nun doch interessant wird.

Auf Mykonos wird spät gegessen. Die Restaurants bleiben bis 22 Uhr den Familien und Senioren überlassen, um dann vom jungen, exzentrischen Publikum okkupiert zu werden, für das um diese Zeit die Gaumenfreuden beginnen. Selbst wer glaubt, auch dann noch keinen Bissen herunterzubringen, wird sich nach ein paar Tagen Mykonos diesem Rhythmus fügen. Schließlich werden diejenigen, die um sechs Uhr morgens ins Bett gehen, nicht um acht Uhr frühstücken, und damit beginnt die für Mykonos typische „Zeitverschiebung". Wer nicht allein in einer Bar sitzen will, muss sich bis ein Uhr nachts gedulden, bis die Clubs ihre Pforten öffnen und die Gäste die Bars zum Leben erwecken. Wer zu früh seinem Hunger nachgibt, muss eine sehr interessante Begleitung haben, um das stundenlange Warten vor dem Ausgang zu überbrücken. Mykonos laue Nächte sind wundervoll und ein „zu spät" existiert nicht. Mykonos gibt sich gern unverbindlich. Die Touristen sollen sich nicht für das Eine entscheiden müssen, sondern von allen „Töpfen" ein wenig naschen. Die Nächte von Mykonos werden selten an dem Ort begonnen, aus welchen einen die Müdigkeit Stunden später nach Hause treibt. Das Nachtleben ist eine Gassenwanderung von Bar zu Bar, wobei jedes Lokal seine bestimmte „happy hour" entwickelt hat. Die Nachtmenschen bleiben überall nur so lange, wie sie wollen oder sie eine Laune ins nächste Lokal verschlägt. Bis zum Ferienende entwickelt jeder Urlauber seinen ganz persönlichen Bar-Rotationsrhythmus, auch anhand dessen, welche Menschen wann und wo anzutreffen sind! Urlauber tun auf der Partyinsel all das, was ihnen beliebt! Ohne die geringsten Skrupel frei nach dem Motto: „Ohne die Touristen hätte Mykonos weder viel zu lachen noch zu feiern." Und auf Mykonos feiert man den Tag und die Nacht, die Sonne und den Mond und vor allem sich selbst!

Der Ursprung von Mykonos

Mykonos´ erste Siedlungsspuren reichen bis 3200 v. Chr. zurück. Um Entstehung und Bedeutung der Insel rankt eine Vielzahl von Sagen und Mythen, deren Wahrheit oder Phantasterei vage ist. Einleuchtend scheint die Erklärung, dass der Name „Mykonos" vom phönizischen Wort „mu kon" (dt.: „arme Erde") abstammt angesichts der trockenen, unergiebigen Landschaft der Insel. Der Stolz der Mykonioten verlangt jedoch eine heroischere Ursprungstheorie, wie sie seit vielen Jahrhunderten kursiert. Wie so oft in der griechischen Historie bot die Mythologie den Nährboden, auf welchem sich die Griechen für das karge Mykonos eine selbstgefällige Herkunftsgeschichte ersannen:

Die Sage erzählt, dass die Steinmassen von Mykonos stumme Zeugen eines Kampfes zwischen den Göttern sind. Der mächtige Gott des Meeres, Poseidon, soll sie einst aus dem Meer gehoben und gegen seine Feinde, die Giganten, geschleudert haben, um diese zu vertreiben. Unbekümmert, wie die Götter der Antike waren, ließ Poseidon die Felsen im Meer liegen, wo sie lange unbemerkt blieben. Eines Tages

Der Leuchtturm von Kap Armenistis, eingebettet in die recht karge Landschaft Mykonos´

erbarmte sich jedoch Mykonos, der Enkel Apollos, des Steinhaufens und richtete dort seine Residenz ein. Schließlich lag Großvaters heiligstes Refugium, die Insel Delos, unmittelbar neben der kargen Felseninsel und die Nachbarschaft verwandter Göttersitze kann niemals schaden. Der schlaue Enkel Mykonos überredete Apollo, ihm ein wenig vom magischen Licht zu schenken, das stets über Delos leuchtete. Der gutmütige Apollo willigte ein, denn immerhin stammte Mykonos aus seiner Familie und durfte als solcher keinen zu dürftigen Wohnort haben. Mykonos' Insel, die bald seinen Namen übernahm, erstrahlte von da an im prächtigen Glanz und ließ vergessen, dass das Eiland ursprünglich bloß ein karger, vergessener Granitfelsen im Meer war. Wieviel Wahrheit in dieser Sage steckt, sei dahingestellt. In Anbetracht der geographischen Beschaffenheit der Insel Mykonos muten die Granitmassen tatsächlich so an, als seien sie von einer übermächtigen Hand angehäuft worden.

Nur wenige Hinweise sind über das historische Mykonos gefunden worden. Historischen Quellen erwähnen die Verbindung mit der heiligen Insel Delos – doch unspektakulär in Zusammenhang mit überlieferten Jahresabrechnungen. Die unmittelbare Nähe zum heiligsten Zentrum der Antike brachte Mykonos eine undankbare Rolle ein! Stattdessen wurde seine Armut zunehmend sprichwörtlich: Der Ausdruck „Mykoniote" entwickelte sich zum Synonym von „Habgier" und „Geiz"! Als wäre das nicht genug: Einen „störenden Nachbarn" beschimpfte man mit „mykoniotischer Nachbar", war man irgendwo nicht willkommen, wurde dies als „mykoniotischer Lebensstil" quittiert. In der Vergangenheit hatte Mykonos neben dem glänzenden Delos stets den freudlosen Part der großen Schwester. Doch diese hat Rache am ehemaligen Star genommen. Heute erstrahlt Mykonos und der ehemalige Liebling Delos wird nebenbei erwähnt und ist gerade mal einen Tagesausflug wert!

Mit Delos´ Untergang begann der Aufstieg von Mykonos. Die Insel wurde zur Durchgangsstation für Ägypter, Phönizier, Kreter und Ionier. Keines dieser Kulturvölker richtete sich jedoch lange auf der Insel ein. Weder Tongefäße, Gräber oder Monumente wurden entdeckt. Ausgegrabene Münzen diverser Epochen zeigen das Antlitz von Dyonisos oder Apollo. Dyonisos' Bedeutung als Gott des Weines und des Vergnügens zieht sich bis in die Gegenwart: Die Verehrung des hedonistischen Gottes ist noch immer aktuell und hat einen Stellenwert, von dem seine göttlichen Brüder und Schwestern nur träumen können.

Nach der Eroberung der Kykladen im 1. Jh. v. Chr. durch die Römer und Ernennung von Delos zum Freihafen setzte auf Mykonos ein erster wirtschaftlicher Aufschwung ein. Der Einzug der Römer setzte den griechischen Tempeln ein Ende, später wurde das Christentum offizielle Staatsreligion und heidnische Bauten zu christlichen Kirchen modifiziert. Auf Delos standen zu viele der verdächtigen griechischen Götterbauten und die Römer beschlossen, die ganze Insel zu zerstören. Mykonos ignorierte Unauffälligkeit schien den Römern kein Dorn im Auge und die Insel wurde der römischen Provinz Asien zugeteilt.

Bei der Aufteilung des Römischen Reiches im 4. Jh. n. Chr. und den Anfängen der byzantinischen Periode gerieten die Kykladen in Vergessenheit. Es galt, die neue Hauptstadt Konstantinopel zu etablieren und nicht sich um bedeutungslose Sonneninseln zu kümmern. Mykonos nutzte die Vernachlässigung effizient und entwickelte sich zum selbständigen kleinen Hafen mit eigener Flotte. Bei der Auflösung des byzantinischen Reichs durch die Franken im 13. Jh. rissen die Venezianer die Kykladeninseln an sich. Bis ins 16. Jh. war Mykonos direkt der Republik Venedig unterstellt. Unter der Kontrolle der Venezianer vegetierte Mykonos wirtschaftlich dahin. Es war deshalb fast schon Glück im Unglück, dass die Flotte der Venezianer 1537 von osmanischen Piraten geschlagen wurde und die kykladischen Stützpunkte unter türkische Herrschaft gelangten. Die Türken forderten von den eingenommenen Inseln hohe Tribute, mischten sich aber nicht in die lokalen Eigenheiten ein.

Mykonos etablierte sich zum Zentrum des Transithandels in der Ägäis. Es zählte damals gut 3000 Bewohner und unterhielt eine Flotte von über 100 Schiffen und 50 Kaiks. Sein Reichtum gründete nicht nur vom Handel zwischen der Türkei und den Mittelmeerländern. Wie viele Seefahrer lebten die Mykonioten auch durch Piraterie. Die zentrale Lage in der Ägäis war ideal. Die Insel war nicht nur Warenumschlagplatz gestohlener und geschmuggelter Güter, sondern auch Wohnort von Piraten und deren Familien. Spuren der Seeräuberei sind heute noch in einigen der 365 Kirchen der Insel zu sehen. Gravuren und Reliefs in den Kirchenmauern weisen auf altertümliche Danksagungen hin, die sich für das Gelingen eines Piratenstreichs oder die Errettung aus Seenot bedankten. Reichtum und Macht der Piraten führten zu Aufständen gegen die Osmanen, aber keine Revolte war erfolgreich. Immerhin war das Leben der Inselgriechen um einiges angenehmer als das der Festlandgenossen. Für Handel, Piraterie und Schifffahrt war das gebirgige Festland nicht prädestiniert! Erst nachdem der Hafen von Piräus florierte, wurden die kleinen Häfen der Inseln bedeutungslos. Mykonos letzter Pirat starb einsam und verarmt im Jahr 1854. Seine Gebeine liegen noch heute im Kastro-Viertel begraben.

Mykonos und große Teile Griechenlands erlangten erst in den Freiheitskämpfen des 19. Jh.s ihre Unabhängigkeit. Mit Unterstützung der Bulgaren und Albaner begann 1821 die Revolte der Griechen gegen den Sultan und die Oberherrschaft der Türken. Mykonos beteiligte sich mit seiner Flotte am griechischen Unabhängigkeitskrieg. Als 1822 die Türken die Insel gewaltsam besetzten, verteidigte sich die Insel unter der Führung der Heroin Manto Mavrogennous erfolgreich. Die Spuren dieser griechischen Jeanne d'Arc sind noch heute überall sichtbar.

Zeit heilt nie alle Wunden! Das Verhältnis zwischen Griechen und Türken blieb gespannt. Selbst Mavros glorreicher Sieg hinterließ einen bitteren Nachgeschmack auf Mykonos, das viele junge Männer in der Schlacht verlor. Was 1537 begann, ist heute noch nicht beendet: Die Nato-Partner Griechenland und Türkei liegen sich ständig in den Haaren. Die Türkei hält einen Großteil von Zypern und sogar mehrmalige Verurteilungen der UNO brachten die Türken nicht zum Rückzug von der ursprünglich griechisch-orthodoxen Insel. Letzte Konfrontation zwischen den beiden Staaten war 1996 die Besetzung einer unbewohnten griechischen Insel durch türkische Journalisten. Die griechische Flagge wurde heruntergeholt und die türkische gehisst. Erst das diplomatische Handeln der USA beruhigte die Situation, doch in der griechischen Bevölkerung herrscht seither erneut gestärktes Misstrauen und teilweise sogar Hass gegenüber dem türkischen Nachbarn!

Nach dem Ersten Weltkrieg machte der Tourismus seine ersten schüchternen Gehversuche auf Mykonos. Bereits 1933 zählte man 2.200 Sommergäste. Während die Touristen kamen, erfolgte die größte Auswanderungswelle von Mykonioten. Viele Söhne verließen die Insel und siedelten sich auf dem benachbarten Syros, in Athen oder im Ausland an. In Illinois, USA, entstand die noch heute größte ausländisch-mykonioti-

sche Gemeinde. Der Touristenstrom stoppte während des Zweiten Weltkriegs. Viele junge Mykonioten verließen Insel und Familie, um das Vaterland in Armee, Navy und Air Force zu unterstützen. Auf Mykonos und Delos sollen sich Funkstationen befunden haben, die den Alliierten Informationen über die feindlichen Bewegungen im Mittelmeer lieferten.
Während des Wiederaufbaus Europas stieg Mykonos' Bedeutung als Reiseziel. Bereits Ende der 1950er Jahre war Mykonos Ziel des internationalen Jetsets. Das Bild des Herzogs von Kent in kurzen Bermudas am Hafen von Mykonos sorgte weltweit für Furore. Trotz der groben Etikettenverletzung wurde der Schnappschuss zur besten Werbung. Namhafte Prominente wie Maria Callas, Yehudi Menuhin, Jackie Onassis und Churchill fanden sich auf der Insel ein. Seit jenen Tagen gab es für Mykonos´ touristische Entwicklung keinen Halt mehr. Zeitschriften, Radio und Fernsehen bombardierten ihre Leser und Zuschauer mit wilden Beschreibungen der von Sonne und Prominenten verwöhnten Insel. Millionen von Träumen und Sehnsüchten wurden um die kleine Mittelmeerinsel gewoben und machten sie zu einem der bekanntesten Ferienziele der Welt!

MYKONOS-STADT

Der eigentliche Name des Hauptortes von Mykonos ist Hora (Chora). Die unumstrittene Perle der Insel liegt im Süden, ca. drei Kilometer entfernt liegt der Flughafen. Die Wurzeln von Mykonos-Stadt sind eine mittelalterliche Burg. Deren Baustruktur war anders als die verstärkten Zitadellen der übrigen Kykladeninseln. Diese waren von starken, schützenden Mauern umgeben und an sicheren, versteckten Orten erbaut. Mykonos´ Kastell bot seinen Bewohnern nur eingeschränkten Schutz mit seiner auffälligen, überblickbaren Lage direkt am Meer. Selbst innerhalb der Burgmauern befanden sich nur rudimentäre Verteidigungsanlagen.
Um das mittelalterliche Burgviertel – das heutige Kastroviertel – wuchs das Städtchen so heran, wie es sich noch heute Besuchern präsentiert. Die größte Expansion erfolgte erst nach dem II. Weltkrieg. Horas gesamte Fläche breitet sich eben um den Hafen aus, in dem eine der schönsten Seepromenaden Griechenlands verläuft. Dahinter verwinkelte, blank gefegte Gässchen, schneeweiße Häuser mit roten, türkisen und meerblauen Fensterläden, hölzerne Außentreppen, intime Plätze mit winzigen Kirchlein, verschwiegene Gärten hinter hohen

Malerische Gasse in Mykonos-Stadt

Mauern. Ein labyrinthartiges Netzwerk von Gässchen, wo man sich auch noch nach Tagen verliert. Das Sich-Einprägen einiger markanter Punkte hilft zur Orientierung.

Der Hafen und seine Promenade – die Paraglia – sind wichtige Orientierungspunkte. An der Mole, an der Luxusdampfer, Fährschiffe, Fischerbötchen und elegante Yachten vertäut liegen, kann man neuen Mut fassen und erneut ins Gassengewirr eindringen. Dies wurde so strukturiert, dass plündernde Piraten bei Beutezügen nicht mehr aus ihm herausfanden. Heute ist das Labyrinth zum Mühsal all derer geworden, die etwas zu tief ins Glas geschaut haben. Mykonos´ Hafen ist das Herz der Insel. Hier wird noch immer der Puls angegeben, der das Leben auf Mykonos steuert. Die ersten Hotels der Insel und ein paar der ältesten und bedeutendsten Bauten befinden sich hier und ein großer Teil des Geschäfts- und Gesellschaftslebens findet hier statt. Bereits früh morgens werden die ersten Fischfänge angepriesen, Netze geflickt, Gerüchte ausgetauscht und den alten Pelikanen ein paar Leckerbissen gegeben. Wenn die Sonne steigt, wird die Hafenmole dem flanierenden Volk überlassen und die Paraglia wandelt sich zum Laufsteg. Die Tische der Cafés werden zur Tribüne mit bester Aussicht auf die Endlos-Vorstellung promenierender Touristen. Lange nach Sonnenuntergang kommen die Fähren aus Athen an. Tausende von Rucksacktouristen entsteigen dem Schiffsbug und verteilen sich auf die noch freien Hotels.

In Mykonos-Stadt leben die meisten der ca. 6000 permanenten Inselbewohner. Sie scheinen keine Mühe damit zu haben, dass ihr Städtchen aufgrund der engen Gassen autofrei bleiben muss. Auf Eseln und motorisierten Dreirädern liefern sie Waren in die Läden oder nach Hause. In den kleinen Gassen befinden sich Boutiquen bekannter Luxusmarken, teure französische Restaurants, Kirchen, Juweliershops und Internetcafés. Mykonos-Stadt hat zwei Haupteingänge. Die Platia Lákka im Osten und die Platia Mavrogenous im Westen direkt beim Hafen. Beide Orte sind zudem Taxistände.

Panagia Paraportiani

Charakteristisch sind die bescheidenen, malerischen Kirchen. Sie sind Überbleibsel einer Epoche, in der Frömmigkeit und örtliche Gepflogenheiten harmonisch einhergingen und einfache Bauweise kleine Meisterwerke hervorzauberte. Manche Kirchen sind so nah aneinander gebaut, dass sie symbolisch mit Hausfrauen, die auf ihren Türschwellen plaudern, verglichen werden. Die Griechen nennen sie amüsiert Kousejiares (Klatschbasen). Eine der bedeutendsten Kirchen auf Mykonos und deshalb ein absolutes Muss ist die Marienkirche Panagia Paraportiani auf dem Kap Castro zwischen Altem Hafen und der Straße Agios Anargion.

Oft auch „My lady“ genannt, gehört sie zu den meist fotografierten Kirchen Griechenlands. Eigentlich handelt es sich bei diesem Bau um ein Ensemble von fünf verschachtelten Kapellen. Auf den ersten Blick fällt dies aber kaum ins Auge, denn Zeit und verschiedenste Wettereinflüsse haben die Mauern zu einer einzigen fließenden Form zusammengeschweißt, die dem eines in der Sonne glitzernden, schneeweißen Werk eines Zuckerbäckers gleicht. Den Boden bilden vier kleine Kapellen, drei davon gegen Ost, West und Süd ausgerichtet, die älteste und massivste Ayioi Anargyroi als Stütze in der Mitte: Ayios Eustathios im Osten, Ayios Sozontas gen Westen und die kleinste Ayia Anastasia gegen Süden; auf der Ostkirche wurde die fünfte zu Ehren der Jungfrau Maria, „Panayia“, errichtet: Panayia Paraportiani, die nur durch eine äußere Steintreppe erreicht werden kann.

Die Kirche wurde nach den kleinen Maueröffnungen benannt, die „paraporti“, die sich früher in den schützenden Burgmauern von Mykonos befanden, und in mehreren Etappen im 16. und 17. Jh. erbaut wurden. In der

Erinnerung der Mykonioten ist die Paraportiani-Kirche verbunden mit verschiedenen Epochen ihrer Insel. Der Bau der ersten Kirche fand zur gleichen Zeit statt wie die Erbauung der Burg. Es waren gefährliche Zeiten, unsicher durch Piratenüberfälle und Besetzungen durch europäische Mächte. Trotz des hohen architektonischen Wertes dieses Kirchenkonstrukts bietet das Innere der Kirche keine Besonderheiten. Besucher dürfen zurzeit sowieso nicht hinein, weil die Kirche einsturzgefährdet ist.
Odós Agion Anargyron s/n

Marienkirche Panagia Paraportiani

Windmühlen Kato Myli

Auf Mykonos bläst der Wind 200 bis 300 Tage im Jahr! Ein besseres Wahrzeichen als die imposanten Windmühlen über Alefkandra hätte man deswegen nicht finden können. Eine breite Treppe führt am südlichen Ende von Little Venice hinauf auf den Mühlenhügel Ano Myli direkt zu den Aushängeschildern von Mykonos, den Kato Myli.
Früher gab es auf Mykonos 15 dieser weißen Röhrenbauten mit den cornet-ähnlichen Holzdächern. In den Mühlen wurde Weizen von Mykonos und den Nachbarinseln gemahlen. Das Mehl wurde exportiert oder zu Brot verarbeitet, welches man an vorbeiziehende Handelsschiffe verkaufte. In alten Zeiten durfte in unmittelbarer Nähe der Windmühlen nicht gebaut werden. Denn die Häuserwände hätten den Winddruck beeinflussen und den Drehmechanismus der Räder unterbrechen können. Die Windräder haben längst zu kreisen aufgehört. Obwohl noch nicht von Nachbarhäusern eingekreist, wurde um die übrig gebliebenen fünf Windmühlen ein riesiger Parkplatz gebaut, der dem imposanten Platz oberhalb der Stadt etwas von seiner Schönheit nimmt.

Little Venice – Alefkandra Quarter

Eine Gegend der Hora gleicht in nichts seinen Nachbarn und ging komplett einen anderen Weg: Little Venice. Die beste Aussicht auf Little Venice bietet der kleine Sandstrand Alefkandra. Die bilderbuchähnlichen, schräg im Wasser stehenden Häuser gehören zu den meistfotografierten Ansichten Griechenlands. Hier bei Alefkandra zieht sich das Venedig-Quartier am Meer entlang, bis es ins Kastro-Viertel übergeht. Die Häuser von Klein-Venedig wurden Mitte des 18. Jh.s erbaut, während sich Schifffahrt und Handel entwickelten und das Bürgertum entstand. Ihre Bauherren waren reiche Händler und Seefahrer. Es ist ein kleines Venedig inmitten der Ägäis. Die Häuser sind verwinkelt und eng aneinander angelehnt ins Meer hinausgebaut, ungeschützt vor der tobenden Wucht der Ägäis. Die Farben leuchten fröhlich und blättern langsam ab.

Die schiffsähnlichen Häuser des Alefkandra-Quartiers unterscheiden sich von Mykonos weißen, kleinen Hauswürfeln. Sie sind geräumiger und besitzen größere Fenster. Auf der dem Meer zugewandten Seite befindet sich jeweils eine kleine Tür, die direkten Zugang zum Meer erlaubt. Ebenfalls zum Meer hinaus ist ein kleiner, hölzerner Balkon ins Haus hineingebaut (ähnlich den heutigen Wintergärten). Abends sitzen hier Hunderte von Touristen, vermischt mit Einheimischen und schauen abends dem einzigartigen Sonnenuntergang zu. Um die Häuser der reichen Seekapitäne bzw. erfolgreichsten Piraten herrscht noch immer eine Atmosphäre von Romantik vor.

Heute bereichert sich Little Venice nicht mehr durch Piraterie an vorüberziehenden Schiffen. Die Fremden kommen von selbst und lassen sich das Geld aus der Tasche ziehen. Sie sitzen mit einsetzender Dämmerung in den Bars und Cafés von Klein-Venedig und zahlen happige Preise für den Ausblick auf den roten Feuerball am Horizont. 90 % des Umsatzes der hier situierten Bars werden zwischen 19 und 20 Uhr verdient. Um diese Zeit steuern meist die großen Kreuzdampfer Richtung Mykonos´ Hafen.

In den grell beleuchteten Gassen des Venedig-Quartiers stehen die kitschigen Volkskunst- und Touristenläden noch dichter getränkt als in den restlichen Gassen. Wie das große Venedig durch riesige Touristenfluten ein wenig seiner Reize und Mystik einbüßte, droht der kleineren, griechischen Ausgabe dasselbe Schicksal, nur versinkt Little Venice noch nicht ...

Little Venice – Mykonos´ ehemaliges Piratennest

Kunst & Kultur

Mykonos als stolze Tochter Hellas bietet einiges, um die kultivierteren Seiten der Urlauber zu pflegen. Allerdings muss man hier einiges auf sich nehmen, um in den Kulturgenuss zu kommen. Sämtliche Museen und öffentliche Einrichtungen sind schlecht bis gar nicht beschildert (den Glauben an die Bibliothek von Mykonos habe ich sogar schon aufgegeben, nachdem ich drei Jahre lang jeden Sommer dort hin wollte und sie trotz Karte und Wegbeschreibung nie gefunden habe) und die Öffnungszeiten aufs Minimalste beschränkt! Die Eintrittspreise zu Museen und archäologischen Stätten betragen ca. € 2–4.

Wem bereits die Vorstellung, wertvolle Ferienstunden in kühlen Museumsräumen verbringen zu müssen, eine Gänsehaut beschert, braucht deswegen nicht den Zorn der Götter zu fürchten. Mykonos' Museum über die Schifffahrt in allen Ehren. Doch mit offenen Augen durch die Stadt zu schlendern, kann ebenso viel, wenn nicht noch mehr, erklären.

Museen

Lena´s House – Folk Museum

Ein komplett authentisch eingerichtetes Haus mit Wohnkultur des gehobenen Bürgertums im 19. Jh. In der reichhaltigen und detaillierten Szenerie kann man sich mit etwas Phantasie das alltägliche Familienleben von Lena Skrivanou vorstellen, die das ehemalige Privathaus im letzten Jahrhundert bis zu ihrem Tod im Jahr 1968 bewohnte.

Enoplon Dynameon
(beim Aegean Maritime Museum)
Tria Pigádia, Tel. 22890/22390
April–Okt. 10.30–14,
17.30–20.30 Uhr
Die Besuchsfrequenz hat sich hier weiter verringert, so dass der Fortbestand gefährdet ist.
mykonosfolkloremuseum@gmail.com
www.mykonosfolkloremuseum.gr

Volkskundemuseum

Das Volkskunde- bzw. Folkloremuseum ist in einem ehemaligen Kapitänshaus untergebracht und versucht den Besuchern anhand von Webereien, Keramik, Möbeln, Haushaltsgeräten, Fotografien und Schriftstücken die mykoniotische Mentalität nahe zu bringen. Nach dem Museumsbesuch wird man's wissen: Wie die Mykonioten badeten, was und wo sie lasen, welches ihre bevorzugten Spiele waren, die verbreitetste Geburtstechnik ... kurz, schlichtweg alles, was man immer auch gern über seine Nachbarn wüsste! Auch das Maskottchen der Insel, der Pelikan Petros, ist im Museum anzutreffen. Als ausgestopftes Abbild seiner selbst schaut er die Museumsbesucher mit starren Augen an.

Kastro
Tel. 22890/22591
April–Okt. Mo.–Sa. 17.30–20.30,
So. ab 18.30 Uhr

Aegean Maritime Museum

In zentralster Lage an Mykonos Szene-Meile Enoplon Dynameon liegt das Navtiko Museio, das Ägäische Marine Museum. In dem restaurierten Kykladenhaus aus dem 19. Jh. sind Schiffsmodelle vergangener Jahrhunderte, Stiche, Land- und Seekarten, antike Münzen, Nautikinstrumente und Werkzeuge ausgestellt. Aufgrund des großen und gepflegten Gartens ist das Museum eine Oase der Hora. Im grünen Gras sind skulpturenähnliche Objekte der Seefahrt in der Ägäis: Anker, schwere Taue, Masten und hölzerne Steuerräder ... selbst ein ehemaliger Leuchtturm, der früher den Schiffen den Weg entlang der felsigen Nordwestküste von Mykonos gewiesen haben soll.

Enoplon Dynameon 10
Tria Pigádia, Tel. 22890/22700
April–Okt. tägl. 10.30–13,
18.30–21 Uhr, € 4
www.aegean-maritime-museum.gr

Archäologisches Museum

Als Schwesterinsel von Delos, dem heiligen Zentrum der Antike und einer der bedeutendsten Ausgrabungsstätten weltweit, darf auch auf Mykonos, der Insel der leichten Freuden, das obligate Archäologische Museum nicht fehlen. 1902 erbaut, ist es vorwiegend mit Ausgrabungen von Rhenia bestückt. Da Rhenia zur Grabesinsel von Delos designiert worden war, wundert es nicht, dass die teilweise bis ins 5. Jh.v.Chr. zurückdatierten Ausgrabungsfunde vorwiegend Grabsteine und Todesornamente sind.

Die Ausstellung umfasst Statuen, Keramik und Juwelen, deren Herkunft vermutlich bis ins Jahr 2500 v. Chr. zurückgeht. Eines der bedeutendsten Objekte der Ausstellung ist eine erstaunliche, 1,4 Meter hohe Reliefamphore aus dem 7. Jh.v.Chr., die das älteste bekannte Bildnis des Trojanischen Pferdes zeigt. Das Museum bietet Liebhabern uralter Staubfänger und Kennern antiker Kunst bestimmt viel Freude. Der Laie wird allerdings um wenig klüger wieder herausmarschieren: Die Quellen und Nachweise über die einzelnen Objekte sind nur lückenhaft oder gar nicht vorhanden.

Kampani 2 (Hafenpromenade)
Tel. 22890/22325
Di.–So. 9–15,
während der MESZ 9–16 Uhr
efakyk@culture.gr

Bibliothek

Im alten Herrenhaus der Mavrogenous finden immer wieder Ausstellungen von griechischen und ausländischen Künstlern statt. Als Oase der Wissenschaft mit über 10.000 hauptsächlich historischen Büchern – einseh-, aber nicht ausleihbar – und Fotodokumenten des 18. und 19. Jh.s organisiert die Bibliothek, die zudem im Besitz von antiken Schriften und Manuskripten ist, regelmäßig Lesungen, Shows und Diskussionsrunden.

Agia-Kyriaki-Platz
(neben der Kirche Agia Kyriaki)
Tel. 22890/22614

Überall auf Mykonos findet man diese weißen Kapellen

Hotels in Mykonos-Stadt

Die Hora bettet sich in blendendem Weiß um die Hafenbucht. In leichter Steigung klettern die Häuser den Hang hinauf, um abrupt in der Ringstraße zu enden, die die Stadt umgibt. Hier, wo die Hora in die Wildnis übergeht, befinden sich die exklusivsten Hotels der Insel – und die beliebtesten! Das „Belvedere“, das „Semeli“ und das „Rochari“ haben sich einen herrlichen Blick über die Stadt gesichert und auch deshalb ihren Kultstatus eingehandelt!

Hotel Semeli

Das Semeli liegt direkt über dem alten Amphitheater und der öffentlichen Schule von Mykonos. Bereits früh morgens trägt der Wind das fröhliche Gelächter der Schulkinder in die weißen Hotelhallen, die dadurch auf sympathische Weise ihren sterilen Charakter verlieren.

Die Besitzerin dieses stilvollen Hotels erzählt gern diese Geschichte: Einmal mehr soll der wackere Zeus einer weiblichen Gottheit nachgestellt haben, in diesem Fall der schönen Semeli, und einmal mehr stellte sich der Göttervater so geschickt an, dass seine Gattin Hera augenblicklich Wind davon bekam. In rasendem Zorn suchte Hera die unschuldige Semeli auf und stürzte die nichts ahnende Nebenbuhlerin mit folgendem Rat ins Verderbnis: Semeli sollte ihren Geliebten bitten, zum nächsten Rendezvous in göttlicher Gestalt zu erscheinen, statt, wie üblich, in menschlicher Gestalt! Zeus konnte dem Begehren seiner neuen Muse nicht widerstehen. Als Zeus sich der Gespielin in seiner göttlichen, von Blitzen umgebenen Gestalt näherte, verbrannte diese in der Hitze seiner Umarmung! Die griechischen Götter sind nicht nur furchtbar unvernünftig, sondern auch schnell und gründlich: Semeli gebar in ihrer Todesstunde den Sohn Dionysos, der zukünftige Gott des Vergnügens und Lasters!

Warum das strahlende Semeli-Hotel ausgerechnet dieser tapferen und – im wahrsten Sinne – vor Liebe entbrannten Frau gedenkt, werden wir nie herausfinden. Wir begnügen uns daher gern mit der schattigen Hotelterrasse, den ländlichen Terrakottaböden, der begonienumrankten Poolanlage und dem vorzüglichen Service dieses First-Class-Hotels.

Hotel Semeli, Kat. A
Tel. 22890/27466, Fax 27467 info@ semelihotel.gr
www.semelihotel.gr,
62 Zimmer und Suiten

Morgens gehört die Hora den Einheimischen

Hotel Rochari

Das Rochari ist eines der beliebtesten und etabliertesten Hotels der Stadt. Es wird seit fast 50 Jahren von der Kousathanas-Familie geführt und selbst die Gästeschar dürfte in manchen Fällen noch dieselbe sein. Viele der freidenkerischen, anarchistischen Hippies der 1960er und 1970er Jahre ziehen heutzutage den Komfort des Rocharis der Pfadfinderromantik des Campingplatzes vor und sorgen dafür, dass innerhalb der Hotelmauern das Kommunenleben weitergeführt wird. Das Rochari ist meistens ausgebucht, die Hoffnung auf eine erfolgreiche Zimmerreservierung ist mit einer Art fatalistischen Unmöglichkeit behaftet. Dank zentraler Lage und moderater Preise ist es zur beliebten Unterkunftsstätte junger Pärchen und Freundesgruppen geworden.

Das Hotel hat einen legendären Pool. Während in vielen Hotels das türkisfarbene Schwimmbad zum reinen Dekorationsgegenstand verkommt, ist die grandiose Poolterrasse des Rochari Treffpunkt für Hotelgäste und deren hineingeschmuggelten Freunde. In der Sommerhitze wird geklatscht, getratscht und geflirtet ... nirgends brodelt die Gerüchteküche heißer!

Hotel Rochari, Kat. B
Tel. 22890/23107, Fax 24307 reservations@rochari.com
www.rochari.com
65 Zimmer und Suiten

Hotel Belvedere

Die benachbarten Hotels Belvedere und Rochari werden oft in einem Atemzug genannt, wobei beide ihre treue wie betuchte Fangemeinde haben und oft ausgebucht sind. Wie das Rochari kann sich das Belvedere eines phantastischen Blickes über die Stadt rühmen und einer unverwüstlichen Popularität erfreuen. Einrichtung und Architektur des Belvedere sind exklusiv und luxuriös, die Preise des First-Class-Hotels dementsprechend hoch. Das Hotel bietet eine großzügige Poolanlage mit Bar, eine sonnendurchflutete Liegeterrasse, einen auffallend aufmerksamen Service, einen gut ausgerüsteten Fitnessraum, ein großzügiges Jacuzzi und große Zimmer mit Marmorbad. Im Belvedere residieren Mykonos-Kenner, die den alljährlichen Aufenthalt auf der Partyinsel als festen Agendatermin haben.

Atmosphäre und Stimmung haben in den letzten Jahren durch die jüngere Führung etwas verrücktere Züge angenommen und die Poolpartys sind berüchtigt. Das Belvedere gilt als Oase griechischer Dekadenz und internationaler Freizügigkeit. Die meisten Gäste des Hotels sind Athener und in keinem Hotel auf Mykonos findet man idealere Studienobjekte der griechischen Maxime: „Wir machen alles, zu was die Lust uns treibt." Wer's sich leisten kann, soll das Belvedere unbedingt den anderen, teilweise geschmacklosen Fünf-Sterne-Häusern vorziehen. Wie Sofia und Konstantinos, ein gut betuchtes Ehepaar aus Athen, das seit Jahren das Belvedere zu seiner Sommerresidenz erkoren hat. Mit Katze, Computer und Schwiegermutter richtet sich das Paar in ihrer Suite ein und sieht keinen Grund, die Sommermonate nicht mit süßem Nichtstun zu verbringen. Da Sofia und Konstantinos diese Tradition mit vielen Athenern teilen, fällt es nicht schwer, den gewohnten Alltag und die „gesellschaftlichen Verpflichtungen" auf die kleine Kykladeninsel zu übertragen!

Hotel Belvedere, Kat. A
Tel. 22890/25122, Fax 25126, reservations@belvederehotel.com, www.belvederehotel.com,
43 Zimmer und Suiten

Kouneni Apartments

Das ganze Gebäude dieses kleinen Apartment-Hotels im Herzen der Stadt scheint zu blühen. Umrankt von Begonien in allen Farbtönen, ist das charmante Hotel ein echter Blickfang, eine fröhliche Oase inmitten der Stadt. Der Seefahrer Alekos Galani-Kouneni eröffnete das Hotel mit seiner Frau Flora bereits in den 1940er Jahren. Vieles hat sich seither auf Mykonos geändert, doch noch immer gilt das Ehepaar als ideales Vorbild für sämtliche mykoniotischen Hoteliers, die den schweren Schritt vom Seefahrtgewerbe in die Tourismusindustrie nehmen wollen. Das traditionelle Haus im lebendigsten Teil der Hora ist die Lieblingsabsteige exklusiver Nachtschwärmer, zickiger Schauspieler, Politiker und verträumter Schriftsteller. Die Zimmer sind so klein, wie sie freundlich sind. Als wäre die charmante Atmosphäre des Hotels nicht genug Grund, das Hotel unter Kategorie B-Hotels anzusiedeln, sind die Zimmer mit jedem Komfort ausgestattet. Im Garten befindet sich ein kleines, sympathisches Restaurant, das die Hotelgäste morgens zu festlichem Frühstückstisch lockt und abends seine Türen auch für hotelfremde Passanten öffnet.

Kouneni Apartments, Kat. B
Tria Pigádia
Tel. 22890/79070, Fax 79080 info@ kouneniapartments.com www.kouneni-apartments.com

Hotel Carbonaki

In unauffälligem Weiß duckt sich das Carbonaki-Hotel in die verwinkelte Nebengassenwelt der Hora, scheinbar schüchtern, als hätte es Angst, entdeckt zu werden. Wer das Carbonaki kennt, wird kaum daran vorbeiziehen. Es braucht weder zierende Blumenranken noch eine weit geöffnete, schmucke Eingangspforte, um seine Gäste anzulocken. Das Carbonaki gehört zu den absoluten Favoriten unter den Stadthotels und ist im Sommer komplett ausgebucht! Denn so unauffällig es von außen anmutet, um so einnehmender ist das Innere des Hotels. Ein kleiner, begrünter Innenhof mit Pool und Bar lädt zu nie enden wollenden Apéros ein und farbenfrohe Balkongerüste vervollständigen die Bilderbuchatmosphäre. Günstige Zimmerpreise (NS ab € 80) und die ruhige wie zentrale Lage (50 m zur Hauptgasse Enoplon Dynameon) machen das Carbonaki zum begehrten Ziel des jungen, ausgehfreudigen Szenenpublikums.

Hotel Carbonaki, Kat. D
Panahrantou St. 23
Tel. 22890/24124, Fax 24102 info@ carbonaki.gr
www.carbonaki.gr
22 Zimmer

Andriani´s Guest House

Hier wohnt man in Kykladen-Architektur der nüchternen, aufs Zweckmäßige und Notwendige reduzierten Version und läuft nicht in Gefahr, ob eines üppigen Frühstücksbuffets sein „Carpe diem" zu versäumen und unnötiger Zeit verloren zu gehen. Immerhin, Patio und Ambiente sind ganz hübsch, am Ende einer Sackgasse wohnt sich´s ohne größere Lärmbelästigung, die Atmosphäre ist freundlich und mit kurzen, aber teils steilen Spaziergängen ist man schnell im Zentrum von Hora, inmitten des Sightseeing, beim Busbahnhof und sogar bei den nächsten Stränden. Dazu gibt´s ein rühmenswertes Preis-Leistungs-Verhältnis. Eine gute Wahl!

Andriani´s Guest House
Oberhalb der School of fine Arts
Tel. 22890/23091
Fax: 22890/78063
info@andrianis.com.gr
www.andrianis.com.gr

Die farbenfrohen Bougainvilleen säumen die Gassen von Mykonos-Stadt

Hotel Zórzis

Das Hotel Zórzis ist ein Glücksfall! Klein, aber fein, ein charmantes Zuhause, in das man immer wieder zurückkehren möchte. Das Haus wurde 1970 vom Vater des heutigen Besitzers Varnalis zum Hotel umgebaut und gehört zu den ältesten Gebäuden der Stadt. Im Herzen der Hora, in einer ruhigen Sackgasse direkt hinter Little Venice gelegen, ist das Hotel ein Beispiel für die Geschmacksicherheit und den extravaganten Stil der Griechen. Alle Zimmer haben moderne Badezimmer (selten in der Hora), Direkttelefonanschlüsse (kann praktisch sein, bei den sozialen Herausforderungen, die die Stadt ihren Gästen stellt), Ventilatoren und 24-Std.-Service. Die Zimmerpreise liegen bei ca. € 55 (NS) bis € 200 (absolute HS). Das Hotel vermietet zusätzlich zudem einige Altsttadthäuser.

Hotel Zórzis, Kat. C
Nikolaou Kalogera 30
Tel. 22890/22167, Fax 24169 info@zorzis-hotel.com
www.zorzishotel.com
10 Zimmer

Hotel Poseidon

Das Hotel Poseidon liegt erhöht am oberen Stadtrand der Hora mit einem schönen Blick auf die Windmühlen und Gassen von Mykonos-Stadt und bietet trotz städtischem Trubel einen ruhigen Aufenthalt: Dicke, weiße Mauern und ein aufwendiger Garten grenzen es von der Hauptstraße und dem regen Straßenlärm ab. Die Zimmer haben wenig Charme und erinnern an den praktischen Komfort großer Hotelketten wie Novotel und Holiday Inn. Ein Nachteil sind die winzigen Zimmerbalkone, die gerade mal dazu taugen, die Badesachen zum Trocknen rauszuhängen. Schade um die herrliche Aussicht! Die Poolanlage im Innenhof versucht wettzumachen, was der Architekt verpasst hat. Die Sonnenterrasse ist erstaunlich großzügig und der Pool lang genug, um kräftige Schwimmzüge zu gestatten. Neben Hotelzimmern und Suiten können im Poseidon auch Apartments mit kleinen Küchen gemietet werden. Das Poseidon könnte aufgrund der privilegierten Lage, dem speditiven Service und seiner Preiskategorie durchaus mit dem umschwärmten „Belvedere“ oder dem traditionsreichen „Rochari“ konkurrieren, erfreut sich jedoch nicht deren Beliebtheit – ob´s auch an den Abnutzungsspuren liegt? – und kann oft auch kurzfristig gebucht werden.

Poseidon Hotel & Suites, Kat. B Tel. 22890/22437, Fax 23812 poseidon@otenet.gr www.poseidonhotel-mykonos.com, 58 Zimmer und Suiten

Pension Joanna

Nicht weit vom Alten Hafen entfernt, hat der reise- und hotellerie-erfahrene Kostas einen ausgezeichneten Standort für Reisende geschaffen, die hier auch in kleineren Gruppen ausreichend große Apartments beziehen können und dort ein schnörkelloses, zwar etwas puritanisches, aber komplett ausgestattetes Wohnambiente vorfinden. Insbesondere für Gäste, die Wert auf gründliche Sauberkeit, frische Bettwäsche und einen erfrischenden Service in puncto „Betreuung" bzw. „Beratung" für den Mykonos-Aufenthalt legen, eine uneingeschränkte Empfehlung.

Pension Joanna
Apollonas 9
Tel. 22890/27117
www.pensionjoanna.com

Hotel Élena

Wer kennt das Élena nicht! Das traditionsreiche Haus ist ein Schmuckstück und hinterlässt seit Jahren bei seinen Gästen einen einnehmenden und gemütlichen Eindruck – und kann deswegen auf eine treue, wild durchmischte Stammkundschaft zählen. Das Élena wird von derselben Familie geführt, die auch das Hotel Apollonia Bay (s. Kap. Agios Iannis) so charmant und angenehm verwaltet. Frühzeitige Reservierungen sind unerlässlich. Die hübschen Zimmer sind klein. Jede Unterkunft ist mit Dusche, Telefon, TV, Klimaanlage, Balkon oder Terrasse ausgestattet. Herausragender Pluspunkt des Hotels Élena ist die ausgezeichnete Lage leicht erhöht über der Stadt mit schönem Ausblick über die Gassen und den Hafen. Innerhalb von 3 Gehminuten ist man mitten im Zentrum der Hora und kann sich, ohne sich um den Nachhauseweg sorgen zu müssen, ins Nachtleben stürzen. Das Élena ist ein Musterbeispiel für das unlogische System mykoniotisch-griechischer Hotelkategorien. Es bietet einen tadellosen Service und erfreulichen Komfort, mit dem viele größere Hotels nicht mithalten können. Entsprechend seiner Kategorie ist das Hotel Elena preiswert – erstaunlich, denn hier wären wir auch bereit, etwas mehr zu bezahlen!

Hotel Élena, Kat. D
Rohari St
Tel. 22890/23457
info@elenamykonos.gr
www.elenamykonos.com
28 Zimmer

Pension Maria

Mitten im Herzen des Städtchens befindet sich das Reich der wackeren Maria. Die kleine, in das Gassenlabyrinth gedrängte Pension ist beinahe zu anmutig, um wahr zu sein. Versteckt unter Efeuranken und farbigen Begonien, ist das Hotelschild, das auf die bescheidenen Zimmer hinweist, leicht zu übersehen. Die Rezeption befindet sich denn auch, wie könnte es anders sein, im Wohnzimmer der Pensionsmutter Maria. Hier sitzt die geschäftige Maria mit ihren Freundinnen und empfängt jeden Fremden mit offenen Armen. Die Pension verkörpert Griechenland in Reinkultur. Im Innenhof des Hotels befindet sich das dazugehörige Restaurant „Chez Maria". Genauso versteckt und übersehbar wie die Pension, liegt das Lokal in dem überwucherten, verwunschenen Garten, der allabendlich darauf wartet, mit Lachen und Grilldüften geweckt zu werden.

Pension Maria, Kat. C
Nikolaou Kalogera 27
Tel. 22890/22480, Fax 24957

Hotel Alkyon

Hoch über der Stadt, in einer Haarnadelkurve der Hauptstraße nach Áno Méra gelegen, liegt das Hotel Alkyon. Der Blick über die Stadt

Der Fischverkauf an der Paraglia ist für jeden ein großartiges Erlebnis

ist unbestreitbar eindrücklich, der Swimmingpool einladend und die Hotelzimmer groß und geräumig. Sogar Haustiere können mitgebracht werden. Es gibt keine Ärgernisse, die dieses Hotel nicht empfehlenswert machen würden, gleichzeitig aber auch kaum Gründe, aufgrund welcher man den Betrieb wärmstens empfehlen möchte. Genannt sei das Hotel Alkyon vor allem deswegen, weil die Chancen auf eines der 30 Zimmer selbst in der Hauptsaison positiv sind.

Hotel Alkyon, Kat. A
Tel. 22890/27366, Fax 23496
reservations@alkyonmykonos.gr
www.alkyonmykonos.gr

Restaurants in Mykonos-Stadt

Frühstück in der Hora

Wie das Nachtleben auf Mykonos von Touristen dominiert wird, so gehört der Inselmorgen den Mykonioten. Aus den Kirchen der Hora dringt Gesang und einlullender Weihrauchduft, geschäftig knattern Trikiklos durch die Gassen und am Hafen wird frischer Fisch verladen! Ist die Arbeit getan, trifft man sich zum Schwatz am Frühstückstisch. Wer sich die traumhaften Morgenstunden von Mykonos nicht entgehen lassen will, mischt sich unter die Einheimischen und wird freundliche Frühstückslokale vorfinden:

Café-Restaurant Madoupas

Das Café-Restaurant Madoupas befindet sich direkt an der Hafenmole. Nachts ist die Paraglia der Laufsteg der Schönen und Wagemutigen, tagsüber Hafenpromenade und Marktmeile. Frühstück bei Madoupas! Was gibt es Schöneres als halbwach die Geschäftigkeit der anderen zu beobachten und eine fetttriefende Eierspeise zu vernaschen? Morgens sieht man hier alte Frauen mit schwarzen Kopftüchern, Fischer mit zerfurchten Gesichtern, Matrosen mit Schirmmützen auf dem Kopf – Charaktere, als wären sie direkt einem Fellini-Film entsprungen und die man auf der Insel gar nicht mehr vermutet hätte ... später sind die Touristen in der Überzahl. Das Frühstück im Madoupas ist äußerst empfehlenswert. Schwer und süß, wie es die Griechen halt lieben.

Madoupas
Paraglia, Hora
Tel. 22890/22224

Mythos Café

Mythisch mutet das kleine Café direkt über dem Busterminal beim Hafen kaum an! Doch was wir wirklich wollen, ist ein schmackhaftes Frühstück, und das bietet das Café Mythos! Das Lokal befindet sich im 1. Stockwerk eines engen Kykladenhauses. Von der Aussichtsterrasse kann man früh morgens herrlich das Treiben im Hafen beobachten: Luxusdampfer, die arrogant ihre Hafenmole in Beschlag nehmen, im Kreis knatternde Fischkutter, Segelyachten, auf denen die Crew mit den Segeln kämpft! Ohne mittendrin zu sein, kriegt man doch alles mit! Die Speisekarte enthält die üblichen Frühstücksspeisen und ein breites Kaffeesortiment.

Mythos Café
Kaminaki, Hora Port
Tel. 22890/28422

Café Point

Was das Mythos Café für die Odos Polikandrioti ist, ist das Café Point für den Fabrica-Platz. Es befindet sich am Osteingang der Stadt, direkt bei der Buseinfahrt zum Terminal, und erfreut sich einer regen Szenerie. Wer morgens noch nicht zum Sprechen aufgelegt ist, setzt sich ins Café Point und lässt sich von dem Gewühl am und um den Fabrica-Platz unterhalten. Taxis, Busse, Touristen, die ihre Mopeds noch nicht vollständig unter Kontrolle haben, und fluchende Gemüsehändler auf ihren Trikiklos. Sie alle kämpfen sich ihren Weg durch die engen Gassen, hupen um die Wette und bieten ein ergötzendes Schauspiel. Das Café Point hat eine große Auswahl an Snacks, Süßspeisen (u.a. gute Crêpes) und selbstverständlich Morgenkaffee.

Café Point
Fabrica Square
Tel. 22890/28465

Kafenion Central

Dieses kleine Café liegt am belebtesten Knotenpunkt der Hora, dort wo sich die zwei berühmtesten Gassen von Mykonos – Enaplon Dynameon und Mitropoleos – treffen. Eine Auswahl verführerischer Torten lockt bereits zum Frühstück und die griechischen Frappés schmecken nirgends herrlicher. Auch hier gilt: Der Gegensatz zwischen den eigenwilligen Mykonioten in Schwarz und den sonnenverbrannten Touristen, die in Badeschlappen über die Pflastersteine stolpern, bietet höchsten Unterhaltungswert.

Kafenion Central
Argyrena, Tel. 22890/77306

Mittag- und Abendessen

Dyonisos, Mykonos´Leitfigur, bürgt mit seinem Namen nicht nur für die Liebe zum Wein, sondern auch für kulinarische Köstlichkeiten aus aller Welt und würde sich in den Gassen der Hora pudelwohl fühlen, die in ganz Griechenland für illustre Gourmettempel und Gaumenfreuden bekannt ist. Hier reiht sich ein Restaurant an das andere. Wirken auch viele der Lokale auf den ersten Blick charmant und einladend, liegen zwischen ihren Speisequalitäten Welten. Ferien sollten nicht durch Magenprobleme und freches Servicepersonal verdorben werden! Die folgenden Restaurantvorschläge und Insider-Plätze sollten beidem vorbeugen.

La Maison de Katrin

La Maison de Katrin ist schlichtweg ein kulinarisches Paradies. Seit das

Essen und genießen

Restaurant vor über 20 Jahren seine Pforten öffnete, steht der Name „Catherine" respektive „Katrin" auf Mykonos für Stil, Eleganz und exquisite Kochkunst. Dem Restaurant gelingt es, trotz abgeschiedener Lage in einer Seitengasse nicht vergessen zu werden, im Gegenteil, bei Katrin wird der Tisch im Voraus gebucht und selbst dann kann man sich nicht immer kampflos am reservierten Tisch niederlassen!

Das Restaurant erinnert an Frankreich: weiß gestrichene, luftige Räume mit provençalischem Charme. Gegessen wird draußen, wo lange Bänke die laternenbeleuchtete Gasse füllen, oder – für Mykonos ungewöhnlich – drinnen. Während bei vielen Touristenfallen die Lage des Lokals das einzige Plus ist, wird bei Catherine aufgrund der offenen Fensterfront und blumengeschmückter Tische der Blick in den glitzernden Sternenhimmel kaum vermisst.

Bei der Auswahl der Speisen kann man hier nichts falsch machen, dennoch sei besonders die phantastische griechische Vorspeisenplatte empfohlen. Die Kombination zwischen der leichten Nouvelle Cuisine und der herzhaften griechischen Küche verwandelt die deftigen Mezedes in einzigartig verführerische Köstlichkeiten. Der absolute Renner des Lokals sind die hausgemachten Spaghetti mit frischem Hummer. Exorbitant teuer, aber der pure Genuss ... Zum süßen Abschluss ist die Tarte Tatin ein leckeres Dessert, wie es auch kein Lokal in Paris besser serviert. Katrins Gourmettempel ist ein Muss für alle (gutbetuchten) Mykonos-Besucher, die es lieben, das Leben feierlich zu gestalten, das Essen zu zelebrieren und bereit sind, dafür kräftig in die Tasche zu greifen. Kreditkarten werden im „Maison" nicht akzeptiert. Komplette Mahlzeit ab € 60, ohne Getränke.

La Maison de Katrin
Nikiou 1 c/ Gerasimos
Tel. 22890/22169, Fax 26946 April–Okt.
tägl. ab 19 Uhr, im April und Okt.
auch zur Mittagszeit

Sea Satin Market

Direkt unter Mykonos´ Wahrzeichen, den Windmühlen, begann die Karriere des Sea Satin Market mit dem unstrittigen Vorteil einer einzigartigen Lage, dem Blick auf die über der Ägäis verglühenden Sonne, auf Little Venice und dem Konzept, „Einfachheit trifft auf Luxus", also keine steril-erzwungene Stimmung, sondern eine bunte, virulente Marktatmosphäre – hier besinnlich romantisches Kerzenlicht und Farberuptionen der üppigen Blumenbouquets, da Folklore und griechische Herzschmerz-Musik, gekrönt vom Handtuch-Wirbeln der Kellner – das Leben als Fest, Brauchtum, Fröhlichkeit und die pure Lust am Speisen und Dinieren unter Freunden ...

Der Laden brummte und die Speisen wurden exklusiver. Erlesenstes wurde mit allerlei Brimborium aufgetischt, griechische Küche mit allerlei Gourmet-Upgrade serviert, geradezu zelebriert – das Sea Satin Market war en vogue und wurde der illustre Dinierplatz von allen, die was auf sich hielten. bei Hinz und Kunz und vor allem bei denen, die was auf sich hielten und das nötige Portemonnaie dazu hatten.

Noch immer kann man hier Fisch, Muscheln, Hummer und Garnelen delikat gegrillt genießen und staunen, wie Gemüse frisch vom Grill, frittiert oder Fischroggensalat vortrefflich munden können, doch genauso wird es Abende geben, wo einfach nur fade Routine in großen Happen serviert wird. Dann können die Exzentrik oder gar Arroganz der Kellner die Lust am Schlemmen nicht nur bei Gourmets gründlich vermiesen, insbesondere wenn man zu nah an einer der plärrenden Lautsprecherboxen sitzt. So, wie es vielen Einheimischen gegangen ist, die sich kaum noch hierher verirren, so dass das Sea Satin Market inzwischen fest in der Hand von Touristen ist, die (im Urlaub) durch keine Budgetgrenze lukullisch befangen sind.

Als Spezialität des Hauses werden „Loukoumades" zelebriert, die leicht wie Donuts daherkommen, dazu pappsüß, weil mit griechischem Honig bestrichen, und durch einen Schlag Vanilleeis gekrönt sind. Doch das eigentliche Krönungszeremoniell, das leicht bis schwer auf den Magen schlagen kann, sind Erhalt und Begleichen der Rechnung, ein erschauderndes Finale furioso mit abruptem Silencio, womit dann auch jegliche Folklore und Volkstümlichkeit dahin sind.

Das Dinieren im Sea Satin kann zuweilen etwas nass verlaufen. Die begehrten Tische an der Wasserfront sind leichtes Ziel sich brechender Wellen ...

Sea Satin Market
Alefkándra
Tel. 22890/24676
info@caprice.gr
tägl. ab 18.30 Uhr

Baos – Fine Dining

Seit das „Uno con Carne" sowohl Exklusivität, vor allem aber sein Dasein als Nobeladresse für nimmersatte Gourmets verloren hat und seine Pforten nicht nur saisonal, sondern dauerhaft geschlossen hat, ist das „Boas" mehr als nur in die Bresche gesprungen und hat sich in Herz und Magen qualitätsbewusster Jünger Lukullus´ gekocht. Was dem Uno con Carne das Black-angus-Steak war, ist dem Boas das Lamm, und das ist gut so, schließlich befinden wir uns hier nicht in der argentinischen Pampas, sondern inmitten von Hellas Gefilden. Dass Chefkoch Panagiotis Tsoukatos sich blendend darin versteht, die klassische griechische Küche in Nouvelle Cuisine zu verwandeln. Das Ambiente ist etwas steril und hat etwas von einer in Weiß und dezenten Pastelltönen dekorierten Kantine, doch in den frühen Abendstunden mit einsetzender Dämmerung und Blick hinaus aufs Meer ist hier das Terrain für einen romantisch-aromatischen Abend mit einem vollmundigen Esserlebnis bereitet. Nichts falsch machen kann man, wenn man die Menüs „Pelagos" oder „Boas" bestellt. Eine der qualitätsbewusstesten Restaurantadressen von Mykonos!

Baos – Fine Dining
Myconian Korali
Tel. 22894/42390
tägl. 20–23.30 Uhr
reservations@baos-mykonos.gr
www.baos-mykonos.com

Griechische Küche

Takis Fischtaverne

Diese urgriechische Fischtaverne ist ein absolutes Muss! Bevor man sich bei Takis in den Genuss stürzen kann, muss man sich allerdings erst bewähren! Die kleine Gartentaverne muss man nämlich erst einmal finden, was durchaus eine geographische Herausforderung ist! Nach üblichem Kampf durch gleich aussehende, bezaubernde Gässchen, stoßen die begeisterten Gäste meist nur zufällig auf das Lokal, das sich auf einem kleinen Platz mitten in einer Wohngegend der Hora befindet. In wundervoller, wildromantischer Hinterhof-Atmosphäre und bei bestem griechischem Essen wird hier nicht das Motto „sehen und gesehen werden", sondern speisen in lebhafter Gesellschaft zelebriert. Eine 1-a-Adresse! Menü ab € 30 (wer seinem Spürsinn misstraut, erkundigt sich telefonisch nach Orientierungspunkten!).

Takis Fischtaverne
Ab dem Lymni-Platz in einer Seitengasse nach 50 Metern
Tel. 22890/26289
Mai–Okt. ab 19 Uhr

Mamacas

Ein Traum in Weiß, von dem man sich im Internet unter www.mamacas.gr überzeugen kann. Das Restaurant befindet sich im romantischen Innenhof eines Hauses, welches 1845 die Politik- und Handelsfamilie Andronikos erbauen ließ. Der Garten ist mit fünf riesigen Palmen bepflanzt, eine soll über 160 Jahre alt sein. Die die Gartenmauer zierenden Terrakotta-Töpfe sollen Geschenke der Prinzessin von Malta sein. Ansonsten hat man sich wenig der griechischen Tradition und Vergangenheit angepasst: Das Mamacas repräsentiert ein modernes Griechenland, das seinen internationalen Touch betont! Spezialitäten dieses gepflegten und fast übergestylten Restaurants sind gegrillte Meeresfrüchte und griechische, auf französische Cuisine legere getrimmte Spezialitäten.

Mamacas
Agh. Anna Mado c/ Mavroghenos-Platz
Tel. 22890/26120

Restaurantgarten Ávra

Ávras Garten ist ein schmuckes, heimeliges Plätzchen. Hier lassen sich lange Nächte in ruhig-entspannter Gemütlichkeit angehen. Die ausgezeichnete traditionelle griechische Küche wird durch mediterrane und raffinierte französische Einflüsse verfeinert und hinterlässt bei allen Besuchern einen tadellosen Eindruck. Nicht besonders hipp, doch mit angenehm stilvollem Publikum. Eine der wenigen griechischen Tavernen, die nicht auf die lärmenden, sonnenverbrannten Touristen angewiesen ist und daher den Schnell-gang-Service mit freundlichem Lächeln ersetzt.

Restaurantgarten Ávra
Odós Kalógera 27
Tel. 22890/22298
info@avra-mykonos.com
www.afra-mykonos.com
tägl. ab 19 Uhr

Taverna El Greco

Das El Greco entspricht nicht dem Klischee, dass gute Restaurants auf Mykonos immer versteckt und teuer sind. Die bereits 1974 eröffnete Taverne grenzt unübersehbar an die hell beleuchtete Hauptgasse Enoplon Dinameon und zur Begrüßung gibt's ein Amuse Bouche gratis! Die Beleuchtung ist schummrig, auf den Tischchen stehen stimmungsvolle Windlichter. Fast vergisst man hier den Inselsport, die vorbeiziehenden Massen zu beäugen. Das eingespielte Serviceteam ist so lange zuvorkommend, wie man der etablierten Hierarchie der Kellner nicht zuwider handelt! Im El Greco hat jeder Angestellte seine exakt definierte Aufgabe, sei es die Tischzuweisung, das Überbringen der Speisekarte oder das Einsacken des Geldes. Kompetenzen dürfen nicht überschritten werden und der Gast soll warten! Empfehlenswert: in Mandeln gebackener Ziegenkäse. Zwar schwer verdaulich, doch mit etwas Weißwein und einem Salat äußerst schmackhaft. Die Fisch-Souflakis des El Greco sind ein Genuss, wenn sie auch, wie überall, mit pampigem Reis und halb gebratenem Gemüse serviert werden (Menü ab € 20).

Taverna El Greco
Platia Tria Pigádia
Tel. 22890/22074
Mai–Okt. tägl. ab 19 Uhr

Taverna Marco Polo

In dem zum Italiener-Viertel mutierten Laka-Viertel behauptet sich die griechische Taverne von Stefanos und Michalis Kontzias trotzig gegen die Invasion der Pizzerias und Spaghettibuden. Etwas zurückversetzt von der promenierenden Menschenmasse der Hauptgasse Ipirou, hat sich dieses Lokal auf angenehme und freundliche Weise in der schnellen Welt von Mykonos einen beständigen Platz gesichert und kann auf treue Stammkunden zählen. Die Bedienung ist äußerst freundlich, die Souflakis korrekt, und wenn sich die Taverne kulinarisch auch kaum von vielen anderen abhebt, ist das Marco Polo dennoch einen Besuch wert. Junges, durchmischtes Publikum und preiswerte Menüs (ab € 15).

Taverna Marco Polo
Artakinou, Lákka
Tel. 22890/22126

O Kounélas

Die Fischtaverne Kounelas ist eine unbedingte Empfehlung: Das charmante, urgriechische Fischrestaurant, versteckt in einem kleinen Hofgarten wenige Meter von der Paraglia entfernt, begeistert jeden – auch gehobenen – Geschmack. Das Gartenlokal wird von einer grün umrankten Mauer von der Gasse und Passanten abgegrenzt, ein unbemerktes Passieren ist dennoch unmöglich: Der Fischgrill steht zur Gasse hin und lockt mit den simplen Wohlgerüchen des gegrillter Fische genug Leute an, um das Lokal allabendlich zu füllen. In der lockeren Atmosphäre des Kounélas trifft eine lustige Mischung aus homosexuellen Griechenlandfanatikern, Freunden der Fischküche und Szenegängern aufeinander. Nebst hervorragendem Speiseangebot, moderaten Preisen und legerer Atmosphäre ist das Kounélas wegen der zentralen Lage mit einem dicken Pluspunkt auszuzeichnen. Nach dem Essen gelangt man nach wenigen Schritten zu den Schwulenparadiesen Portas und Pierros sowie zur Inkarnation des heterosexuellen Wunschtraumes, die Scandinavian Bar (Mahlzeit ab € 30).

O Kounélas
Svoronou 1, Odós I.M. Theochári,
Tel. 22890/28220,
tägl. 19.30–2Uhr

Restaurant Kostas

Mykonos hat eine geballte Restaurantdichte, so dass manch Gast vor der Qual der Wahl kapituliert! Ins Kostas hingegen geht man nicht bewusst, sondern landet zufällig dort. Im Brennpunkt des Geschehens angesiedelt, muss jeder dieses Restaurant wenigstens einmal pro Abend passieren und sich den prüfenden Blicken der Tavernengäste stellen: Sehen und gesehen werden. Der Unterhaltungswert der Taverne ist somit 1a, die kulinarischen Qualitäten halten da nicht mit. Obwohl das Essen nicht so schlecht ist, wie die uralten Ausstellungsobjekte der Speisevitrine vermuten lassen, reicht das Angebot kaum über das Level einer mittelmäßigen Urlaubstaverne hinaus. Das geschäftige Personal bedient zudem zu schnell, so dass der Verdacht aufkommt, man wolle die Gäste so schnell wie möglich los sein, um Platz für die nächste Fuhre hungriger Mäuler zu haben (Menü ab € 15). Ein großes Plus: nicht nur abends, sondern auch zur Mittagszeit geöffnet und deswegen idealer Stopp beim Streifzug durch die Hora.

Restaurant Kostas
Metropoleos 5
Tel. 22890/23326
tägl. 12–24 Uhr

Nikos Taverna

Nikos Taverne ist mittlerweile zum Alptraum einer griechischen Taverne verkommen. Wissen Nikos und seine herrischen Kellner zwar mit roten Tischtüchern und netter Lage das Wohlwollen der Passanten zu gewinnen, kriegt der Gast spätes-

Man findet sie hier überall, die blauen Holzstühle

tens dann den Garaus, wenn er, von den elektronischen Bestellcomputern der Kellner bedrängt, das Gefühl nicht los wird, einer Massenabfertigung unterzogen zu werden. Den Speisenden wird genau eine Stunde Zeit für den Schlemmerplausch zugestanden. Dann ist es augenblicklich fertig mit dem speditiven Service und die lange Warteschlange der kommenden Gäste rückt merklich unangenehm um den zwar abgeräumten, doch noch besetzten Tisch. Ärgerliche Blicke strafen die Dreistigkeit des Wunsches, die Mahlzeit ohne Hektik genießen zu wollen. Bis ein Uhr morgens löst eine Touristengruppe die andere ab, die Kasse von Nikos klingelt ununterbrochen und alle – Kellner wie Gäste – fragen sich, warum die Taverne ein solcher Erfolg ist und sie jeder Reiseveranstalter auf seiner Empfehlungsliste hat! Vielleicht weil man mit den Pelikanen Peter, Chris und George, die um die Taverne ihre Bleibe haben, als pittoreske Haustiere hoffiert? Unpersönlich, mit viel Humor auch unterhaltend (Menüs ab € 15)!

Nikos Taverna
Agias Ioannou, Porta
direkt unterhalb der
Paraportiani- Kirche
Tel. 22890/24320
nikostavern1@gmail.com
www.nikos-taverna.com
tägl. 12–1.30 Uhr

Ta Kioúpia

Frangescos Vigliaris versteht die Touristen nicht mehr! Er mag sich tatsächlich mit Recht wundern, warum auf die Tische der unfreundlichen Nachbartaverne von Nikos ein solcher Run ist, während seine Tische oft nur spärlich besetzt sind, obschon die Atmosphäre seines Lokals viel charmanter ist. Dem sympathischen Mykonioten helfen wir gerne, das Weltbild in Ordnung zu rücken, vor allem wenn man dabei in den Genuss seiner schmackhaften griechischen Küche kommt. Das Lokal befindet sich auf dem kaum beleuchteten Vorplatz der Paraportiani-Kirche, leicht erhöht über dem Ende der lebendigen Hauptgasse Ioannou. Ideal positioniert, um das bunte Treiben in der Gasse zu beobachten, gleichzeitig in Ruhe seine Tischgesellschaft genießen zu können und nicht fürchten zu müssen, aufgrund quengelnder Folgegäste hinausbugsiert zu werden!

Ta Kioúpia
Platia Agias Monis,
Kastró-Viertel
Tel. 22890/22866
takioupia_mykonos@mailbox.gr

Italienische Küche

Auch Mykonos hat sein Little Italy! Der Eingang des Laka-Viertels, wenige Gehminuten von der Fabrica-Busstation, wird beherrscht von fünf italienischen Restaurants. So richtig bewährt hat sich allerdings nur eines:

Sale'n'Pepe

Weil dieses italienische Lokal nur etwa 25 Plätze bietet, ist es im Sale'n'Pepe schwer, einen Tisch zu ergattern, auch weil es ein Lieblingsplätzchen erfahrener Mykonos-Besucher ist, die seine enge Straßenterrasse lieben. Auf Mykonos gehört's zum Trend, ganz beiläufig zu sagen: „Ich kenne den Koch des Sale'n'Pepe persönlich ..." Unserer Erfahrungen zufolge muss dieser Mann einen immensen, beneidenswerten Freundeskreis besitzen. Doch mögen Koch und der Besitzer Ivan Ottaviani noch so gute Freunde sein, Reservieren ist unerlässlich und bei Tischmangel endet jede Freundschaft. Nach wochenlangem Moussaka-Genuss tut eine dampfende Schüssel Pasta gut. Vor allem, wenn es sich um die hausgemachten Teigwaren von Sale'n'Pepe handelt – ein wahres Gedicht!
Gianni, der Chef de Service, umsorgt seine Gäste zuvorkommend. Als geborener Charmeur, der gerne mit den vorbeiziehenden Mädchen flirtet, hält ihn nicht mal die vielversprechendste junge Dame vom

Wohl seiner Gäste ab. Sale'n'Pepe ist ein Erlebnis, wohl ein sehr teures und ein gutes Beispiel für die lebendige Italianità, die sich mit griechischem Szenedenken deckt (komplette Mahlzeitab € 50).

Sale'n'Pepe
Platia Lákka Ipirou
Tel. 22890/24207
info@saleepepe.gr
www.saleepepe.gr
Mai–Okt. tägl. 18–1.30 Uhr

Maccheroni

Trotz des Namens werden die Makkaroni hier übel „verkocht". Das Lokal hat sich allerdings einen kleinen Ruhm mit leckeren Pizzen eingeheimst. Diese sind zum Renner unter den sparsamen und hungrigen Mykonos-Gästen geworden! Ab wie hin, die Pizza hinunterschlingen, sich über die günstigen Preise freuen und das Gesparte dann in den vielen Bars verprassen! (Pizza ab € 9)

Maccheroni
Platia Lákka Ipirou
Tel. 22890/23702
Mai–Oktober

Yves Klein Blue Ristorante

Yves Klein Blue, das ist mediterranes Essen in verwirrend blauer Umgebung! Hier verkehrt vor allem schwules Publikum, vermischt mit reichen Athenern und quiekenden Models. Sie alle würdigen der Kunst des „Blau-Phasen"-Malers Yves Klein. Wer Wert auf stilvolle Umgebung legt, Kerzenleuchtern, Antiquitäten und goldumrahmten Spiegeln mehr zugetan ist als der frischen Meeresbrise, streunenden Katzen und dem Blick auf die Touristen, die in Scharen an den offenen Tavernen vorbeiziehen, liegt hier goldrichtig. Das Angebot richtet sich nach den Trends der Londoner Küche (Trüffel, Tapas, marinierte Gemüsehäppchen etc.) und wird von einigen Gästen in den Himmel gelobt, von anderen stillschweigend verkraftet (Menü ab € 40).

Yves Klein Blue Ristorante
Agia Saranta, Tel. 22890/27391
Mai–Okt., nur abends

Mexikanisch

Appaloosa

Seit seiner Eröffnung ist dieses mexikanisch angehauchte Restaurant ein Favorit der Hungrigen und Genießer von „mediterraner Weltküche". Scheinen die Portionen anfangs geradezu überdimensional, sind die Teller dennoch meist leer, wenn sie in die Küche zurückwandern. Der Rucola-Salat könnte frischer nicht sein, der Parmesan kaum rezenter und die Fajitas sind ein wahrer Traum. Gegessen wird hauptsächlich drinnen (das sympathische Restaurant besitzt nur eine winzige Außenterrasse, wo sich gerade mal eine Handvoll Gäste aneinanderdrängen können), was auf Mykonos die Ausnahme ist. Doch dies ist kein wirklicher Nachteil, denn die Einrichtung ist äußerst gepflegt, die Wände sind in fröhlichen Gelb- und Orangetönen gehalten und riesige Terrakotta-Töpfe mit frischen Blumen und Grünpflanzen bewirken eine lauschige Gartenatmosphäre.

Appaloosa
Maurogeni 11 (an der Platia Goumenio),
Tel. 22890/27086,
appaloosamykonos@yahoo.gr,
www.appaloosa-mykonos.com,
Mai–Okt., nur abends ab 19 Uhr

Französische Küche

Gatsby Garden Restaurant

Einst wandelte ein Londoner Pärchen die ehemalige Kunstgalerie Gatsby in ein charmantes, französisch angehauchtes Restaurant um. Seitdem herrscht in der kleinen Seitengasse der Enoplon Dinameon reger Betrieb. Die Tische sind liebe- und stilvoll gedeckt. Gegessen wird im blumenumrankten Innenhof oder drinnen im provençalisch dekorierten Restaurant. Fleisch wird hier nicht wie auf Mykonos üblich nur auf dem Holzkohlengrill gebraten, sondern raffiniert in Bernaise- oder Pfeffersauce geschwenkt. Große Restaurantschilder weisen in der Hauptgasse auf das bescheidene Lokal hin. Auffällig groß stechen die bunten Regenbogenfarben, Symbol der homosexuellen Szene, hervor und tatsächlich gehört das elegante Gatsby zu den Lieblingsabsteigen der intellektuellen Schwulenszene, die hier vielleicht der dramatisch-pompösen Welt des armen J. Gatsby gedenkt, der Kultroman-Figur der Roaring Twenties (Menü ab € 30).

Gatsby Garden Restaurant
Tel. 22890/26217,
Mai–Okt., nur abends

Restaurant Edem

Schön gedeckte, mit Windlichtern und Kristallgläsern dekorierte Tische, platziert um einen beleuchteten Swimmingpool, in welchem diskret ein Wasserspiel plätschert: Das ist das Restaurant Edem. An einem solchen Ort malt sich die europäische Mittelstandsfrau den herbeigesehnten Heiratsantrag des langjährigen Partners aus – wer mag es ihr verübeln? Das Restaurant ist in der Hochsaison gut ausgebucht, frühzeitige

Auf Holzkohle gegrillte Lammrippchen

Reservierungen sind angebracht. Griechen sind im auf Romantik getrimmten Edem seltener zu sehen! Ihnen ist wohl die Atmosphäre allzu ruhig und klassisch, womit sie einmal mehr beweisen, doch aus einem anderen Holz geschnitzt zu sein als die begeisterten deutschen und Schweizer Gäste. Die Preise des Edem sind hoch, doch die eventuelle Zukünftige sollte diesen Verlust wohl wettmachen (Menüs ab € 50).

Restaurant Edem
Oberhalb der Panachra-Kirche,
Tel. 22890/23355,
tägl. ab 18 Uhr

Eva's Garden

Beim Goumenio-Platz, wo die Hauptgassen Kalogera und Matoyanni zusammenstoßen, dürfen hungrige Gäste im zauberhaften Garten der wackeren Eva kulinarische Gelüste befriedigen. In der von Weinreben und Blumen umrankten Laube werden ausgezeichnete, vorwiegend griechische und französische Speisen serviert: Château Briand, Muscheln, Fischspeisen und zum Dessert Crêpes, wie sie in der Bretagne nicht besser serviert werden. Eine Empfehlung für alle, die fernab vom Trubel in bescheiden-stilvoller Umgebung dinieren wollen, ohne sich dabei in Einsamkeit wähnen zu müssen (Menüs ab € 35).

Eva's Garden
Nikolaou Kalogera 2 (Platia Goumenio)
Tel. 22890/22160,
info@evas-garden.gr,
www.evas-garden.gr,
April–Okt. tägl. 18.30–0.30 Uhr

Sesame Kitchen

Obwohl unauffällig in einer Seitengasse des Enoplon Dinameon ver-

steckt und mit nur wenigen Sitzplätzen ausgestattet, ist dieses Lokal durch gesunde Kost zum Renner geworden. Die wackeligen Tische sind so eng nebeneinander in der kopfsteingepflasterten Gasse aufgestellt, dass es unmöglich ist, den Ehekrach, die schmutzigen Witze und Liebesbeteuerungen des Nachbartisches zu überhören. Das Lokal bietet für Mykonos ungewöhnliche Gerichte mit viel Tofu, frischem Gemüse und gut verdaulichen Sachen: Nach den schweren griechischen Gerichten eine wahre Wohltat für den Magen. Das internationale Flair macht Sesame Kitchen zum Refugium aller schönen, durchtrainierten Schwulen und alternativ-angehauchten Trendsetter (Menü ohne Wein ab € 25).

Sesame Kitchen
Platia Tria Pigádia
Tel. 22890/24710,
tägl. ab 19 Uhr

Asiatische Küche

Dynasty

Auf Mykonos kommen auch Freunde der asiatischen Küche auf ihre Kosten wie z.B. im Restaurant Dynasty. Von der thailändischen Kokosmilchsuppe zum indonesischen Reisgericht und kultigen Frühlingsrollen ... im ursprünglich chinesischen Lokal wird der Schmelztiegel Asien gefeiert. Natürlich geht bei solch großer Speisevariation die Authentizität der Nationalküchen etwas verloren. Als Abwechslung und Erholungsoase vom hektisch nervösen Gassenleben der Hora ist das Dynasty allerdings eine sichere Empfehlung. Wer auf intim machen will: Das Restaurant bietet auch einen Take-away- und Home-Delivery-Service (Menü ab € 20).

Dynasty
Platia Limni,
Tel. 22890/24194 Mai–Oktober

NACHTLEBEN

Sobald der rote Sonnenball am Horizont im Meer versinkt, verwandelt sich Mykonos' karge Landschaft. Die ganze Insel scheint in einem grellen, mysteriösen Licht zu glühen. Eine Atmosphäre von Würde und Ernsthaftigkeit scheint die Insel zu umarmen. Man versteht nun, warum Mykonos auch „Insel des Lichts" genannt wird. Der Sonnenuntergang von Mykonos ist ein Spektakel, und jeder – Touristen wie Einheimische – genießt und zelebriert diesen Moment auf seine Art. Ob am Strand, in der Taverne oder in einem Café in Little Venice, dem Sonnenuntergang wird zumindest ein paar Minuten Stille und Bewunderung geschenkt. Einzige Ausnahme ist die berühmte Caprice Bar. Hier beginnt bei Sonnenuntergang bereits das Nachtleben nach dem Motto „je früher, desto besser ..."

Und dann vermag die Sonne gar heller als am Tag zu scheinen. Kein Wunder, ist das Nachtleben von Mykonos in aller Welt berühmt. Sogar wenn alles, was man sucht, Frieden und Ruhe ist, kann man sich der einmaligen, knisternden Atmosphäre der Gassen von Mykonos nicht erwehren. Mykonos ist klein, die hiesigen Clubs und Bars sind nicht so zahlreich und professionell ausgestattet wie jene auf Ibiza oder in anderen Partyparadiesen. Doch gerade darin verbirgt sich ihr unwiderstehlicher Charme: Auch Kurzurlauber kennen schnell die Hot Spots, wissen, wer wann wo ist, und gestalten dementsprechend ihren Nachtrhythmus, ohne durch große Distanzen oder limitierte Öffnungszeiten und andere Komplikationen beeinträchtigt zu sein.

Bars & Clubs in der Hora

Bar Uno

Dieser kleine, charmante Barklassiker ist, wenn die Nacht noch jung ist, oft überfüllt, bis es die Gäste zu vorgerückter Stunde in die größeren Bars und Clubs der Insel zieht. Die zwei einzigen Tische vor dem Eingang sind wohl die heiß begehrtesten Plätze der Hora. Hier müssen alle vorbei, hier werden jene, die man kennt oder zumindest kennen möchte, kurzerhand an den Tisch gerufen, hier gruppiert sich die Uno-Anhängerschaft, die das enge Gassenstück mit ganzen Menschentrauben füllt und den Durchgangsverkehr blockiert. Drinnen wird zu gängigen Allerweltklassikern getanzt. Man wärmt sich auf, stimmt sich ein für eine neue Nacht aller Nächte! Das Publikum ist gemischt: aufgeregte Touristinnen, der coole

Londoner Student, der abgebrühte Geschäftsmann auf Brautschau, der schöne Vamp undefinierbaren Geschlechtes und der schüchterne Mitläufer. Die Uno-Bar ist immer ein guter Tipp. Nach zwei, drei Abenden gehört man bereits zur Uno-Familie und darf sich vielleicht auf die begehrte Sitzbank drängen ...

Bar Uno

Matoyanni 42, Tel. 22890/26144

Anchor Bar

Populär bei der jungen und Mitdreißiger Mykonos-Szene. Ab ein Uhr morgens ist die hallenähnliche Bar bis auf den letzten Platz gefüllt und die Stimmung ausgelassen. Eine abwechslungsreiche Musikauswahl versucht dem heterogenen Publikum gerecht zu werden: Mykonos-Hits zum Mitsingen, Trip-Hop zum Entspannen, Funk zum Abtanzen und Soul zum Kuscheln. Einlagen von Latino-Hits wie „La Bamba" sollen Tänzer/innen auf die Tische und den Bartresen lotsen, wo in bewährter Anchor-Tradition zwischen schaukelnden Lampen die Hüften geschwungen werden. Dank ihrer Begehrtheit kann sich die Bar erlauben, Eintritt zu verlangen, allerdings kann man mit den schönen Eintrittsdamen verhandeln: „Wer rein will, muss zahlen!" erklären sie ernsthaft, um gleich hinzuzufügen „außer natürlich, man sucht jemand, muss schnell auf die Toilette, hat plötzlich Durst und kommt sofort wieder raus". Also sollten auch Nicht-auf-Tischen-Tänzer wenigstens einmal auf die Toilette gehen ...

Anchor Bar

Matoyanni, Tel. 22890/22443

Astra Bar

Hot Spot der jungen Athener Schickeria und all derer, die dazugehören wollen. Die meisten Leute scheinen sich durch ihre Partyvergangenheit zu kennen. Hier werden die neusten Trends der Insel gesponnen und die heißesten Infos – Motto „who with whom, where to go and what to wear" – ausgetauscht. Damen können auch ohne Portemonnaie herkommen: Für die hier verkehrenden Griechen gilt es als selbstverständlich, weibliche Wesen mit Drinks zu versorgen. Doch keine falschen Schlüsse! Der gute Mann will weder ein Interesse anmelden oder seine solventen Eigenschaften als potenzieller Ehemann beweisen! Die Geste demonstriert männlichen Kollegen und Freunden gegenüber eine weltmännische Lebensweise! Und von wegen Großzügigkeit: Fast alle Athener Jungs kennen wenigstens einen der Bartender und bezahlen für diese Cocktails keinen Cent! Das sehr kleine Lokal bietet außer ein paar Sitzplätzen im Vorhof (Reservieren!) nur Stehplätze. Es füllt sich oft erst in den frühen Morgenstunden, wenn andere Bars langsam dichtmachen und die Langweiler nach Hause gezogen sind. Babis Pasaoglous Lokal ist schummrig genug, so dass selbst frühmorgens von Müdigkeit gezeichnete Gesichter noch immer erträglich wirken und man weiter durchhält ...

Astra Bar
Platia Tria Pigádia
Tel. 22890/24767,
www.astra-mykonos.com

Caprice Bar

Die ultimative Bar auf Mykonos! Sie befindet sich in einem 250-jährigen, verwinkelten Piratenhaus in Little Venice, so nah ans Meer gebaut, dass die Gischt bei stürmischem Wetter sogar das Innere der Bar erreicht. Caprice rühmt sich seiner wilden Partys so stolz, dass es fast an perfektes Marketing grenzt, dass selbst die Wellen nirgendwo sonst in solcher Heftigkeit auf die Hafenmole prallen! Als Topspot der Little-Venice-Bars besitzt Caprice die obligate Meerterrasse mit Blick auf den Sonnenuntergang. Doch die Besucher werden weder vom Naturspektakel der müden Sonne noch dem dramatischen Wellengang, sondern vorwiegend von den luftigen Innenräumen der Bar angelockt. Ihre schiefen Balken sind weiß getüncht, die runden Tische verteilen sich in den kleinen Eckchen und bilden beinahe separate kleine Partyräume. Caprice ist nach dem Strandbesuch angesagt! Um ca. 19 Uhr rasen die Jungen und Schönen der Insel auf ihren Mofas in die Stadt und richten sich für die frühen Abendstunden, noch immer in Bikini und leichtem Pareo bekleidet, in der Caprice Bar ein. Die Musik ist laut, die Bar vollgepackt und der Alkohol fließt in Strömen.

Wenn die Sonne untergeht erwacht Mykonos-Stadt erst richtig zum Leben

Hier werden vor allem „Shots" – kleine starke Mischungen aus Wodka, Cointreau etc. – konsumiert. Sie müssen in einem Zug leer getrunken werden und oft wird den Umstehenden ebenfalls ein Glas in die Hand gedrückt, als hätte man nicht schon vom eigenen Drink genug gehabt. Bei Sonnenuntergang brummt bereits die Stimmung, die Jungs heben ihre Girls auf Tische und Bartresen, um sie dort oben weitertanzen zu lassen und ganz nebenbei noch einige Blicke auf das Bikinihöschen zu ergattern. Caprice leert sich oft gegen 22 Uhr, wenn die Stimmung sich erschöpft und der Magen zu knurren beginnt. Obwohl die Bar erst gegen 4 Uhr schließt, auch Touristen sich dann kaum noch in Feierlaune, mutiert der Laden doch jedes Jahr mehr zum hemmungslosen Abzocktempel, dessen Personal sich in gastfeindlich-rüden Umgangsformen gegenseitig übertreffen will.

Caprice Bar
Lambrou Katsoni 8
Tel. 22890/22177
www.caprice.gr

Ayidn

Ayidn ist eine große, in schmeichelndes Licht getauchte, oft restlos besetzte Terrasse. Hinter großen Fruchtcocktails inspiziert man die flanierenden Passanten und bei Wohlgefallen werden manche gleich an den Tisch herangerufen. Das Ayidn ist der Ort, um sich für die Nacht einzustimmen und – falls partnerlos – mit einer gefälligen Begleitung einzudecken. Nebst stimulierender Terrassenromantik bietet das Ayidn eine Art Tanzclub mit Soul- und Funk-Musik. Hier vergnügen sich die jüngeren Touristen, die Freude am Tanzen haben, und dies mehr selbstvergessen denn auf Wirkung auf Umstehende bedacht.

Ayidn
Enoplon Dynameon

La Mer

Großer Raum ohne Gedränge direkt neben der Caprice Bar. La Mer hat kein festes Stammpublikum, sondern ist zufällige Durchgangsstation diverser Touristen. Die meisten Gäste werden durch die laut gespielten Sommerhits angelockt, wiegen sich und singen zu beliebten Melodien, um beim nächsten Stück den Laden wieder zu verlassen.

La Mer
Little Venice

Mad Club

Was tagsüber wie ein längst geschlossenes Hafenbüro anmutet, verwandelt sich nachts in einen der beliebtesten Technoschuppen von Mykonos. Direkt neben dem Taxistand führt eine Treppe in den von Bass-Rhythmen beherrschten Mad Club. Christos, Türsteher und Freund aller schönen Frauen, lässt nur rein, wer ihm passt. Technobeauties, die nach strenger Musterung würdig erscheinen, lässt er gratis rein und offeriert dazu noch einen Drink. Christos scheint fast alle treuen Mykonos-Gängerinnen zu kennen. Über neue weibliche Gäste freut er sich immer! Bis sich sein Ruf als Herzensbrecher unter den „Neuen" verbreitet hat, genießt er ein paar Tage kurzlebige Affären, bevor Misstrauen und Eifersucht ... Im zuckenden Licht wird im Mad Club bis früh morgens getanzt. Die kleine Terrasse vor dem Eingang bietet eine angenehm kühlende Brise, die an wetterinstabilen Tagen sehr stürmisch werden kann.

Mad Club
Platia Manto

Scandinavian Bar

Der Name mag bei Durchschnittsmännern Träume von blonden, lernwilligen Au-pair-Girls aus Schweden hervorrufen. Doch Träume sind Schäume. Jede Blondine ist hier fast konkurrenzlos. Dennoch ist die Bar jede Nacht Ziel aller „wahren" Männer, die mit dem „fancy" Schwulenzirkus nichts am Hut haben, sondern sich lieber mit Bier und lauter Musik das Warten auf Pamela Andersons Kusine versüßen. Die eigentliche Bar befindet sich im 1. Stockwerk eines kleinen Hauses im Kastro-Viertel, doch die meisten Besucher schaffen es die Treppe nicht mehr hinauf und versammeln sich auf dem Innenhof vor der Bar. Dieser hat sich leider noch immer nicht seiner Funktion als offene Baranlage angepasst.

Wie die übrigen Gässchen der Stadt ist der Platz mit grellem Licht ausgeleuchtet, so dass man en masse in sonnengerötete Gesichter und von Mascara verschmierte Augen blickt. Wer zufällig auf diesen Platz gelangt, glaubt sich auf einem Open-air-Konzert zu befinden und wird nur schwer Durchgang finden, vor allem, wenn es sich um eine unbegleitete Frau handelt! Das Motto der Bar scheint Anklang zu finden: Die Scandinavian Bar übt ihre Kuppelfunktion seit 1978 erfolgreich aus.

Scandinavian Bar
Platia Agios Ioannis Barkia
Tel. 22890/22669, tägl. 20–6 Uhr
info@skandinavianbar.com
www.skandinavianbar.com

Space Dance

Bis halb zwei morgens gibt es in diesem Tanztempel Special Discounts auf alle Getränke, danach wird's teurer und niemand scheint es zu kümmern, auch nicht, wenn gut alkoholisierte Gäste zum Trinken über den Durst animiert werden und die Zeche dann ganz schön happig ausfällt. Nach der Türöffnung ab 23.45 Uhr stehen die Leute bereits Schlange, um in den hitzigen, schillerndsten Club von Mykonos zu kommen, der einzige der Insel mit einer Kapazität von über 1000 Personen und der sich mit großen DJ-Namen einen klingenden Namen gemacht hat. House und Trance Music vom Feinsten für die hartgesottenen Anhänger! Das Space Dance in Mykonos verspricht eine lange Nacht – bis zum Morgengrauen, wenn um 6 Uhr die Türen des Space Dance schließen.

Space Dance
Platia Lákka, beim Busbahnhof
Tel. 22890/24100

Kastro´s Bar

Eine der ältesten und beliebtesten Bars von Mykonos. Ein individualistisches Stammpublikum (auch viele Gays) verbringt hier seine Abende und Nächte. Die schweren Holzmöbel und die niedrige Decke würden etwas erdrückend wirken, wäre da nicht die charmante Öffnung gegen das meist stürmische Meer hinaus, das gegen die Hauswand schlägt – ein wahrer Panoramaplot. Eine klassische Bar mit melancholischer Hintergrundmusik, die sich auch dank währschafter Verköstigung im moderaten Preisrahmen und deliziöser Daiquirís zeitlos bewährt hat.

Kastro´s Bar
Agion Anargyron 1 (Kastro-Viertel, direkt hinter der Paraportiani-Kirche),
Tel. 22890/23072
www.kastrosmykonos.com

Veranda Club

Hier wird die Sonne zum Geschäft. Um fünf Uhr nachmittags füllt sich die Terrasse des Veranda Clubs. Etwas eingeengt sitzt Tourist an Tourist hinter seinem Cocktail – und alle warten, bis sich die Sonne endlich zu sinken gedenkt. Die Tische könnten kleiner nicht sein, die Stühle sind gegen das Meer ausgerichtet, was das Betrachten des Partners fast unmöglich macht, und die Preise der Drinks sind exorbitant teuer. Die von Jahr zu Jahr immer mal wieder geliftete Bar rühmt sich mit dem stolzen Titel „Bar mit der schönsten Veranda der ganzen Ägäis". Wer ihr diesen Titel verliehen hat, weiß zwar niemand, doch eine weithin ns Auge stechende Grandesse ist hr zweifelsfrei zuzugestehen. Das grün-weiße Haus vom Veranda Club gehört zu den ältesten Bauten auf ganz Mykonos und ein Besuch ist schon deshalb unumgänglich. Da braucht es gar nicht, dass das Haus im späten 18. Jh. Sommerresidenz der russischen Politaristokratie war.

Veranda Club
Little Venice, Tel. 22890/27400 info@verandamykonos.com www.verandamykonos.com

Semeli Bar

Hier gehen hypermodernes Design und Nepp Hand in Hand. Klassische Bar, die via engagiertem Promoting und Flyern en masse den Umsatz kräftig zu steigern versucht – und oft deren Versprechen nicht einzulösen weiß. Ob Begeisterung oder Enttäuschung, dies hängt bei den Gästen oft von deren Blutalkoholgehalt ab.

Semeli Bar
Xenias, Little Venice
Tel. 069443/85959
semelibar@semeligroup.com
www.semelithebar.gr

Cavo Paradiso

Direkt über der Bucht vom Paradise Beach liegt dieser äußerst beliebte und weithin bekannte „Temple of dance music". Selbst wer nicht auf durchtanzte Nächte und wummernde Musik steht, wird diesem Club seine Exklusivität nicht absprechen können, für die der Besitzer Nikos Daktylidis, der auf Mykonos weitere Nachtclubs und Hotels betreibt, sorgt trotz ab und an semidepressiver Gemütslage seinerseits ob der hochgeschraubten Steuerlasten. Die Happy Hours bei Sonnenuntergang sind erlebenswert. Waren es früher exzessive Afterhour-Partys, die erst endeten, nachdem die Sonne sich schon weit über dem Horizont erhoben hatte, die den Ruhm vom Cavo Paradiso begründeten, ist es nun das Who is who der gefragtesten DJs, die mit House, Trance, Electro oder Reggaeton den Nächten im Cavo ihren bombastischen Sound verleihen. Eingetaucht in die extrem junge Gästeschar, wird sich manch Mitdreißiger schnell als Grufti fühlen, während leichtsinnige Novizen arglos vergessen, dass Euros hier noch schneller als Cocktails ihre Besitzer wechseln.

Cavo Paradiso
Paradise Beach
Tel. 22890/26124
info@cavoparadiso.gr
www.cavoparadiso.gr
22–4 Uhr

Giannis Galatis – der Karl Lagerfeld von Mykonos

Auf diesen Namen stößt man auf Mykonos unweigerlich! Giannis Galatis zählt zu den wenigen gebürtigen Mykonioten, die zeitig zu Ruhm und Ehre gelangten. Mit angeborenem Glück, griechischem Charme und einem sehr gesunden Selbstvertrauen hob er sich in die Stargalerie der Insel empor und scheffelte mit dem boomenden Tourismus ein Vermögen zusammen.

Schon mit jungen Jahren besaß der gelernte Schneider einen ausgeprägten Sinn für exklusive Schönheit und den todsicheren Instinkt für Ästhetik. Diese Talente nützten dem jungen Mann auf seiner herben Heimatinsel wenig und sein wackeres Schneidergeschick beschränkte sich zuerst aufs Ausbessern von Bauernkleidern. Man kann sich die Freude von Klein-Giannis gut ausmalen, als in den 1950er Jahren die ersten internationalen Stars auf seine bisher unbeachtete Insel pilgerten und den tristen Alltag mit Luxus und Extravaganz färbten! Giannis Galatis Zeit war gekommen. Er eröffnete an der Hafenmole von Mykonos seinen ersten Laden und erlangte mit seinen Entwürfen die Bewunderung der Stars und Sternchen. Galatis passte nicht nur das Design mit großem Geschick den Launen der High-Society an, sondern auch seinen Charakter nach der großspurigen Art der bewunderten Weltgrößen.

Was ist aus dem Karl Lagerfeld Griechenlands geworden? Auf seiner postkartengroßen Visitenkarte steht in großen Buchstaben: „BEFORE YOU COME TO GALATIS, YOU SHOULD KNOW WHO HAS WRITTEN ABOUT HIM!“ Auf diese gütige Empfehlung folgen die Quellenverweise zur Pflichtlektüre: Vogue, Harpers Bazar, Elle, Marie Claire etc. Dabei kann man über Giannis Galatis' Design und Entwürfe durchaus den Kopf schütteln. Sie weisen schlichtweg ein wenig Zuviel des zwar wieder trendigen Muffs der 1960er und 1970er Jahre auf! Davon kann man sich in seinem Geschäft, einer Villa Kunterbunt, in der Kunden die Huldigung der famosen Vergangenheit geradezu aufgedrängt wird, unmittelbar am Manto-Platz am Hafen der Hora, selbst überzeugen.

Giannis Faible für Zeitungsausschnitte, der Hang zum endlosen Name Dropping und ausgeprägter Narzissmus des kleinen, kugelrunden Schneiderleins entlocken einem kaum mehr als ein Schmunzeln. Sein Buch „Mykonos and I“ ist eine einzige Wiederholung nichtssagender Danksagungen an seine Heimatinsel, die ihn zu dem gemacht hat, was er eigentlich sei! Was das allerdings ist und was Mykonos für ihn bedeutet, darüber schweigt das Buch. Immerhin beweist die über drei Seiten lange Liste ehemaliger Kundinnen, dass Giannis Kleidergeschäft tatsächlich einmal brummte ...

Als letzten Coup inszeniert der inzwischen Hochbetagte seine Memoiren und trachtet durch Umwandlung familiären Besitzes in öffentliche Stiftungseinrichtungen, sein eigenes Ende zu überdauern und als Apoll von Mykonos – „Giannis forever“ – in die Annalen einzugehen. Galatis wird heute stets von einem Beschützertrupp aus ebenso arroganten Höflingen beschattet. Blasiert stolziert die Gruppe durch die nächtlichen Gassen und benimmt sich irritierenderweise sowohl zu Männern als auch zu Frauen auffallend eindeutig. Doch: „this is Greece, this is Galatis, this is Mykonos“, wie der schlaue Wichtsack zu sagen pflegt!

Yachtclub

Der Club am Fährhafen von Mykonos ist rund um die Uhr in Betrieb, bietet warme Mahlzeiten zu jeder Tages- und Nachtzeit und verwandelt sich früh morgens, wenn die anderen Bars und Clubs dichtmachen, in eine Hafendisco. Im Yachtclub am Fährhafen finden sich die verzweifelten Seelen, die auch um fünf Uhr morgens noch nicht genug von der Nacht haben und sich bei noch mehr Alkohol, noch lauterer Musik und eindringlicherem Flirten vom langsamen Aufgang der Sonne abzulenken versuchen. Wenn im Morgengrauen die ersten Fähren aus Athen einlaufen, bietet sich den Ankommenden der perfekte Anblick vom Nachtleben von Mykonos oder dem, was davon übrig geblieben ist: Während einige noch tanzen und singen, schlafen andere zusammengekauert in einer Bierlache und wiederum andere wundern sich, wer diese fremde Person eigentlich ist, die sich so vertraulich eingehängt hat! Einmal sollte man das mitgemacht haben, ein Erlebnis der speziellen Art ...

Yachtclub
Fährhafen, Hora

Für Gays: Bars & Clubs

Die populäre Gay-Destination Mykonos und das Eldorado schwuler Touristen bietet zwar keine großen Schwulenclubs wie die Schwulenmekkas London oder New York. Doch es gibt mehrere Gaybars, die auch den besten Club von Manhattan in den Schatten zu stellen vermögen. Einige haben regelrechten Kultstatus und gehören zu Mykonos wie die Meltémi-Winde. Mykonos Schwulenszene wird nicht von geheimnisvollen Insidertipps beherrscht, in die man erst nach einschlägigen Bekanntschaften eingeweiht wird. Die Homophilen-Bars gehören zum Alltag und prägen das Nachtleben. Alle Mykonos-Fans vergnügen sich von Zeit zu Zeit in diesen berühmten Lokalen ... ob Mann, Frau, Alt oder Jung ...

Die Pioniere und alteingesessensten Schwulenbars von Mykonos scharen sich um die Platia Agias Kiriakis:

Pierro´s, Manto (beide Odós Matoyanni, Tel. 22890/22177) und Ikaros (Agia Kiriaki, Tel. 22890/22718)

Diese drei Kultinstitutionen sind nebeneinander auf den kleinen Platz hinausgebaut. Die Gäste verkehren in fröhlichem Hin und Her von einem Ort zum anderen. Glück gehabt! Den schönen Adonis vom Strand wird man also am Abend mit fast 100%iger Sicherheit wieder treffen,

denn um den Schnittpunkt dieser drei Bars kommt niemand herum! Der Platz vor Pierro gleicht einem Epizentrum, wo die Urlauber, meist Männer, einem Bienenschwarm ähnlich zusammentreffen, um den süßen Nektar der Nacht auszukosten. Hier herrscht eine charmante, friedliche und prickelnde Atmosphäre, auch Pauschalreisende, die nach einer Woche wieder nach Hause müssen, können sich rühmen, wenigstens ein paar Gesichter kennengelernt zu haben, und fühlen sich be(un)ruhigt heimisch!
Unter den drei Lokalen sticht besonders das Pierro´s hervor. Pierro´s ist weit mehr als eine beliebige Schwulenbar, wie es sie überall gibt. Die kleine Bar in dem engen, verschachtelten Haus in der Matoyanni-Gasse hat maßgebend dazu beigetragen, die kleine, dürre Insel Mykonos zum Leben zu erwecken. Pierro´s Bar entfachte mit die ersten Touristenanstürme und sorgte dafür, dass der Spirit der 1970er Jahre weiter gepflegt wird, so dass Mykonos mehr als nur eine momentane Laune extrovertierter Weltenbummler geblieben ist. Die Geschichte, die um die Entstehung dieser Bar kursiert, ist typisch für Mykonos: ein bisschen Glamour, eine Prise Liebe und Eifersucht und zudem eine rasante Erfolgsgeschichte!

Andreas Koutsukos, Gründer der Kultbar, ist bis heute stolzer Besitzer dieser kleinen Goldgrube. Auf Mykonos geboren, wuchs er in einfachsten Verhältnissen auf. Als Jüngling entfachte der Grieche durch seine Schönheit und Unverdorbenheit die Liebe des italienischen Lebemannes und Künstlers Pierro d'Amversa. Die Liebe zwischen den beiden ungleichen Männern schien anfangs sehr fruchtbar. Pierro liebte die Wildheit seines jungen, ungebildeten Freundes, Andreas bewunderte die nonchalante Erfahrenheit seines intellektuellen Übervaters. Pierro siedelte nach Mykonos und eröffnete mit Hilfe seines jungen Geliebten die erste Bar der Insel, die er nach sich selbst benannte. Durch seine Reisen hatte Pierro Freunde auf der ganzen Welt, vorwiegend intellektuelle, homosexuelle Adelige, Schöngeister und Freidenker. Sie bewunderten Pierros Entscheid und eiferten ihm nach, indem sie nach Mykonos reisten und für einen Sommer lang eine romantische Affäre, frei von gesellschaftlichen Zwängen, zu genießen hofften. Die Gassen von Mykonos füllten sich, Pierro´s Bar wurde zum Zentrum des Nachtlebens. Doch mit dem Erfolg kam die ganze Wahrheit zum Vorschein! Der ehemalige Fischerjüngling Andreas entpuppte sich als alles andere als homosexuell und verliebte sich Hals über Kopf in eine Amerikanerin! Aus Schmerz über den Verlust seines Geliebten verließ Pierro Mykonos von einem Tag auf den anderen und überließ die Goldgrube „Pierro" seinem verflossenen Geliebten und dessen frisch angetrauter Ehefrau. Der Name der Bar wurde nie geändert!

Der nächtliche Ausgang unterliegt in Mykonos einem festen Ritual. Ins Pierros, das auch als Sammelbegriff für alle drei Lokale fungiert, kommt man frühestens um Mitternacht und schön zurechtgemacht, denn die Tischchen vor Pierro´s Bar eignen sich bestens, die Schönheit des Gegenübers gebührend zu bewundern oder gutmütig darüber herzuziehen. Die kleine Gasse wird bis in den frühen Morgen mit weiß gekleideten Männern bevölkert sein, während einladende Tanzmusik aus den Lokalen dringt und Gäste sich wundern, dass man in diesem Ameisenhaufen tatsächlich zu seinem Drink kommt. Ab zwei Uhr morgens füllen sich dann auch die Tanzböden von Ikaros und der Manto-Bar. Zu den gängigen, arg strapazierten Sommerhits wird dort eng und heiß getanzt. Oft schwingen sich männliche Prachtexemplare auf den Bartresen, erfreuen mit spontaner Tanz- oder Gesangseinlage und lassen mit fallenden Hüllen die Männerherzen höher schlagen. Ohne spezielle Besonderheiten nennen zu können, im Pierro´s und Co. werden unvergessliche Abende erlebt!

Längst kein Geheimtipp mehr ist die kleine Bar La Porta (Tel. 22890/27087). Sie befindet sich in einer unauffälligen Seitengasse in der Nähe der bekannten Taverne von Nikos. War die Porta-Bar früher eine Anlaufstelle schüchterner junger Männer, die sich noch nicht für den Sprung in die offene Szene bereit fühlten, hat sich die Bar heute mit dezentem Underground-Feeling ihren fixen Platz im Abendprogramm vom schwulen Mykonos gesichert. Im La Porta trifft man sich erstmals nach dem Nachtessen, meist gegen 23 Uhr. Platz an der Bar kriegt man selten, doch dafür hat es die kleinen, windgeschützten Gassen, in denen es sich noch viel besser verweilen und flirten lässt als drinnen im schummrigen Gedränge. Wenn die Bar zu bersten droht, trollen sich die Leute langsam Richtung Pierro´s! Portas Pforten sind auch für Frauen weit geöffnet. Oft werden die weiblichen Gäste mit wohlwollender Sympathie verwöhnt und sogar geschickter umschwärmt als an heterosexuellen Orten.

Außer den Geschichten und Eskapaden der Nacht gibt es in jüngerer Zeit auch die weniger schillernde, dafür umso dubiosere Geschichte griechischer (nur griechischer?) Geschäftspraktiken und Behördenmentalität. Pierro´s Bar liegt mitten in einem Wohngebiet, und so verwundert es nicht, dass unlängst fünf Anwohner Beschwerde eingereicht haben und vor Gericht Recht bekamen, weshalb der Staatsrat die Schließung von Pierro´s Bar anordnete, weil die örtlichen Behörden es vormals versäumt hätten (Gerüchte reden gar von bewusster Ignorierung, weil zuständige Beamte bestochen worden sein sollen), die bestehenden Bebauungsvorschriften durchzusetzen und die Bar somit illegal betrieben werde. Und so geht die Geschichte weiter mit Berufung, einstweiliger Verfügung, Gegenklage, von Auf und Zu ...

Weitere Treffpunkte der schönsten aller Männer:

JackieO´

Hat sich zum Shooting Star der Gay Community entwickelt dank relaxter Bar-Atmosphäre, ausgelassenem Dancefloor, Dragqueen-Shows und trotz inflationärer Preise.

JackieO´
Kastro-Paralia (unterhalb der Paraportiani-Kirche)
Tel. 22890/77298
www.jackieomykonos.com

Hell erleuchtet: Mykonos-Stadt am Abend

Babylon

Touristischer als JackieO´, hat sich in dessen Fahrwasser nach oben geschwommen. Eingefahrene Routine und rüde Kellner sorgen u.a. dafür, dass die Nacht hier neben Licht auch viele Schatten kennt.

Babylon
Akti Kampani (neben dem JackieO´), Tel. 22890/25152
tägl. 19.30–6 Uhr

Anchor Bar

Frühstückstreff vieler Schwulen, die sich hier für den neuen Tag stärken. Frühstück wird bis 15 Uhr! serviert.

Thomas Bar

Ausschließlich männliches, älteres Publikum (50 Meter neben dem internationalen Pressestand).

Thomas Bar, Tel. 22890/26866

Kino – Cine Manto

Mykonos hat ein kleines Freiluftkino. Nebst neuen Hollywoodfilmen und Mainstream werden alte Klassiker wie „Casablanca“ oder „Vom Winde verweht“ in Originalsprache, Englisch und mit griechischen Untertiteln aufgeführt.

Cinemanto, Meletopoúlou-Gasse (Limni), Tel. 22890/26165
info@cinemanto.gr
www.cinemanto.gr
Saison: 1. Juni–30. September
Filmprogramm ab 21 Uhr

Theater/Konzerte

Mykonos hat zwar keine eigene lokale Theatergruppe, aber die Insel ist das ganze Jahr hindurch Kulisse von Aufführungen englischer und griechischer Gruppen. Für Klassik-Freaks: Im August und September werden auf der heiligen Insel Delos klassische Konzerte aufgeführt. Mit dem Schiff werden Gäste nach Delos gebracht, wo im Amphitheater unter freiem Sternenhimmel Mozart, Beethoven und andere große Meister genossen werden können. Solche Aufführungen sind ein Muss! Informationen über Theater und Konzerte gibt’s in jedem Reisebüro, an einer gut geführten Hotelrezeption oder im Stadthaus am Hafen.

SHOPPING

Die bunten Gassen der Hora sind nicht nur eine Gefährdung der persönlichen Diät, sondern auch eine Herausforderung an die Kreditkarten der Touristen. In den engen Flaniermeilen von Mykonos-Stadt reihen sich verlockende Boutiquen, überflüssige Touristenshops, Schmuckläden und auffällige Einkleidungsgeschäfte! Was gibt es Schöneres, als nach faulem Müßiggang am Strand frisch herausgeputzt durch die Gassen zu gehen, sich an den schmucken Schaufensterauslagen zu erfreuen und sich mit ungewohnter Großzügigkeit selbst zu verwöhnen! In den Ferien entschwindet die Realität und in süßer Leichtigkeit bemüht man sich kaum, den Geldbeutel allzu tief in der Hosentasche zu verstecken! Die Geschäftsbesitzer hier wissen, welche Gratwanderung es ist, vor dem anspruchsvollen, launischen Geschmack der Sommerklientel zu bestehen! Die gängigen Designer eröffnen jedes Jahr neue Filialen, deren Dekoration immer moderner, eleganter und ausgeflippter wird. Das Angebot scheint unmittelbar aus London, New York und Mailand importiert worden zu sein. Für „Les derniers cris" aus Mykonos langt man denn auch gerne etwas großzügiger in die Tasche! ... und das muss man, denn Mykonos ist teuer!

Viele Geschäfte auf Mykonos sind lustige Zwitter zwischen Touristenshop und griechischem Tante-Emma-Laden: Das Sortiment lässt sich in keine Sparte einordnen, in den Regalen stehen Wegwerfkameras neben Selbstbräunern und Kondome neben Glühbirnen. Nebst Geschäften mit lebenswichtigen Utensilien (Metzgerei, Bäckerei, Konditorei etc.) gibt es zuhauf kleine Ateliers und Galerien, die sogenannte Handwerksprodukte, Handarbeiten und anderen Kreativ-Kram verkaufen. Mykonos eitler Titel „Insel der Künstler" wird in den Ausstellungsräumen oft arg auf die Probe gestellt. Allzu farbig, kitschig und allzu billig erinnern viele dieser Kunstobjekte an die Kindergartenzeit, als mit Schere und Farbstiften wahllos hantiert wurde! Dennoch befinden sich unter der Vielzahl an Ateliers sich selbstfindender Künstler Adressen, die für sehens- und bewundernswerte Arbeiten bürgen.

Wie auf allen Kykladeninseln kann man auf Mykonos sehr günstige Töpferware erstehen. Die grobgeformten, bäuerlich-ländlich angehauchten Tassen, Schüsseln und Teller sind in grell leuchtenden Farben gehalten: azurblau, goldgelb und karminrot. Die fröhliche Töpferware ist ein beliebtes Souvenir und verbreitet

Die bunten Gassen der Hora laden zum Bummeln ein

später im kalten Zuhause etwas jener südländischen Atmosphäre, die Ikea und Co. krampfhaft in die trendigen Großstadtlofts zu zaubern versuchen.

Seit die Hippies Mykonos entdeckten, ist die Insel ein Mekka für Lederwaren. Praktische Umhängetaschen, Geldbeutel, Hüte, Westen, Hosen und Schürzen aus natürlichem Kalbsleder – als Revival oder Back to the roots: Unbehandelte Lederhaut mit Perlen und Krällchen bestickt und in einfachster Weise zusammengenäht, dass auch Winnetou seine Freude daran hätte! Das helle Kalbsleder trifft zwar nicht jeden Geschmack und die Trends haben sich längst anderen Materialien zugewendet, doch die Ledergeschäfte bleiben fortbestehen, solange Neohippies und nostalgische Exhippies an die Gestaden von Mykonos strömen und sich ihrer Ware erbarmen!

In kleinen Seitengassen stößt man auf die märchenhaften Schaufenster von Antiquitätenhändlern und Innendekorateuren. Die Ferienhausbesitzer von Mykonos gehören schließlich einer exklusiven Sorte an, die die entsprechende Staffage benötigt. Vor dem Kauf sollte man bedenken, dass es in Griechenland verboten ist, antike Gegenstände aus dem Land zu exportieren! Wer sich mit getreuen Kopien zufrieden gibt, sollte sich vom Verkäufer eine Imitationsbescheinigung mitgeben lassen, die die erstandene Ware als Kopie deklariert. Man erspart sich so viel Ärger am Zoll.

Öffnungszeiten

In der Hochsaison (Mai bis Oktober) haben die meisten Geschäfte von Mykonos-Stadt bis um Mitternacht geöffnet. Je weiter weg vom Geschehen in der Hora, umso früher werden die Fensterläden geschlossen. Ab Anfang September verkaufen Boutiquen und Läden im Sommerschlussverkauf ihre Restware mit bis zu 50 % reduzierten Preisen, um das Geschäft über die Wintermonate zu schließen.

Juwelen & Life Art

Pandora

Einer der bekanntesten Shops für Kunst-Replikate, antike Juwelen, byzantinische Ikonen und feudale Schachbretter. Sehr schön ausgestellt, die Ware sieht wirklich aus, als wäre sie etwas wert.

Pandora
Agion Anargyron 27
Tel. 22890/26251

Art & Design Gallery Domingo

Sehr schön präsentierte Ware, mit der man das Heim stilvoll und glamourös aufmöbeln kann. Im warmen Licht der Nachttischlampen wirkt die Ausstellung mit ihren Schreibtischchen, Sofas, Uhren und Accessoires sehr angenehm und erinnert an britischen Countryhouse-Schick.

Mykonos ist ein Paradies für sämtliche Frauen, die auf Silberschmuck und sonstiges Schmuckgehänge stehen. Goldschmiede en masse gibt's in den engen Gässchen von Mykonos-Stadt, die um die Gunst der Frauenherzen buhlen und an die Großzügigkeit der Männer appellieren. Da sich das Sortiment eines Schmuckgeschäfts kaum vom nachbarlichen Laden abhebt, lohnt es sich vor dem Kauf, die Preise der verschiedenen Geschäfte zu vergleichen.

Art & Design Gallery Domingo
Kalogera 4, Tel. 22890/26614

Ilias Lalaoúnis

Lalaoúnis, einer der großen Juwelier-Namen von Mykonos! Seine filigranen, klassischen und mit Edelsteinen besetzten Schmuckstücke sind europaweit bekannt und beliebt. Ebenso eindrücklich wie die schmucken Kunststücke ist das Geschäft direkt am Hafen beim Manto Square. Unbedingt einmal reinschauen!

Ilias Lalaoúnis
Polikandrioti 14, beim Mavrogenous-Platz
Tel. 22890/22444
lalaounismykonos@lalaounis.gr
Di.–So. 11–23 Uhr

Minas

Eines der beliebtesten Schmuckgeschäfte, das sich auch äußerlich von den anderen weiß-goldig eingerichteten Geschäften mit den überfüllten Schaufenstern abhebt. Mit seinen hochgezogenen Räumen, modernem Minimalismus und der avantgardistischen Steinarchitektur passt es wohl eher in eine Großstadt wie London als auf das sonnige Mykonos. Einige der Designstücke von Minas haben sich Kultstatus eingeheimst und baumeln am Hals vieler griechischer Männer und Frauen.

Minas
Platia Agias Kyriaki
Tel. 22890/27320
getintouch@minastudio.com
tägl. 10–14.30, 18.30–1 Uhr

Mode

In Mykonos floriert dank seinem jungen, frechen Publikum das Geschäft mit der Mode. In den belebtesten Gassen – Enoplon Dynameon, Lákka etc. – reihen sich die Kleidergeschäfte anerkannter Designer, experimentierfreudiger Newcomer und bewährter Trendlabels nebeneinander, z.B. Dauerbrenner Benneton, das Girlie-Paradies Kookai, die schnörkellose Welt Donna Karans, sportliche Freizeitmode von Big Star und das Lieblingsgeschäft der Schwulen und schwarz bebrillten: Prada. Bekannte Kleidermarken sind auf Mykonos viel teurer als bei uns, aber Mykonos' Sommergäste sind zu eitel, um ihren Kaufzwängen zu widerstehen. Dazu die übermütige Ferienlaune – und die Verkaufszahlen der Designerläden stimmen.

Unbekanntere Modegurus haben's jedoch schwer. Viele Kleidergeschäfte stehen teilweise leer, und gelangweilte Verkäufer vertreiben mit Schnoddrigkeit und Desinteresse auch noch die letzten Kunden. In trauter Zweisamkeit mit dem Verkäufer im Laden zu stehen, auf Schritt und Tritt beobachtet zu werden und das Gefühl zu haben, einen Grund zu brauchen, um schnellstmöglich aus dem Laden zu verschwinden, kann sehr beklemmend sein.

Remember Fashions

So laut und schrill wie die Musik, die aus dem Laden dröhnt, sind auch die Kleider. Entweder durchsichtig, gelöchert oder auf Lack und Leder getrimmt. Hier findet man den ersten und den letzten Schrei der Saison, einfach sexy muss es sein. Je weniger am Kleid dran ist, desto teurer ist's. Mykonos scheint besonders talentiert, seine Gäste zu wagemutigen Käufen zu inspirieren! Ob die erstandene Ware dieser Kleiderlinie dann zu Hause ... but who cares? Deshalb sollte man unbedingt einmal reingehen.

Remember Fashions
Platia Lákka c/ 78
Tel. 22890/25948

Prince Oliver

Eine Art griechischer Benetton mit breitem Angebot an klassisch geschnittenen Hosen, sommerlichen Jacken und Hemden, die jeden Jüngling in den Traumschwiegersohn verwandeln.

Prince Oliver
Matoyianni, Tel. 22890/24561

Cinema

Athens junge Frauen sind selbstbewusst. Davon zeugen die kurzen Röckchen, engen Shirts und das bare Nichts von Unterwäsche griechischen Designs. Die Boutique Cinema ist in Griechenland so beliebt wie Kookai in Frankreich. Und sie bietet preiswerte Mode, die als Markenzeichen feiner, junger Frauen gilt, die nicht allzu auffällig, aber dennoch kalkuliert auf ihre Reize aufmerksam machen wollen und es auch können.

Cinema
Matoyianni (Platia Agias Kyriaki)
Tel. 22890/28325

Booze Clothing

Die Modekette kann sich aufgrund des idiotischen Namens nicht mehr viele Fehltritte leisten und hält sich treu an die internationalen Trends: Helmut Lang, Vivienne Westwood, Ferré und Versace geben hier den Ton an.

Booze Clothing
Voriou Ipirpu, Lákka & Agias Vlassis,
Tel. 22890/25350

After Underground Clothing

Hier kriegt man alles, was Mann begehrt, um von Mann so richtig begehrt zu werden. T-Shirt aus Netzstoff und Lycra, Reizwäsche und Lederhosen.

After Underground Clothing
Kastro, Little Venice
Tel. 22890/24140

Diverses

Modellbau Beronis

Wer auf Miniatur-Segelschiffe steht, wird in diesem Schuppen an der Mole des Alefkandra-Viertels sein Paradies finden. Seit Jahren arbeitet hier der charmante, weißhaarige Dimitrios Beronis mit Engelsgeduld an seinen Modellschiffen. Massenanfertigungen kennt er nicht. Jede seiner Modellbauten kriegt einen eigenen Schiffsnamen und ist mit sämtlichen Raffinessen ausgerüstet. Erwachsene Männer scheinen nicht nur von Modelleisenbahnen zu träumen, sondern auch von Dimitrios Schiffen: Sein Geschäft rentiert, die Modelle verkaufen sich trotz mörderischer Preise gut. Anfertigungen werden vorwiegend auf Bestellung gemacht

Modellbau Beronis
Little Venice, Tel. 22890/22268

Mykonos Records

Während des Mykonos-Aufenthalts wird man bald aus lauter Gewohnheit Melodien summen, die einen zu Hause völlig kalt lassen würden. Die Clubs der Insel beweisen kaum Originalität, meistens gibt es pro Sommer vier, fünf Hits, die aus jedem Lokal und jeder Bar immer wieder zu vernehmen sind. Wer die Ohrwürmer auch noch nach den Ferien genießen will, findet die Lieder im Mykonos Records Store. Neben den üblichen Interpreten gibt's hier jedes Jahr die CD „Mykonos-Hits" zu kaufen. Wie die alljährlichen Bravo-Hits und berüchtigten Hitparaden-Sampler verkaufen sich die „Mykonos-Dance-CDs" so schnell wie frische Brötchen.

Mykonos Records
Mitropóleos 16
Tel. 22890/24288

Konditorei Skaropoulos

Nikolaos Skaropoulos Süßgebäckladen ist ein Paradies für Naschkatzen. Das Familienunternehmen verführt seit 1921 mit traditionellem Mandelgebäck Einwohner, Touristen und Berühmtheiten wie Winston Churchill, der sich bei dem damaligen Konditormeister sogar schriftlich für die Köstlichkeiten bedankt haben soll!

Konditorei Skaropoulos
Pano Matoyianni
Tel. 22890/24983

Die Vororte von Mykonos-Stadt

Topographie und städtebauliche Richtlinien schränken das innere Wachstum der Hora ein. Deswegen bildete sich in den letzten Jahrzehnten jenseits der Ringstraße von Mykonos-Stadt ein weiter Kreis aus Vororten. Um dem wirtschaftlich-sozialen Zentrum der Insel möglichst nahe zu sein, erfolgte eine kräftige Besiedlung der kargen Wildnis und angrenzenden Hügel hinter der Stadt. Aus früher einzeln stehenden Häusern haben sich dorfähnliche Siedlungen gruppiert, die längst eigene Namen haben. Statt einer Residenz „außerhalb von Mykonos-Stadt" hat man jetzt sein Ferienhaus in Amigdalidi, Drafaki oder Drossopezoula! Deren Eigenständigkeit ist jedoch begrenzt, ihre Anwohner müssen froh sein, wenn sich ein Supermarkt in ihrer Nähe befindet, Bars und Restaurants können sich in der reizlosen Vorstadtzone sowieso nicht durchsetzen. Wer als Tourist in einem der wenigen Vororthotels landet, wurde entweder von den stets ausgebuchten Hotels der Hora vor die Stadttore geschickt, gefällt sich in der Selbstillusion des anspruchslosen Urlaubers oder hat schlichtweg die schönen Strandorte noch nicht entdeckt.

Toúrlos

Das ehemalige Fischerdorf Toúrlos zieht sich monoton und reizlos entlang der Hauptstraße hin, die von der Hora nach Ágios Stéfanos führt. Die Spitzen und Tore der oberhalb von Toúrlos versteckten Villen reicher Großindustrieller lassen bombastischen Prunk und Luxus erahnen, doch das Gros der Häuserfassaden und der Charme des Strandortes Toúrlos wecken kaum Begeisterung. Der Strand ist trist und unmittelbar auf den nahe gelegenen Hafen der Stadt ausgerichtet, so dass man das Gefühl nicht los wird, in einer Art Benzinteich schwimmen zu müssen. Dieser verkörpert auch ein Stück Zukunft der Insel, denn im neuen Handelshafen von Mykonos legen neben den großen Fähren auch die riesigen Kreuzfahrtschiffe an und solvente Yachtbesitzer haben ihr neues Domizil gefunden. Gehört man nicht zu dieser Klientel, fährt man am besten an Toúrlos vorbei und lässt sich im erfreulicheren Süden der Insel nieder! Wenn's dennoch die Nordwestseite von Mykonos sein muss, sucht man besser in der Nachbarsbucht Ágios Stéfanos nach einer Unterkunft. Eine empfehlenswerte Bleibe in Toúrlos bieten das Hotel Olia und die Pension Maria's.

Hotel Olia

Das Hotel ist in postmoderner Kykladenarchitektur zwar unprätentiös, doch auffallend liebevoll geplant worden. Die taubenhausähnlichen Bauten und die hübsche Gartenanlage mit dem großzügigen Schwimmbad und besonders der tadellose Service mögen den einen oder anderen Gast sogar über die fade Erscheinung von Toúrlos hinwegtrösten. Am Eingang zum Neuen Hafen fast direkter Zugang zum SeaBus (2 €) und „Landbus" in die Hora.

Hotel Olia, Kat. B
Tel. 22890/23123
info@olia-hotel.com
www.olia-hotel.com
27 Zimmer, 3 Studios

Pension Maria's

Eine tadellose B&B-Pension, die von einer sehr freundlichen, hilfsbereiten Familie geführt wird. Pittoreskes Äußeres mit ordentlichen Zimmern, die minuziös sauber gehalten werden. Strategisch günstig bei der neuen Fährstation mit einer Bushaltestelle auf der gegenüberliegenden Straßenseite angesiedelt, muss andererseits ein verkehrsbedingter Geräuschpegel in Kauf genommen werden. Ganzjährig geöffnet, Zimmer ab € 40.

Pension Maria's
Kat. C, Gefiraki
Tel. 22890/22570
pensionmarias@gmail.com
www.pensionmarias.gr

Tagoo

Tagoo klingt wie ein Name aus Disneys Dschungelbuch und bezeichnet den kleinen, neureichen Vorort unmittelbar oberhalb des neueren Yachthafens von Mykonos. Von der Busstation an der Odos Polikandrioti erreicht man Tagoo in ca. sieben Gehminuten. In den braunen Hügeln von Tagoo haben reiche Ausländer und Athener vor Jahren begonnen, protzige Häuser zu bauen, deren Extravaganz aber längst von den Neubauten in Agios Iannis und anderen Luxusorten der Insel übertrumpft wird. Der schöne Ausblick über die Stadt und den lebendigen Hafen allerdings bleibt derselbe und dieser verleiht Tagoo einen spektakulären und einzigartigen Pluspunkt.

Eine holperige, enge Straße, die kaum genug Platz für ein Auto bietet, führt durch Tagoo, das zwar Privathäuser und Hotels, kaum aber einen dorfähnlichen Charakter aufweist. Bewohner und Gäste müssen sich in Tagoo auf die herrliche Aussicht beschränken, Amusement und

Kapelle in Toúrlos

alles Praktische werden in der Hora erledigt! Wegen seiner vielen Hotels ist Tagoo dann eine gute Wahl, wenn die Unterkünfte in der Stadt belegt sind.

Hotel Omiros

Direkt an den steil abfallenden Hang unterhalb des Hauptsträßchens gebaut, muss man bei diesem kleinen, zierlichen Gebäude fast fürchten, es könnte den Hang hinunterpurzeln! Die kleine Hotelterrasse mit Strohdach, weiß getünchten Steinplatten und atemberaubender Meeressicht scheint direkt einem Hotelprospekt entsprungen zu sein. Das Plus dieser charmanten Terrasse lockt denn auch die Gäste hierher, denn ansonsten ist das Hotel eher etwas benachteiligt: Es liegt weder direkt im Zentrum noch unmittelbar am Strand. Immerhin ist das Omiros ein sympathisches Haus und angenehme Absteige für unkomplizierten, preiswerten Urlaub und diejenigen, die schon immer einmal in einem Ort namens Tagoo wohnen wollten! Zimmer ab € 40.

Hotel Omiros, Kat. D
Tel. 22890/23328
hotelomiros@otenet.gr
www.omirosmykonos.com

Cavo Tagoo

Das beliebte und stilvolle First-class-Hotel ist ein Meisterwerk aus kubischen Würfeln, verschlungenen Treppen und Mäuerchen. Schon kurz nach Eröffnung wurde das Hotel Cavo Tagoo mit dem Preis „Beste Architektur im gesamten ägäischen Raum" ausgezeichnet. Dieser Titel dürfte denn auch die vielen wohlsituierten US-Amerikaner anlocken, die zufrieden ihrem Drang nach Ursprünglichkeit nachkommen und dieses Hotel im Sommer belagern. Das Hotel ist mit sämtlichem Luxus ausgestattet und die Panoramaterrasse mit dem sensationellen Küstenrundblick ist unschlagbar. Dort befindet sich auch das beliebte Restaurant „La Taverne". Wenn das Reisebudget nicht allzu üppig ist, nur dann realisierbar, wenn auf Basis der einfachsten Zimmer gegen Ende der Saison ein Upgrade realisierbar ist.

Cavo Tagoo, Kat. A
Tel. 22890/20100
info@cavotagoo.gr
www.cavotagoo.gr

Glastros

Weder Strand noch Aussicht mögen Ausschlag gewesen sein für die Entstehung dieser kleinen Häusersiedlung nahe der Hora. Umgeben vom unspektakulären Nichts der kargen Landschaft, versuchen sich auf dem Plateau oberhalb von Plati Gialos ein paar bescheidene Hotels und Privathäuser den Anschein eines Örtchens zu geben, dem man den Namen Glastros gab. Das windige Sträßchen nach Plati Gialos bildet das kaum pulsierende Herz dieses Ortes, der keinen eigentlichen Dorfcharakter aufweist! An dieser Straße befindet sich eine der fünf Tankstellen der Insel und in unmittelbarer Nähe zueinander konkurrieren zwei Supermärkte um die Gunst vorbeifahrender Touristen.

Glastros ist kaum der Inbegriff unserer Vorstellung von Mykonos und eines traumhaften Feriendomizils! Dennoch ist es ein guter Tipp, wenn in der Stadt alles ausgebucht ist, „Kleindeutschland" Plati Gialos wenig reizt oder man flughafennah auf dem Weg zu den Südstränden wohnen möchte und spektakuläre Luxusbunker nicht ins Ferienbudget passen!

Hotel Jason

Der freundliche Artemis führt zusammen mit seiner Frau und der etwas unwilligen Tochter das bescheidene Hotel Jason und die dazugehörigen Studios Anna Maria. Sowohl das Jason als auch die Studios sind bestes Beispiel für die hoch

Abends, in der schön beleuchteten Stadt, macht das Einkaufen erst recht Spaß

gelobte Kategorie griechischer Familienpensionen. Im Jason herrscht noch gerechte Arbeitsaufteilung unter den Generationen. Die schweigsame Mutter kocht das Frühstück, die undurchschaubare Tochter bedient und Artemis hütet lächelnd seine bescheidene Rezeption.

Die Zimmer sind einfach, aber funktional eingerichtet. Kühlschrank, Telefon, peinlich genaue Putzarbeit, täglich frische Badetücher und ein kleiner Sitzplatz gehören zu Artemis' preisgünstigem Angebot. Aufgrund der unspektakulären Lage des Hotels lockt die Veranda kaum zu gemütlichen Terrassenstunden, doch diese stehen auch nicht in jedermanns Ferienprogramm. Der Bus Richtung Hora oder Plati Gialos hält gleich gegenüber dem Hotel, Mofas werden direkt an der Rezeption vermietet und ein großer Parkplatz fordert zum Mietauto auf. Das Jason ist ideal für junge, abenteuerlustige Reisende, die alles wollen, nur eines nicht: im Zimmer sitzen!

Hotel Jason
Tel. 22890/23481
info@hoteljason-mykonos.gr
www.hoteljason-mykonos.gr

STRÄNDE

STRÄNDE AUF MYKONOS

Mykonos, Jahrtausende von der Geschichte übergangen und vom Weltgeschehen ausgeschlossen! Als die Nachbarinsel Delos ihre Hochblüte erlebte, blieb Mykonos bedeutungslos. Selbst als die Kykladen ins Zentrum des Schiffsverkehrs rückten, waren einzig berüchtigte Piraten unwillkommene Gäste. Weder die spitzen Klippen, steinigen Heiden noch die goldenen Sandstrände weckten die Aufmerksamkeit. Es mussten Jahrhunderte vergehen, bis Vergnügen mit Entblößung und Schönheit mit braunem Teint gleichgesetzt wurden und sich Mykonos endlich rehabilitieren konnte. Heute ist „Mykonos, die Insel der Strände", weltbekannt. Diese sind Ferienziel und Laufsteg, sichern den Lebensunterhalt, bilden Hierarchien und setzen Maßstäbe.

Den Anfang machten Super Paradise und Paradise Beach, Sandstrände wie man sie im mediterranen Raum haufenweise findet: Feiner, goldener Sand, blaues Wasser und aufregende Klippen. Dennoch wurden Super Paradise und Paradise Beach zu Vorreitern einer exklusiven Strandkultur und Inbegriff ungewöhnlicher Freizügigkeit. Was hatten die antiken Götter, die Venezianer und Türken lange Zeit übersehen?

Die ersten Touristen, die um 1950 nach Mykonos kamen, waren junge Aussteiger, Hippies und Homosexuelle, Außenseiter, Querdenker oder unbefriedigte Idealisten Europas, die sich in der Einsamkeit dieser kargen Insel Selbstfindung erhofften. Eremitenähnlich hausten sie in selbstgebastelten Strandhütten, bauten sich kleine Höfe im Landesinneren oder mieteten kleine Mansarden im Gassenlabyrinth der Hora. Es war purer Zufall, dass die Sonne und der Lockruf des Meeres die Wahl-Mykonioten ausgerechnet an den Stränden Plindri und Kalamopodi aufeinander treffen ließ. Aus Zufall wurde Tradition: Die verirrten Seelen trafen sich regelmäßig in den beiden Buchten und lebten brüderlich ein von Liebe und Drogen erfülltes Dasein. Die ehemals unausgesprochenen Hoffnungen wurden zum offen formulierten Glauben, der in der Wildnis anfangs ungestört ausgelebt werden konnte.

Das unbekannte Mykonos eignete sich perfekt als Zufluchtsstätte exzentrischer Randgruppen. Wo sonst ging der europäische Nachkriegsliberalismus so freizügig mit Homosexualität, Exhibitionismus und Promiskuität um? Deswegen blieb Mykonos nicht lange unbekannt! Gerüchte über gleichgeschlechtliche Liebe und anarchistische Lebensweise ließen Gleichgesinnte von überall her an die Strände pilgern. Schnell entstanden in den einsamen Buchten kommunenähnliche Gebilde, deren Ruf in die weite Welt hinaus drang. War Plindri Ziel langhaariger und polygam veranlagter Männer und Frauen, war das benachbarte Kalamopodi den homosexuellen Männern überlassen. Die beiden Strände nahmen vieles der 68er-Bewegung vorweg. Sie präsentierten einen neuen, wagemutigen Lebensstil voller Körperlichkeit, Liebe und Freiheit. Aus Plindri wurde Paradise Beach, Kalamopodi bemächtigte sich des Superlativs: Super Paradise Beach!

Viele jener Freidenker sind heute gestandene Menschen, die schon lange ein prächtiges Haus auf der Insel besitzen, von den alten Tagen erzählen und ein wenig wehmütig zurückblicken: „Es sei halt nicht mehr dasselbe ... aber Freude haben die Menschen immer noch, dies ist die Hauptsache."

Als die Welt erstmals einen Bikini sah, faszinierte der Gedanke der bloßen Haut und der Reiz des Verbotenen. Waren es zuerst wagemutige Schönheiten, die vom Ein- zum Zweiteiler wechselten, stellten alsbald auch Frau Meier und Frau Huber ihren nackten Bauch zur Schau. Mykonos entwickelte sich nach demselben Muster: Irgendwann musste man weder schwul noch Hippie sein, um nach Mykonos zu fahren. Selbst die saubere Kleinfamilie wagt sich in den ehemaligen Sündenpfuhl, mit wachsender Toleranz verlor Mykonos seinen geheimnisvollen Reiz. Die kiffenden Freidenker packten ihr Zelt ein und nennen als gestandene Erfolgsmenschen eine weiß verputzte Ferienvilla ihr Eigen. Und die Reisebranche machte die Lebensphilosophie der Strandmenschen zum werbewirksamen Tourismusslogan!

Noch zehren die Strände Paradise und Super Paradise von ihrer schillernden Vergangenheit. Doch auch die übrigen Buchten der Insel haben mittlerweile ihre Anhänger gefunden. Ausgedehnte Sandstrände, flach ins Meer abfallend, versteckte Buchten mit Kieselsteinen, touristisch unerschlossene, überfüllte Partystrände ... Schön sind sie alle: Sie übertreffen sich gegenseitig im Blau des Meeres, der Feinheit des Sandes und der Schönheit ihrer Besucher!

Im August und September blasen die strengen Meltémi-Winde am kräftigsten und mildern die Hitze der Sommertage (30–40 °C). Um einen heftigen Sonnenbrand zu vermeiden, darf die intensive Sonneneinstrahlung nicht unterschätzt werden. Seit der Touristeninvasion werden an den Stränden gegen Entgelt Sonnenschirme und Liegestühle angeboten (je nach Strand € 5–10). Einige Strände bieten einen Strandservice, der Drinks und Snacks – mit etwas Geduld – direkt an den Liegestuhl bringt.

Die Strömungen der Ägäis sind tückisch. Selbst gute Schwimmer laufen Gefahr, ins offene Meer hinausgezogen zu werden, und würden ohne Rettungsboot nicht mehr zurück zum Ufer gelangen. Mykonos´ Strände sind zwar Schauplätze, wo wegen des Voyeurismus niemand lange unbeobachtet bleibt und wagemutige Schwimmer meist sofort aus der misslichen Lage befreit werden können, eine gesunde Vorsicht ist trotzdem angebracht!

Südstrände: Sie sind die bekanntesten Strände der Insel: Ornós, Psarou, Platís Gialós, Agía Ánna, Paránga, Super Paradise, Agrári, Eliá, Kaló Livádi, Kalafáti etc.! Sie sind verkehrstechnisch erschlossen, bieten gepflegten Strandservice inklusive Tavernen, Bars und Musikunterhaltung und liegen in unmittelbarer Nähe von Hotels.

Oststrände: Der einzige, dazu auch noch umstrittene Strand der Ostküste ist Liá. Die südöstlich gelegene Bucht gehört wegen ihrer Distanz und der eigenartigen Atmosphäre zu einer separaten Strandkategorie. Der Strand ist schwierig erreichbar, kaum bekannt und keine fröhliche Strandmusik suggeriert eine übermütige Ferienstimmung.

Nordstrände: Fteliá, Pánormos und Ágios Sostis sind das anerkannte Nordstrandtrio. Ihrer ruhigen Schönheit wegen avancierten sie zu Kultstränden und schaffen auch nur zu dritt ein Gleichgewicht zu den lärmenden, feiernden Nachbarn im Süden.

Weststrände: Hier befinden sich ganz unterschiedliche Strände. Wirken Ágios Ioánnis und Kápari idyllisch und unverdorben, sind Megali Ammos und der Stadt-Strand Mykonos-Hilton (urspr. Agía Ánna) kaum nennenswert. Der Toúrlos-Strand ist eher hässlich, Ágios Stéfanos mittelmäßig und der Houlakia-Strand wird links liegengelassen.

Strandkultur – (Frei-)Körperkultur

Mykonos ist vieles und bemüht sich, vieles zu sein, doch kulturverwöhnt ist es nicht. Kultur reduziert sich auf Mykonos auf das Strandleben und die Freikörperkultur. So wird die Insel oft als Nudisten-Paradies schlechthin tituliert. Das mag so gewesen sein! Heute wird der FKK-Gegner hier kaum vollends beruhigt, der leidenschaftlichen Exhibitionist komplett abgeschreckt werden: Weder wird man bei Ankunft der Kleider beraubt noch ist am Strand das schützende Bikinioberteil verpönt. An den meisten Stränden ist FKK erlaubt, mancherorts großzügig geduldet, anderswo kultartig zelebriert oder auch krampfhaft unterstützt. Es mag der Druck des Schönheitsideals sein: Vor allem junge Urlauberinnen ziehen eine hippe Bademode mit schmeichelnden Push-Ups vor, während besonders ältere Feriengäste in beneidenswerter Wohligkeit trotz figürlichen Defiziten das nackte Sonnenbad vorziehen.

Ob nackt, fast nackt oder züchtig bedeckt. Da liegen sie! Dicht nebeneinander – manchmal auch aufeinander! Auf Mykonos findet das Leben tagsüber am Strand statt. Wie man es gestaltet, ist jedem selbst überlassen: Scheinen die Griechen ihren gesamten Hausrat unter den kaum Schatten spendenden Sonnenschirmen aufzubauen, bewaffnen sich die Engländer einzig mit der Vogue und die fidelen Schweizerinnen versinken vorm Backgammon-Brett. Toleranz und lässige Gleichgültigkeit verhalfen Mykonos zu Ruhm und Reichtum und haben sich bis heute bewahrt: Jeder nach seiner Fasson! Als Schwulenparadies gilt Mykonos deshalb nach wie vor! Neben der trendigen Londoner Gay-Szene lümmeln die Inoffiziell-Schwulen, Hardcoreboys und die sensitive, intellektuelle Schwulengruppe – auch wenn es in den kleinen Buchten und Strandhöhlen heutzutage weit gemäßigter zugeht.

Mit der Angabe, an welchem Strand der Tag verbracht wurde, wird man – Toleranz hin oder her, willentlich oder nicht – einer gewissen Gruppe von Menschen zugeordnet. Strände sind auf Mykonos Indiz und Geständnis! Denn außer dem kristallenen Türkis des Meeres oder dem Gold des Sandes sind es der eigenständige Charakter einer Bucht, die implizierte Unkompliziertheit, die die Hüllen fallen lässt, und die übermütige Fröhlichkeit des Strandlebens., die die Menschen so zahlreich an die Strände von Mykonos pilgern lässt.

STRÄNDE IM WESTEN

Ágios Stéfanos – als Adam viele Evas hatte

Wie schnell sich der Tourismus auf Mykonos wandelt, zeigt sich z.B. in Ágios Stéfanos. Als ich vor wenigen Jahren mit dem anscheinend letzten Hotelzimmer auf der ganzen Insel begnügen musste, landete ich

Ágios Stéfanos bietet feinen Sand

in Ágios Stéfanos, einem damals unbeachteten Ort. Mein sogenanntes Hotel entpuppte sich als Privathaus einer reizenden Familie, die mit der Vermietung von Gästezimmern ihr bescheidenes Auskommen aufbesserte und durch mein Erscheinen aus dem Häuschen geriet. Für mein Wohlbefinden wurde bestens gesorgt: Die Telefonate meines Freundes aus der Schweiz wurden mir diskret auf einem Zettel mitgeteilt, damit mein Bruder und Reisebegleiter, den sie irrtümlicherweise für meine Ferienaffäre hielten, ja nichts von diesen Anrufen mitbekam! Der etwas ungepflegte Strand war leer, die Strandtaverne Jagdrevier eines jungen Schnösels, der jeden weiblichen Gast, der sich hierher verirrte, als seine potenzielle Beute ansah.

Einige Jahre später hatte sich meine verschwörerische Familie den neuen Umständen angepasst. Das verwinkelte Gästehaus war einem schicken Hotelbau gewichen und die Gäste wurden ihren eigenen Liebeswirren überlassen! Am weißen, gepflegten Strand standen Sonnenschirme und Liegestühle. Der junge Playboy der Strandtaverne musste nun arbeiten und schien ob der vielen weiblichen Touristinnen arg überfordert. Sogar der Feigenbaum, dessen Feigen ich früher so genossen hatte, war bereits leer gepflückt, bevor der Tag überhaupt begann.

Die markanteste Änderung brachten die Kreuzfahrtschiffe, die nun im benachbarten Toúrlos andocken. Mit ihnen gelangt in kurzen Abständen eine geballte Ladung an Trubel in den Ort und der Strand wird von einem vehementen Anstieg an zivilisatorischem Plastikmüll heimgesucht.

Hotel Princess of Mykonos

Sehr schön angelegtes Hotel im Kykladenstil. Auf dem Dach des untersten Würfelhauses befindet sich ein Patio mit Schwimmbad und erstaunlichem Ausblick und Großzügigkeit. Der Preis eines Doppelzimmers inkl. Frühstück beträgt ca. € 200 pro Nacht. Wie viele der jüngeren Hotels auf Mykonos hebt sich die gute Prinzessin von Mykonos trotz Adelstitel mit keinen auffälligen Besonderheiten von ihren Mitstreitern ab. Die Zimmer sind zwar groß und schön, die Anlage gepflegt, jeder Luxus vorhanden ... aber es fehlt die spezielle Atmosphäre, die ein Nachfolger von Alexis Zorbas einfließen lassen könnte.

Nur 300 m von der Pier des Neuen Hafens entfernt, ist visuelle Action, die man hassen oder lieben wird, garantiert, ebenso durch die Badegäste der Next generation, die hier einen nordwind- und wellengeschützten, bis zu 25 Meter breiten, sandweichen Tummelplatz vorfinden.

Mykonos Princess Hotel
Kat. A, Tel. 22890/23806
info@mykonosprincess.com
www.mykonosprincess.com

Hotel Alkistis

Das Hotel Alkistis ist einzigartig auf Mykonos! Der in den berüchtigten 1970er Jahren geplante Gebäudekomplex gehört zu den wohl stillosesten und ungeschicktesten Bauten der Insel. Das Terrassenhaus klettert unangenehm auffallend den Hang oberhalb von Ágios Stéfanos empor und erinnert an die Bausünden von El Arenal auf Mallorca. Die nur durch die Straße vom Meer getrennten Hotelzimmer sind laut Hotelprospekt mit „sämtlichen Finessen ausgestattet", können aber die ungeschickte Hotelarchitektur und fehlenden Charme nicht retten! Das Alkistis ist mit seinem riesigen Zimmerkontingent ein Traumhotel für Reiseunternehmen, mehr aber nicht!

Hotel Alkistis, Kat. B
Tel. 22890/22333
info@alkistismykonos.gr
www.alkistismykonos.gr

Cavo Muses

Dieser exklusive Ausgehtempel glänzt mit einer superben Lage hoch über dem Strand von Agios Stefanos auf einer Klippe und konkurriert mit seinem Lichtspiel mit den kleinen Lichtern von Mykonos-Stadt, die am Horizont glitzern. Das Auto wird einem parkiert, die Türe von unsichtbarer Hand geöffnet und schon steht man im am hübschesten dekorierten Raum von Mykonos. Tische aus schwerem Teakholz, Rosensträuße in Terrakotta-Vasen, gedimmtes Licht und eine leichte Meeresbrise durchfluten den Raum. Tritt man auf die Terrasse, glaubt man sich in einem Hollywood-Film zu befinden. Der Pool liegt verführerisch beleuchtet in der Dunkelheit, in riesigen Sofas mit dicken Kissen wispern Verliebte, Champagnergläser klirren und Sades dunkle Stimme besingt die imaginäre Erotik, die in der Luft liegt. Ein zauberhafter Ort, zu dem man sich gerne führen lässt und von dem man nicht mehr wegzubringen wäre, wenn der Service sich weniger aufs Türöffnen und Feuergeben beschränken, sondern der Küche mehr Sorgfalt widmen würde! Managementwechsel dringend angesagt! Tel. 22890/23333

Houlakia oder das Ende der Welt

Folgt man der gewundenen Straße von Ágios Stéfanos in Richtung Kap Vourvoulakas, eröffnet sich gerade dann, wenn man nichts mehr erwartet, die Bucht von Houlakia.

Am nordwestlichsten Zipfel der Insel scheint man am Ende von allem angekommen zu sein: Hier rauscht Lethe, der Fluss des Vergessens, und Charon, der Fährmann der Unterwelt, vertäut seine gefürchtete Barke. Die Kargheit und Schroffheit der Landschaft wirken am Fuße des mystisch anmutenden Berges Profitis Illias markant und beklemmend. Ruhe und Windstille inspirieren meditativ, es würde nicht erstaunen, plötzlich Odysseus am Strand angespült zu finden oder einen in Gedanken versunkenen Homer auf einem Felsen sitzen zu sehen.

Wer in Houlakia endet, weiß entweder mit bewundernswerter Sicherheit, was er will und wo er das findet, ist einem Reisebüro auf den Leim gekrochen und wurde ungefragt in dieser Einsamkeit deponiert – oder aber ist ein Freund von Kieselsteinen en masse, die man hier als Kieshalde wie an keinem anderen Strand der Insel vorfindet. Immerhin, wer hart im Nehmen ist und eine robuste Fußsohle sein eigen nennt, wird damit belohnt, den Strand fast für sich allein zu haben.

Unter den Hotels von Houlakia gibt es zwei, die unterschiedlicher nicht sein könnten:

Hotel San Marco

Der Gegensatz zwischen der öden Landschaft und dem allzu weißen, allzu gepflegten und modernen Hotel San Marco ist zu krass, um noch sympathisch zu wirken. Direkt über dem kleinen Kiesstrandband der Bucht führt eine lächerlich-imposante, kopfsteingepflasterte Einfahrt zum Hotel und verstärkt den Widerspruch zur Natur. Betritt man das Hotelareal, wird man jedoch kaum Schwachpunkte finden. Alles ist makellos gepflegt und dekorativ mit Blumen geschmückt. Eine wunderschöne Terrasse mit Meerblick, Teakholzliegen und großer Pool sind ein willkommener Kontrast zu den überfüllten Stränden, wo man ständig Sand in den Sandalen hat und gezwungen wird, laute Musik zu hören, die man nicht mag. Zudem machen San Marcos Bibliothek, das Billardzimmer, Basketballfeld, Tennisplatz, Souvenirshop, Kaffeeecke und Restaurant jedes Verlassen des Hotelareals sowieso überflüssig!

Die Klientel des Hotels setzt sich aus bequemen, mittelalterlichen Touristen zusammen, die kaum nach Mykonos passen und ganz gut in dem exklusiven Bunker verschanzt bleiben.

Hotel San Marco, Kat. A
Tel. 22890/27172
sanmarco@sanmarco.gr
www.sanmarco.gr

Vangelis

Mehr Lebensstil als ein Hotel! Vangelis ist für ultimative Mykonos-Liebhaber der Ort schlechthin. Die ehemaligen Blumenkinder von Paradise Beach scheinen sich in die zeitlose Idylle des Hotels Vangelis zurückgezogen zu haben. Am kleinen, schilfverdeckten Sandstrand verdösen die Gäste die Tage, um abends auf der schattigen Veranda die Tagträume zu verarbeiten. Man kennt sich und das Hotel ist zur Sommerkommune mutiert, wo geteilt, gezankt und philosophiert wird. Den Werbungen von Horas wildem Nachtleben wird hier kaum Beachtung geschenkt, man ist sich selbst genug und kommerzielle Ablenkung ist out! Die Oase der Selbstzufriedenheit wird vom zur Ruhe gekommenen Lebemann Vangelis geführt. Sein blumiges Erzähltalent wird ebenso geliebt wie seine famosen Kochkünste.

Vangelis, Kat. E
Tel. 22890/22458
Fax 22458

Ágios Ioánnis – ultimativer Sonnenkult

Die Gewalt des Meeres hat am westlichsten Ausläufer von Mykonos eine wundervolle Bucht ins Inselgestein gefressen. Auf einer kurvigen Küstenstraße fährt man von der Hora in zehn Minuten an die von Hügeln eingerahmte Bucht. Der kleine Strand bettet sich bogenförmig in die Landschaft. In Ágios Ioánnis erlebt man Mykonos' Schönheit pur, ohne auf Ruhe oder Unterhaltung verzichten zu müssen. Breit genug und ideal positioniert, profitiert die Bucht von der kompletten Tageswanderung der Sonne – vom sanften Glimmern des Morgenlichtes, dem Glühen im mittäglichen Zenit bis zum Gold ihres Unterganges. Während an den Süd- und Oststränden bereits am Spätnachmittag der Schatten die Strandbesucher zum Aufbruch treibt, liegt Ágios Ioánnis noch immer direkt im Sonnenlicht und bis Sonnenuntergang denkt keiner ans Gehen! Hier hat man einen grandiosen Ausblick auf Delos und die spektakulärsten Sonnenuntergänge. Wie ein goldener Teller schwimmt das heilige Delos im glitzernden Wasser. Um die Abendstimmung noch perfekter zu machen, steht am äußersten Rand der Bucht eine kleine Kapelle, die allabendlich Ziel des versinkenden Feuerballs zu sein scheint. Das Bild des erglühenden Gotteshauses, neben dem – als wär's des „Kitsches" nicht genug – farbige Fischerboote an einer verlassenen Mole schaukeln, stimmt auch die Hartgesottensten weich.

Ágios Ioánnis war lange fest in griechischem Besitz. Vorwiegend Athener bauten hier ihre schmucken Feriendomizile oder nisteten sich für den Lebensabend ein. Seit der Tourismus in Ágios Ioánnis Einzug gehalten hat, dominieren hier durch Mauern abgetrennte Bungalows, Ferienhäuser und Hotels – darunter der Luxusliner Mykonos Grand. Dennoch ist es nach wie vor nicht Komfort, sondern die Szenerie, die an den Strand von Ágios Ioánnis lockt, und eine Handvoll Leute sind diesem Flecken seit Jahren treu. Obwohl der Einstieg ins Meer mühsam ist und der Sand nicht täglich gesäubert wird, würden sie Ágios Ioánnis niemals gegen einen der bevölkerten Südstrände tauschen! Keine endlosen Modenschauen oder snobistisches Szenegehabe, unkomplizierte Faulenzerei ist angesagt. Eine Holztafel am Strand verkündet „nackt baden verboten" und verlockt selbst jene mit Fettpölsterchen dazu, alle Hüllen wegzuwerfen!

Vom Strand führt ein Trampelpfad an versteckte, kleine Buchten der Kostas Illios. Der überwucherte Weganfang direkt unterhalb der Taverne sieht anfangs kaum einladend aus. Doch je weiter man dem Pfad folgt, umso charmanter und kleiner werden die Buchten zwischen den Felsen, oft gerade so groß, dass sich zwei Personen niederlassen können. Diese Abgeschiedenheit in wild-romantischer Küstenlandschaft ist beliebt bei Frischverliebten, Sonnenanbetern und vorwitzigen Voyeuren!

Taverna Sunset

Ein herrlicher Ort, um den fulminanten Sonnenuntergang zu beobachten. Die Taverne ist von wildem Wein überwuchert und mit allem ausgestattet, was man auf Griechenlandreisen anzutreffen hofft: wackelige Stühle, herumstreunende Katzen, ausgestellter Fetakäse und schleppende Sirtaki-Songs. Diese Ansammlung von Griechenlandklischees wusste selbst Hollywood zu schätzen. Die Sunset-Taverne fungierte 1988 als Drehort und Kulisse des Films „Shirley Valentine" und verhalf mit dazu, dass der Film einen Oskar bekam! Vergilbte Zeitungsausschnitte an den Wänden zeugen noch heute vom Triumph. Hollywood ist weg und die Taverne schlummert wieder vor sich hin wie eh und je! Der Besitzer hat nichts vom Organisationstalent US-amerikanischer Aufnahmeleiter gelernt. Es ist ein Glücksfall, wenn ein Gast das kriegt, was er bestellt hat! Was soll's? An einem Ort, so charmant, dass man selbst Hundekot in Blumentöpfen verzeiht, ist es leicht, großzügig die Mängel und langsame Ernsthaftigkeit, mit der die falschen Speisen aufgetragen werden, zu übersehen. Für einen Drink bei Sonnenuntergang oder einen Imbiss nach faulen Strandstunden ein wahrhaft paradiesisches Plätzchen!

Hippie Chic Hotel

Während bescheidene Gäste früher im Agios Ioannis Beach Resort gleich hinter der Taverna Sunset abstiegen und sich mit allemals mittelprächtig gewarteten Hotelzimmern und einem verbesserungswürdigen Service begnügten, gibt man sich heute trendy und Jetset like und bezieht sein Quartier im stilvollen Hippie Chic Hotel. Die Eröffnung dieser Nobelherberge brachte frischen Wind in die etablierte Hotellerie vor Ort, und herrlich frisch sind die Meeresfrüchte und Fischgerichte im hoteleigenen Restaurant „Hippie Fish", das zudem griechische Küche at it´s best seinen, auch hotelfremden, Gästen währschaft und deliziös zubereitet serviert. Unbedingt eine Empfehlung für einen stil- und genussvollen Abend.

Hippie Chic Hotel, Kat. C
Tel. 22890/22901,
reservations@hippiechicmykonos.com
www.hippiechicmykonos.com

Apollonia Resort Hotel

Das Apollonia zelebriert Griechenland auf stilvolle und sympathische Weise. Das Hotel ist passend nach seinem Ausblick auf die Insel Delos, der Heimat des Gottes Apollo, benannt. Tatsächlich breitet sich die Aussicht aus dem Hotelzimmer wunderbar auf die Ägäis und die heilige

Insel aus. In kleinen kubischen Bungalows schmiegt sich das Hotel an den Hügel oberhalb des Fischerhafens. Dass diese Lage eine der privilegiertesten von Mykonos ist, haben sich neben den Hotelbesitzern noch weitere Bauherren gedacht. In der Nachbarschaft des Hotels befinden sich einige der schönsten Privathäuser der Insel. Liebhaber von Bau- und Wohnkultur werden erfreut sein über die prachtvollen, unauffälligen Bauten, die sich in die karge Landschaft betten. Obwohl hinter Mauern versteckt, kann man u.a. einen Blick auf das Anwesen des „Fürsten Metaxas" erhaschen. Der Erfinder des griechischen Cognacs lebt hier in völliger Abgeschiedenheit. Sein riesiger Reichtum beeindruckt selbst die wohlhabendsten Athener, denn der „Cognac-Fürst" ist ein stetes Gesprächsthema!

Das Apollonia bietet weite Terrassen, Pool, einen freundlichen Service und stilvoll ausgestattete Zimmer. Obwohl das Hotel stolz auf seine fünf Sterne hinweist, sind Defizite in Instandhaltung und Sauberkeit unübersehbar, allerdings sind die Preise erschwinglich und in der Nebensaison fast schon günstig – jedenfalls im Vergleich zu einem 5-Sterne-Komplex in Mitteleuropa. Ein Doppelzimmer gibt´s in der Nebensaison ab € 100, in der Hauptsaison ab € 230.

Apollonia Resort Hotel, Kat. A Tel. 22890/27890
www.apollonia-resort.gr

Manoulas Mykonos Beach Resort

Wer immer dieser Manoula ist, er kann mit seinem Hotel zufrieden sein. In der Mitte der Bucht Ágios Ioánnis thront sein großzügig angelegtes, sehr empfehlenswertes Strandhotel. Ein kaum sichtbarer Hoteleingang führt in eine weiße Welt von Terrassen, allesamt mit Blick aufs Meer. Herz der Hotelanlage ist der Swimmingpool. Um das große Sonnendeck mit der kleinen Bar erheben sich die Gäste-Bungalows. Die Zimmer sind teilweise luxuriös, teilweise einfach ausgestattet, doch in jeder Preisklasse garantieren sie eine Portion Meerblick. Im August sollte man das Hotel meiden. Verträge mit italienischen Reiseveranstaltern verwandeln dann Manoulas Reich in eine italienische Ferienfestung, in der italienisch gesprochen wird und die Poolanlage zur Piazza mutiert, wo kesse Milanesi mit hitzigen Römerinnen flirten. Frühmorgens treffen sich die Signoras zur obligaten Morgengymnastik am Pool mit lärmenden italienischen Sommerhits. Das Hotelrestaurant ist bei weitem einladender als die spröde Poolbar:

Manoulas Café-Bar & Restaurant befindet sich direkt am Strand, 2 Gehminuten vom Hotelgelände entfernt, und ist ein netter Blickfang. Die ausgedehnte Terrasse ist einladend, der Blick aufs Meer nahezu perfekt! Die Atmosphäre ist relaxed und laid back, im charmanten Kontrast zur weinüberwucherten Nachbarstaverne. Manoulas Restaurant wird vor allem von Hotel- und einigen Strandgästen besucht. Es ist eine Frage der Zeit, bis auch die Athener auf dieses Plätzchen aufmerksam werden und die undefinierbare Atmosphäre durch ihr Lachen an- oder entspannen. Das Essen schmeckt – selbst wenn sich die Speisekarte sich nicht von anderen Strandtavernen abhebt. Tel. 22890/26660

Manoulas Mykonos Beach Resort
Kat. C, Tel. 22890/22900
manoulas@otenet.gr
www.hotelmanoulas.gr

Mykonos Grand Hotel & Resort Bereits kurz nach seiner Eröffnung 2001 avancierte das Mykonos Grand zum Inbegriff eines luxuriösen Feriendomizils der Extravaganz. Das Hotel wurde in stilechter Kykladenarchitektur in die raue Felsenlandschaft über dem Strand von Ágios Ioánnis hineingebaut. Was einst Kulisse für den Film „Shirley Valentine" war, bildet nun einen pittoresken Kontrast zwischen den strahlend weißen Häuserwürfeln mit ihren abgerundeten, ineinander überfließenden Formen und dem schroffen Ockergrau des natürlichen Gesteins. Im Innern entfaltet sich stilbewusst ein wunderbares Ambiente mit griechischem Marmor, Bildmosaiken und mykoniotischen Rundbögen. Und weil der „splendid" Luxus im US-amerikanischen Resort-Stil schwer en vogue ist, wurde ein exquisiter Wellness-&-Beauty-Be-

Blick von der Terrasse des Mykonos Grand Hotel & Resort

reich integriert (Sauna, Jacuzzi- und Dampfbad, Beauty-Salon, Spa, Massagen etc.).

Das Mykonos Grand (Deluxe- bzw. 5-Sterne-Kategorie) ist das bestgeführte Hotel der Insel und eine einmalige Ferienwelt, in die sich die Restaurants „Dolphins" und „Delos" (griechische, mediterrane Küche mit einem Hauch von Nouvelle Cuisine, internationale Speisen und Gala-Dinner) bestens einfügen. Neben dem großen Meerwasser-Swimmingpool, der auf der exponierten Terrasse eine grandiose Aussicht über das Meer bis nach Delos bietet, sind separate Kinderbecken sowie ein Squash- und Tennisplatz vorhanden.

Wer nicht pauschal bucht, muss mit € 200 pro Nacht rechnen (in der Nebensaison für ein Doppelzimmer der einfachsten Kategorie, der Preis steigt in der Hauptsaison auf über das Doppelte, die exklusiveren Zimmer mit Meerblick sind ab € 250 zu haben, was von vornherein die Pauschalbuchung zur obligatorischen Angelegenheit macht. Saison: Mitte April bis Ende Oktober.

Mykonos Grand Hotel & Resort
Tel. 22890/25555, Fax 25111
info@mykonosgrand.gr
www.mykonosgrand.gr

Kápari Beach – Back to nature

Die Alternative zu Pánormos und Ágios Sostis, nur einfacher erreichbar. Erstaunlicherweise ist der kleine, wunderbare Strand von Kápari noch immer Geheimtipp. Man gelangt über eine enge Sandstraße dorthin, die hinter der Kapelle von Ágios Ioánnis beginnt und entlang der Küste führt. Den ca. 5-minütigen Fußmarsch kürzen viele mit dem Auto ab und parkieren direkt oberhalb vom Strand. Die Straßenbreite untersagt jedoch jede Möglichkeit einer Kehrtwendung. Wer bequem sein will, muss die Mühe auf sich nehmen, das Fahrzeug rückwärts über den Klippengrad zurückzusteuern!

Kápari kennt keine Strandunterhaltung, weder Liegestühle noch Snackbar. Den nackten Körper legt man direkt in den Sand, Erfrischungen müssen mitgebracht werden. Das Strandpublikum ist ein junges, sonnenhungriges, das, müde von der letzten Nacht, den Tag verdösen will. Badehosen sind am Kápari Beach verpönt. Wortlos genießen die Besucher die natürliche Stimulans von Wind und Wasser und sind kaum mehr von Kápari wegzukriegen ... In der Hochsaison verirren sich nur wenige nach Kápari, im Frühling und Herbst ist die Bucht menschenleer. Die Einsamkeit lockt dann viele Fototeams hierher, die in der dramatischen Szenerie Aufnahmen für Bademode schießen – Fotos von Bikinis und Einteilern, die ironischerweise hier nie getragen werden!

Káparis weißer Sandstrand ist von meterhohen Klippen eingerahmt. Nach leichter Kletterei stößt man auf einige Felsvorsprünge, auf denen man abgesondert allein liegen kann. Manche dieser Plätzchen sind tatsächlich vor neugierigen Blicken sicher, doch dies wird von verliebten Pärchen oft überschätzt ... Das Wasser der Ägäis scheint in Kápari noch ein bisschen blauer zu sein, die Wellen zügelloser, der Wind temperamentvoller. Der Ausblick auf das heilige Delos ist auch hier traumhaft!

Der kleine Kápari Beach

STRÄNDE IM SÜDEN

Ornós – wo der Strand zur Nebensache wurde

Um viele Strände von Mykonos scharen sich Hotels, Restaurants und Läden als kleine Touristendörfchen, deren Geschäftigkeit nach Abreise der letzten Touristen zum Stillstand kommt. Die Ansiedlung rund um den Strand Ornós hat sich als eine der wenigen einen dörflichen Charakter angeeignet. Auch in touristenarmen Monaten wird hier gelebt, genossen und gearbeitet. Die südwestlich gelegene Bucht erreicht man über eine kurvige Küstenstraße, die von Hora direkt nach Ornós führt und dort in einer Sackgasse endet. Dieses direkt vor dem Strand liegende Straßenende wurde zu einer Art Piazza – einst Kehrplatz staubiger Busse, ist sie zusätzlich Parkplatz, Treffpunkt und Standplatz von Zeitungs- und Eisverkäufern geworden, eingerahmt von bescheidenen, würfelförmigen Häusern, deren Fenster und Verandas dazu konzipiert scheinen, das Platzleben zu beobachten und anzukurbeln. Allerdings fahren jede halbe Stunde Busse aus der Hora mit horrender Geschwindigkeit auf „Ornós Piazza" ein und stoppen kurz vor der Strandmauer mit quietschenden Bremsen. Touristen, Eisverkäufer und trat-

schende Kellner flüchten und die Machtverhältnisse auf dem Platz liegen kurz wieder bei den Bussen ... Was wäre ein Dorf ohne den obligaten Dorftrottel, berüchtigten Lokal-Casanova oder reichen Geizhals? Ornós hat genug dieser Charaktere zu bieten. Selbst als Tourist fallen einem einige dieser Spezies sofort auf! Man gewöhnt sich schnell an sie, gewinnt sie eigentümlich lieb und vermisst sie sogar, wenn sie einmal nicht da sind.
Unter den „menschlichen Wahrzeichen" wären da der lockenköpfige Tauchlehrer, der meiner Freundin Wasser anschüttete, weil sie ihn partout nicht beachten wollte, Beachboy Dimitris, der von Jahr zu Jahr dunkelhäutiger wird und noch immer kein Englisch kann, der freundliche Kellner Kostas, der nur für Schweizerinnen Spezialdrinks kreiert, der Katzennarr Statis, der Touristinnen mit süßen Kätzchen versorgt, und schließlich das eigenartige Trio von Ioánnis I, Ioánnis II und Kleon, die auf einem schiffsähnlichen Objekt jeden Sommer in der Bucht von Ornós ankern. An diesen drei kommt man nicht vorbei: Ioánnis, der blond gefärbte Playboy, ist der Schrecken jeder allein reisenden Frau und fungiert als Onkel des bildschönen Muttersöhnchens Kleon, der in London studierte und gerne schwul wäre. Ioánnis II, Cousin von Ioánnis I, ist der trockene Seebär. Er trinkt den lieben langen Tag nur Bier und lästert so lange über seine Freundin, bis sie angereist kommt und ihn zum lammfrommen, treuen Begleiter mutieren lässt!
Der Strand von Ornós, einst Ursache für die Entstehung des kleinen Dorfes Ornós, ist heute kaum nennenswert, besitzt weder ein extravagantes Publikum, idyllische Ruhe noch eine dramatische Szenerie. Das ca. 300 m lange Strandband ist grobkörnig und fällt flach ins Wasser ab. Das Meerwasser wirkt im Kontrast zum glasklaren Blau der übrigen Buchten eher schmutzig. Segel- und Motorboote ankern gefährlich nahe am Strand, verwandeln den Badeplausch zum Slalomschwimmen und entleeren wie Seeleute ihre Toiletten! Die Strandgesellschaft von Ornós besteht aus älteren Touristen, Familien mit schreienden Kindern oder faulen Müßiggängern der umliegenden Hotels, unfähig sich aufzuraffen, mit Bus oder Moped an die schönen Strände der Insel zu fahren. Das Dorf hingegen ist idealer Wohnort! Wegen des regelmäßigen Busverkehrs kann man in fünf Minuten in der Stadt oder – nach kaum längerer Fahrzeit – an den besten Stränden der Insel sein. Ornós ist Ausgangspunkt der kleinen Kaiks,

die täglich zu den Stränden im Süden fahren. Dazu bringt das zum Transportschiff umgebaute Fischerboot „Glaros“ Passagiere nach Delos. Viele Hotels und Restaurants reihen sich an Ornós Möchtegern-Strandpromenade – und haben bis auf einen kleinen Strandabschnitt das gesamte sandige Terrain mit ihren Sonnenschirmen und Strandliegen – dicht gedrängt wie in Reih und Glied und bunter Monotonie – unter sich aufgeteilt. Die Touristenfallen um den Hauptplatz bieten weder kulinarischen Genuss noch gastfreundlichen Service.

In der Kafeteria Jaloudis (Tel. 22890/23986) gleich am Hauptplatz locken üppige Kuchen: zuckersüß, kalorienhaltig und lecker. Es ist herrlich, bei Jaloudis den Tag zu beginnen – eine kleine Süßigkeit, ein Ice Coffee und Sicht auf die laue Regsamkeit des erwachenden Dörfchens. Wer morgens noch nicht redselig ist, fragt nach den Backgammon- oder Schachbrettchen!

Hotel Xidakis

Der alteingesessene, symphatische Familienbetrieb wird von den beiden Brüdern Antonis und Statis geführt. So dick und groß der ältere Antonis ist, so zierlich und dünn ist Statis. Statis spricht perfekt Deutsch, was er bei unliebsamer Kundschaft aber lieber verschweigt. Die Zimmer sind bescheiden, aber sauber und gepflegt und haben alle eine Terrasse oder Balkon, Kühlschrank, A/C, Telefon und TV. Der Aufenthaltsraum gleicht dem Wohnzimmer eines kitschigen, griechischen Mittelstandshauses: schreckliche Bilder, falsche Holztäfelung, goldverzierte Spiegel und ein permanent angeschalteter Fernseher. Herrisch und besitzergreifend sitzt die Großmutter davor, ganz in Schwarz mit starrem Blick auf den Bildschirm. Tag für Tag und wahrscheinlich Jahr für Jahr verteidigt sie den Aufenthaltsraum gegen allfällige TV-vernarrte Hotelgäste als Überrest eines mykoniotischen Stolzes, der es nicht überwunden hat, die Insel den Touristen zu überlassen.

Trotz der misstrauischen Oma ist das Xidakis empfehlenswert, u.a. wegen der günstigen Preise: in der Nebensaison ca. € 90 pro Doppelzimmer inkl. Frühstück, im Juli und August ca. € 120. Gespeist wird im angebauten Terrassencafé Meraviglliosa, das sich abends in eine Bar verwandelt. Die Cocktails sind gut, die Bedienung angenehm und ungewöhnlich zurückhaltend. Auch wenn fast nur Deutsche und Schweizer im Hotel logieren und die Speisekarte in Deutsch geliefert wird, ist das Xidakis nicht nur ein Touristenschuppen. Mitten im Zentrum von Ornós ist die Hotelterrasse Treffpunkt der Einwohner und o.g. Dorfberühmtheiten. Hier werden die Pläne für die Nacht geschmiedet, die Regierung kritisiert, Touristen durchgenommen ...

Hotel Xidakis, Kat. C
Tel. 22890/22813, Fax 23764

Ornos Beach Hotel

Direkt am Strand gelegenes Mittelklassehotel mit Blick auf die Bucht von Ornós – allerdings ohne die im Hotelprospekt angepriesene Sicht auf Delos. Das Haus ist wegen der großen Gartenanlage und überschaubaren, hübschen Poolterrasse besonders bei Familien beliebt. Deswegen geht's tagsüber turbulent zu mit Kindergeschrei und sich im Bassin tummelnden Plastikenten. Wer sich daran nicht stört oder selbst Familienurlaub verbringen will, ist mit dem Ornos Beach Hotel gut bedient. Preise für ein Doppelzimmer: € 80–120

Ornos Beach Hotel, Kat. B
Tel. 22890/23160, Fax 24137
25 Zimmer

Mykonos Essence Hotel

Es war ein verschworener Haufen, der sich in Evas Hotel auf dem kleinen Hügel hinterm Strand von Ornós Jahr für Jahr einfand. Was waren das für Kontrase, hie der herrliche Ausblick zur fernen Kostas Illios, da die flatternde Wäsche im Wind, Blumen vor den Fenstern und im Garten spielende Kinder ... Was würde besser das Familiäre, Private, ja Intime widerspiegeln. Doch der Wandel der Zeit verlangt ein Upgrade des Wohnambiente, statt Familienanschluss Boutique-Design und eine Aufrüstung zum gehobenen Hotelstandard. Seit 2015 das sich nun Mykonos Essence nennende Hotel seine Pforten den stilbewussten, erfolgsverwöhnten und zahlungskräftigen Gästen öffnete, sind leider auch eine sterile Atmosphäre und ein Service-Personal eingezogen, das einen sonderbaren Standesdünkel an den Tag legt. Wen´s nicht stört, findet hier allerdings eine standesgemäße Bleibe vor.

Mykonos Essence Hotel
Tel. 22890/24802
info@hotelmykonosessence.com
www.hotelmykonosessence.com

Hotel Dorion

Eines der schönsten neueren Hotels von Mykonos mit einer modernen Interpretation des Kykladen-Baustils – schlicht, stilvoll ohne störend und unpassend zu wirken. Das Dorion entspricht unserer Phantasie vom herrschaftlichen Kykladenhaus reicher Schiffsreeder. Ausladende Panorama-Terrassen mit Pools und geräumige Zimmer, mit jedem Komfort versehen und gleichzeitig auf überflüssigen Schnickschnack verzichtend. Das Dorion ist Lieblingsabsteige vieler junger, anspruchsvoller Griechen. Die Preise sind verhältnismäßig günstig, ab ca. € 130 kriegt man in der Nebensaison ein sehr schönes Zimmer, in der Hauptsaison beginnen die Preise ab € 200.

Hotel Dorion, Kat. A
Tel. 22890/28270
info@dorionmykonos.com
www.dorionmykonos.com

Kivotos Mykonos

Das Kivotos gehört zur Gruppe der „Small luxury Hotels of the World" und wurde wie sein Nachbar „Dorion" auf die Bucht von Ornós hinaus gebaut. Einzelne Bungalows reihen sich in einer Art Dornröschen-Garten aneinander. Die Direktion legte bei der Zimmereinrichtung Wert darauf, die Märchenhaftigkeit weiterzuführen. Himmelbetten, Goldspiegel und wohlriechende Potpourris in allen Ecken. Gut gemeint, doch eher anstrengend: Wer mit Sand an den Füßen nach Hause kommt, wird ständig ein schlechtes Gewissen verspüren, die zauberhafte Farce durchbrochen zu haben. Alles wirkt perfekt, und dennoch ist für Puristen dieses Hotel auf Mykonos fehl am Platz – wer will schon Lavendel riechen, wenn die Luft auf Mykonos das beste Parfüm überhaupt ist.
Die Preise sind happig. Sogar in der Nebensaison kostet ein Zimmer der niedrigsten Kategorie € 200. In der Hauptsaison kriegt man nicht einmal die Besenkammer unter € 380. Prunkstück ist der hoteleigene 25-m-Schoner „Prince de Neufchatel", der stolz unter dem Hotelhügel in der Bucht vertäut ist und mit kompletter Crew inkl. Koch gemietet werden kann.

Kivotos Mykonos, Kat. A
Tel. 22890/24094
kivotos@kivotosmykonos.com
www.kivotosmykonos.com

Hotel Santa Marina

In fünf Minuten vom Ferienidyll leicht beeindruckbarer Mittelstandstouristen in die exklusive Welt der standesbewussten Weltbürger. Eine kleine Küstenstraße führt von Ornós zum Eingangsportal des berühmten Hotels. Der Blick durch die bewachte Eingangspforte des Santa Marina erinnert an einen gepflegten Golfplatz. Weiß gekleidete Hotelpagen manövrieren lautlose Elektromobils, Fahnen flattern im Wind, zierliche Fußpfade schlängeln sich durch saftig grünes Gras – zu grün für eine Insel, auf welcher Wassermangel herrscht. Ununterbrochen laufen die Sprinkleranlagen.

Das Hotel ist so alt wie der Tourismus auf Mykonos: Während es in den 1950er Jahren unbemerkt dahinvegetierte, mauserte es sich mit Renovierungen, Um- und Anbauten zum Prunkstück kykladischer Hotelarchitektur. Längst ist das Santa Marina die obligate Lieblingsabsteige der Wohlbetuchten, Yachtbesitzer und Genießer der feinen Lebensart. Trotz der magnetischen Wirkung auf die High Society ist der Ruf des Hotels auf der Insel umstrittenen. Das sonst so tolerante Mykonos will nicht vergessen, dass das Santa Marina die Maxime des 60er-Jahre-Grooves „alles ist allen und jeder darf überall hin" durchbrach. Denn es ist das einzige Hotel der Insel, dessen Strand nicht öffentlich zugänglich ist und Rucksacktouristen die feinen Sonnenliegen verwehrt. Als hätte der Bauherr die exquisite Kundschaft erahnt, wurde das Hotel so konzipiert, dass der Sandstrand der Hotelbucht nur über dessen Gelände zu erreichen ist. Der paradiesische Strandflecken ist den Hotelgästen vorbehalten und Anlegestelle für deren Yachten und Motorboote.

Die Bungalows sind über den ganzen Hügel verteilt. Treppen und Wege führen zum Haupthaus mit Rezeption, Friseur, Restaurant und Bar. Übersteigen die Logierpreise das Budget, sollte man sich wenigstens einmal ein Frühstück im Santa Marina genehmigen. Ein üppiges Buffet lockt mit sämtlichen Köstlichkeiten, gespeist wird in einer schattigen Laube direkt am Pool. Wenn man im Kaviar-Rührei stochert, den Lachs auf der Zunge zergehen lässt und sich das Blau des Bassins scheinbar übergangslos ins Blau der Ägäis übergeht, befindet man sich definitiv auf dem Höhepunkt der Wohligkeit. Nach Sonnenuntergang wird der Szenerie dramaturgisch nachgeholfen. Laternen, Lichterketten und Scheinwerfer verwandeln die dunklen Umrisse in einen leuchtenden Palast, dessen Glitzern die ganze Bucht erhellt.

Das Santa Marina ist eines der wenigen Hotels der Insel, dessen Architektur in deren natürliche Beschaffenheit integriert ist. Die gesamte Anlage ist auf Klippen erbaut und huldigt der Weite des Meeres. Großzügige Fensterfronten, Terrassen und Treppen unterstützen, wo sie nur können, die wunderbare Aussicht über die Ägäis. Zur Auswahl stehen Taubenhaus, Villa, Standardzimmer oder Suiten. Eine gute Wahl ist Zimmer 170, ein Eckzimmer mit 30 m² großer Terrasse. In der Nebensaison kann man dieses Bijou ab € 250 inkl. Frühstück haben. Nicht billig, aber high-society-gerecht.

Hotel Santa Marina, Kat. A
Tel. 22890/23220
info@santa-marina.gr
www.santa-marina.gr

Pigalle Seafood Restaurant & Pension

Versteckt in der Bucht von Ornós an der kleinen Hafenmole und fernab vom Gewimmel befindet sich das kleine Gourmetparadies von Herrn Illios. Auf dem Weg dorthin passiert man den regen Fischereibetrieb: Farbenfrohe Boote schaukeln auf dem Wasser, sonnenverbrannte Fischerrücken beugen sich über ihre Netze, silberne Fische glitzern in Kanistern und an den Leinen trocknen kleine Oktopusse. Hier scheint die Zeit still zu stehen. Im Pigalle wird in einer schattigen Laube die Einfachheit der griechischen Küche zelebriert. Der Fisch wird täglich frisch geliefert und ist sein Geld wert. Im oberen Stockwerk werden sechs Zimmer, alle mit einem kleinen Balkon auf die Bucht hinaus, vermietet.

Pigalle Seafood Restaurant
& Pension, Kat. C
Tel. 22890/2282

Restaurant Beach-Bar Alto Mare

Am linken Ende (seewärts gesehen) von Ornós befindet sich dieses populäre italienische Restaurant. Wer von den fettigen Mousakas der überfüllten Touristentavernen in Ornós genug hat, findet hier bei Pasta, Pizza und Meeresfrüchten die entspannende Alternative, obwohl Massimo samt Crew den Kochlöffel abgegeben hat und das Pasta-Angebot deutlich bescheidener wurde. Alto Mare wird nun vom gleichen Wirt wie die Taverne Marco Polo in der Hora geführt mit ähnlichen Kriterien: Essen mit weniger Liebe als mit Butter gekocht, schneller Service, müßige Freundlichkeit und dennoch ein Tipp auf einer Insel, auf welcher die meisten Restaurants sich nicht einmal mehr darum bemühen. Getafelt wird in einer zum Meer hin offenen griechischen Säulenhalle. Die angenehme Meeresbrise würde zu langen Abendgesellschaften einladen, hätten an den Tischen nicht bereits kinderfreundliche Familien das Zepter übernommen.

Restaurant Beach-Bar Alto Mare
Tel. 22890/26843

Mesogeios

Das Restaurant Mesogeios liegt reizvoll direkt am Strand. Griechen wissen mit dieser Kulisse wenig anzufangen. Die Restaurantgäste sind deshalb vor allem ausländische Pärchen, froh, die Zweisamkeit genießen zu können ohne durch laute Tischrunden der Griechen gestört zu werden. Die Karte ist gut 15 Seiten lang und macht die Auswahl schwer. Neben griechischen Standards werden gute Pasta- und französische Fischgerichte angeboten. Besonders empfehlenswert: Shrimp Saganaki, Reis mit frischen Shrimps, garniert mit Tomaten und Mozzarella-Käse.

Mesogeios
Tel. 22890/23568

Lucky Scuba Divers

Lucky you! Ornós hat sogar eine Tauchschule. Von Chrysanthos (Chris) Politopoulos mit langjähriger Erfahrung geführt, bietet sie Exkursionen in kleinen Gruppen mit Schlauchbooten zu einsamen Buchten durch. Dort werden Anfänger in die Tauchkunst und Unterwasserwelt eingeführt, erfahrene Freitaucher können die versteckten Schönheiten über dem Meeresgrund entdecken. Die Ägäis ist nicht das Barrier Reef, aber immerhin soll hier einmal Atlantis gelegen haben ...

Lucky Scuba Divers
Platís Gialós
Tel. 22890/23220, -22813
außerhalb der Öffnungszeiten Info + Buchen: Tel. 69360/23000
info@luckyscubadivers.gr

Platís Gialós – schöne neue Retortenwelt

Wie touristisch Mykonos wirklich ist, zeigt sich in Platís Gialós, einem kleinen Hoteldorf wenige Fahrminuten von Mykonos-Stadt entfernt. Hier wird nur wochenweise gewohnt und selbst die Hotelfamilien leben an anderen Orten der Insel!

Als der zweideutige Ruf der Strände Paradise und Super Paradise immer mehr Leute nach Mykonos zog, reichten die bisherigen Hotels nicht mehr aus, um alle Touristen zu beherbergen. Da der „Spirit" von Paradise wie Super Paradise nicht mit Hotels und organisiertem Tourismus vereinbar schien, suchte man andere Orte, in denen es sich angenehm leben lässt. Die windgeschützte Bucht von Platís Gialós war prädestiniert, zum Ballungszentrum und „Basislager" der Urlauber zu werden. Mit dem Schiff sind die benachbarten Starstrände einfach zu erreichen, die Distanz zur Hora ist gering und auch der eigene Strand von Platís Gialós ist nicht übel.

Kleines Fischerboot am Strand von Platís Gialós

Die Hotels und das gemäßigte, zivilisiertere Strandleben von Platís Gialós sicherten dem Strandort viele treue Anhänger und die Schickeria genoss Komfort und Luxus dieses Ortes, der weder zu nah an „Europas Sündenstränden" lag noch zu weit weg, um deren Kick zu erleben.

Was in zehn Jahren aus einem kleinen Hafenörtchen werden kann, sobald Geld ins Spiel kommt, zeigt Platís Gialós: Die Fischer verkauften ihr Land zu lächerlichen Preisen an Bauunternehmen und zogen sich befremdet ins Hinterland zurück. Diejenigen, die blieben, versuchten sich auf unbeholfene Weise dem Tourismusboom anzuschließen und imitierten das Geschehen um sie herum. Es entstand Mykonos´ einzig wahres Ressortdorf, wo sich alles um den Tourismus dreht. Die Bucht ist voller Hotelbauten, der Strand vor lauter Liegestühlen kaum zu sehen und Fischerboote wurden zu Transportschiffchen umfunktioniert! Wer der allumfassenden Schwadron des eng aneinander gereihten Schirm- und Liegendschungels für einige Momente entfliehen will, kann beim örtlichen Wassersportscenter (www.mykonoswatersports.gr) mit Banana Boats, Jetski, Wakeboarding, Parasailing oder Bootstouren für die gesamte Familie sich zu nassfröhlichem Pläsier aufmachen – einsam wird's so oder so nicht werden. Das erstaunlichste Beispiel für die rasante Entwicklung ist der Mykoniote Petinos! Der ehemalige Fischer ist heute Großaktionär der Hotelgesellschaft, die Platís Gialós durch die vier großen Petinos-Hotels beherrscht. Platís Gialós Reize interessieren die Großen der Welt wenig! Das Stranddorf ist Paradies der Mittelstandstouristen, die ihre Normalität so exzessiv zelebrieren wie andere Mykonos-Besucher ihre „Abarten". Eine Reihe von Tavernen erübrigt den Gang in die Hora, die moderaten Hotels bieten den „üblichen Komfort", der Supermarkt und die berüchtigten „griechischen

Abende" der Hotels ergeben eine prächtige Kombination von Selbstversorgung und folkloristischem Kulturerlebnis. Mit den wilden Sitten der Mykonos-Freaks hat man hier wenig gemein und wieso soll man mit dem Abendessen bis 23 Uhr warten, wenn um sechs bereits der Magen knurrt!

Dabei ist Platís Gialós an sich reizvoll: Sonne, türkisfarbenes Meer und goldener Sandstrand – auch wenn reichlich von Betonburgen und Asphalt zugepflastert. Von hier fahren die Busse in die Stadt häufiger als anderswo. Die Fahrt dauert ca. 7 Minuten. Gut erreichbar, ist Platís Gialós perfekter Ausgangspunkt für alle Südstrände geworden. Viele Urlauber mit Hotel in der Stadt verzichten auf ein Mietfahrzeug, nehmen den Bus nach Platís Gialós und lassen sich von dort mit dem Boot an den Strand fahren. An der kleinen Hafenmole von Platís Gialós befindet sich die Zentrale des Kaiks-Betriebes. Dort werden Tickets für Bootsfahrten verkauft, auch Informationen über Miete, Preise und Strände sind zu bekommen.

Die Hotelgesellschaft des alten Petinos (s.o.) umschließt vier Hotels in verschiedenen Kategorien und Preisklassen. Alle Hotels sind angenehm und mit dem üblichen Komfort ausgestattet. Die Stammklientel der Petinos-Kette sind meist ältere Touristen aus Deutschland, Holland und England.

Die Petinos-Hotels:

Petinos Beach Hotel: Kat. A
Tel. 22890/24310, Fax 24311
info@infopetinoshotels.gr
www.petinosbeach.gr

Hotel Petinos: Kat. C
Tel. 22890/22913, Fax 23680
info@infopetinoshotel.gr
www.petinoshotel.gr

Hotel Nissaki: Kat. A
Tel. 22890/27666, Fax 23680
info@hotelnissaki.gr
www.hotelnissaki.gr

Hotel Palladium: Kat. A
Tel. 22890/25925, Fax 24396
info@hotelpalladium.gr
www.hotelpalladium.gr

Petasos Beach Resort

Ein hinter den anderen Hotelanlagen versteckter Gebäudekomplex auf einem Felsvorsprung über steil abfallenden Klippen. Zimmer gibt's in verschiedenen Kategorien und Preislagen, die allgemeinen Einrichtungen können von allen benützt werden. Das Hotel hat eine erstaunlich schöne Poolanlage. Der

Ausblick geht zum Glück nicht auf den voll besetzten Strand von Platís Gialós. Man muss also nicht ständig die prallen, verbrannten Touristenkörper sehen und das Gekreische der Kinder ertragen.

Petasos Beach Resort
Kat. A, Tel. 22890/23437
Fax 24101, info@petasos.gr www.petasos.gr

Mykonos Dove

Das schönste und stilvollste Haus der in Reih und Glied direkt am Strand formierten Hotels, das sogar die Schirme und Liegen direkt am Strand im Zimmerpreis integriert hat. Es liegt am äußersten Ende der Bucht und bietet trotz der Nähe zum Trubel und dichtgedrängten Strand erholsames Wohlfühlambiente. Die schönsten Zimmer sind diejenigen mit den großen Meerblick-Terrassen. Bei der Reservierung unbedingt anmerken (sonst droht der ernüchternde Ausblick auf den Parkplatz).

Mykonos Dove, Kat. A
Tel. 22890/22118
info@mykonosdovehotel.com
www.mykonosdovehotel.com

Frühstücken à la Petinos

Obwohl der Petinos-Komplex zunächst kaum Sympathien weckt, hat er doch ungeahnte Vorzüge. Zum Beispiel beim Frühstück. Hier kommt's schon vor, dass der Restaurantkellner den Gast nicht gleich kumpelhaft mit Deutsch anspricht. Und sie haben eine Frühstücksspezialität, die ihresgleichen sucht. Es ist eine nicht auf der Speisekarte gelistete Eierspeise, die man beim Kellner mit „Fried Egg cooked in Staka" bestellt, und falls er nicht weiß, was gemeint ist, mit „die Eier, die Petinos täglich isst"!

Die schwabbelige Eierspeise wird in einer riesigen Schüssel serviert und sieht wie eine Suppe aus. In cremiger Milch schwimmt eine Art Rührei, verfeinert mit Käse und Schnittlauch. Nicht gerade zur Diät geeignet, aber das Leibgericht zum Tagesanfang des Stadtoriginals Petinos. Es schmeckt nicht nur hervorragend, sondern soll, wenn man dem weit über 80-jährigen Mann Glauben schenken will, gesund und potenzfördernd sein.

Zu den Gewohnheiten von Petinos gehörte es, rund um die Uhr in einer dunklen Ecke der Taverne zu sitzen, in imposanter Haltung, das rot gefärbte Gesicht von unzähligen Falten durchfurcht. Die Führung seiner Hotelkette hatte er längst seinen Nachkommen überlassen, aber er blieb als respekteinflößendes Fossil präsent. Kritisch, teilweise mürrisch beobachtete er die Gäste, denen er seinen Reichtum verdanke und für welche er die Fischerei aufgab. Wortkarg war er, und wenn er sprach, dann am liebsten von seiner unglaublichen Männlichkeit, die ihm bis ins hohe Alter erhalten blieb – wenn man´s denn glaubt.

Psaroú – familiäre Strandpartie

Den etwa 200 m langen, schmalen Strand von Psaroú erreicht man, wenn man von der Hora kommend, kurz vor Platís Gialós (oder von dort zu Fuß) auf eine kleine Straße abzweigt, die steil und kurvenreich sich in die paradiesische Bucht hinunterschlängelt. Dort liegt hinter Schilf und Häuserfassaden der populäre Strand von Psaroú. In perfekter Kurvenform fließt der goldene Sand in das seichte Türkis des Wassers und erfüllt die gängige Idealvorstellung einer perfekten, kleinen Bucht in der Ägäis.

Psaroú ist ein familienfreundlicher, flach abfallender Strand und Treffpunkt fauler Müßiggänger, dazu ist die kleine Bucht meist windstill mit geringen Chancen auf einen freien Liegestuhl, geschweige denn auf ein Quäntchen Privatsphäre. Aufgrund der geschützten Lage ist die Psaroú-Bucht ein idealer Ankerplatz für weiße, teure Yachten und Motorboote der Ägäis-Kapitäne.

Während die (meerwärts gesehen) rechte Strandseite vorwiegend von griechischen Urlaubern okkupiert ist, gehört die Gegenseite deutschen und Schweizer Touristen. Direkt über der Bucht von Psaroú thront im Osten das von TUI „beschlagnahmte" Grecotel „Mykonos Blu", dessen mittelalterliche Kundschaft selten zu mehr Lust verspürt, als den Hang hinunter zu trollen und sich an den Strand zu legen. Schreiende und vergnügt quietschende Kinder dominieren den Geräuschpegel des Strands, während ihre Mütter wild gestikulierend am Mobiltelefon hängen und ihre Väter regungslos die Nachrichten im Radio verfolgten. Hier gibt man sich hinsichtlich der Badekleidungsordnung züchtig, spielt Beachball und schießt eifrig Ferienfotos.

Der faule Strandalltag geht in Griechenland mit kulinarischem Genuss Hand in Hand! Man kann sich darauf verlassen: Ein Strand mit vielen Griechen ist ein Strand mit mindestens einer guten Taverne. Die Taverne „Cavo Psaroú" ist eines der populärsten Strandrestaurants der Insel. An den weiß gedeckten Tischen werden nicht nur festliche Mahlzeiten serviert, sondern es lässt sich da ebenso herrlich Backgammon spielen, wie es sich an einem Sonnenplätzchen mit Weißwein berieseln lässt. Die schönsten, gefragtesten Tische sind an der Meeresfront (reservieren!). Wenn sogar reiche Schiffreeder extra ihre Yacht nach Psaroú lenken, um in der hiesigen Taverne zu speisen, dann sollte man das vorzügliche Essen erst recht nicht verpassen!

Seaside Cottage by Belvedere

Was etwa 60 Meter vom Meer entfernt jahrelang unter dem Namen „Psarou Garden Luxury Rooms" ein auf Luxus getrimmtes Feriendomizil ankündigte, ist heute ein vom Belvedere-Team in akkurater Bescheidenheit geführtes Hotel, das nicht nur mit einem erfreulich günstigen Preis-Leistungs-Verhältnis aufwartet, sondern auch mit stilvoll eingerichteten Zimmern mit Balkon oder Veranda mit Sicht auf den Strand und einer häufig wiederkehrenden, zufriedenen Stammklientel.

Seaside Cottage by Belvedere
Kat. C, Tel. 22890/77281
Fax 22890/77307
www.seasidecottage.gr

Grecotel Mykonos Blu

Das First-class-Hotel thront gewichtig über der Bucht von Psaroú: mehr protzig, steril und klobig denn eine architektonische Meisterleistung mit dezenten Elementen der Kykladenarchitektur. Hier wird fast nur deutsch gesprochen! Ausstattung und Ambiente entsprechen mehr mitteleuropäischen denn griechischen Standards mit moderner Empfangshalle, Zimmer mit allem Drum und Dran, mehrere Bars, eigenes Restaurant (Buffet und à la carte), Boutiquen, Tischtennisplatz, großer Swimming-Pool, dazu Hallenbad, Fitnessclub, Massagesalon ... und damit die Langeweile definitiv keine Chance hat, bietet das Hotel seinen Gästen ein aufmunterndes Unterhaltungsprogramm an: Morgengymnastik, Aerobic-Stunden, Wasserballturniere, Barbecue und pseudo-griechische Folkloreabende. Für risikoscheue Urlaubspuristen vielleicht die Erfüllung einer Mykonos-Reise?

Grecotel Mykonos Blu, Kat. A
Tel. 22890/27900
reservations.mb@grecotel.com
www.mykonosblu.com

Nammos

Ganz in Weiß ... ein Edelrestaurant, das vom Jet-Set und Möchte-gern-Jet-Set in Beschlag genommen wurde. Champagner und Feinkost werden zu exorbitanten Preisen serviert. Die Küchenmeister sind nicht unbedingt Weltmeister, doch der

Ein paar Boote legen am Paránga Beach an

Service allererste Güte, vor allem für diejenigen Gäste, die mit der eigenen Yacht anlegen.

Nammos
Tel. 22890/22440,
feelings@nammos.gr, www.nammos.gr

Paránga Beach – von der Grauzone zum Modestrand

Paránga oder Paragka, wie der Strand auch genannt wird, ist eine kleine, flache Bucht zwischen Platís Gialós und Paradise Beach. Trotz der berühmten Nachbarn blieb Paránga lange unentdeckt: Den Modischen und Ausgeflippten bot er nicht genug Extravaganz, den Ruhesuchenden war die Nähe zum wilden Paradise Beach suspekt. Erst in den letzten zehn Jahren hat sich Paránga Beach zu einem In-Strand mit Unterhaltung, Barbetrieb und quirligem Strandleben entwickelt. Wie an den anderen Südstränden gibt's auch hier präferierte „Zonen": rechts das junge, freche und nackte Publikum, links ist man züchtig bedeckt, gehört zum älteren Kaliber oder noch „zu jung" und unter Elternaufsicht. Im Hochsommer liegt man hier dicht beieinander, das bunt durchmischte Publikum beschert diesem Strand jedoch eine sympathische, gemütliche Note fern vom Druck zur zwanghaften Coolheit!

Paránga ist mit seinen knapp 200 Metern ein kleiner Strand. Weder durch Klippen noch Hügel geschützt, bettet er sich flach in die

Landschaft. Die ruhige Uferzone eignet sich bestens zum Plantschen und Wasserspielen. Der feinkörnige Sand macht die (zu satten Preisen) bereitgestellten Liegestühle fast überflüssig. Nur wenige Meter vom Strand liegt ein großer, spitzer Felsen im Meer. Als hätte die Natur die exhibitionistischen Züge der Inselbesucher geahnt, ist dieser eine Bühne für die Zurschaustellung körperlicher Vorzüge. Der Felsblock hat viel zu Parángas Bekanntheit beigetragen und rangiert in der Liga „Die schönsten Sonnenplätzchen von Mykonos". Falls besitzergreifende, bleiche Touristinnen den Felsen nicht schon beschlagnahmt haben, werfen sich auf dem Gestein braun gebrannte Herren in gekonnte Davidoff-Cool-Water-Pose.

Paránga ist einfach erreichbar. Kaiks bringen Badegäste von Ornós oder Platís Gialós in zehn Minuten in die kleine Bucht und fahren weiter zum Paradise Beach! Busse in Richtung Paránga verlassen Mykonos-Stadt alle halbe Stunde. Seit sich zwei beliebte Hotels gleich oberhalb der Bucht niedergelassen haben, ist die inselübliche, holperige Strandanfahrt einer gut erhaltenen Straße gewichen. Diese teilt sich kurz vor dem Ziel in zwei Abzweigungen. Beide führen an die beliebte Strandoase, allerdings zu zwei verschiedenen Strandparkplätzen. Wartet das Date nicht auf dem einen, ist es bestimmt auf dem anderen Parkplatz anzutreffen!

Vier Tavernen säumen den Strand. Die größte und populärste ist:

Barba Yiannis

In etwas reizloser Umgebung wählt man aus den preiswerten Angeboten der Küche. Doch sowohl die Moussaka als auch das Kalbsplätzchen schwimmen in der gleichen öligen Sauce und wirken kaum appetitanregend! Tritt man aber ins freundliche Sonnenlicht und sitzt in der schönen, schattigen Laube, schmeckt das Essen erstaunlich gut! Barba Yiannis hat direkt ans Restaurant eine kleine Strandbar angebaut. Ohne Vorwarnung wird hier mittags die Musik voll aufgedreht. Für die einen Grund genug, Yiannis und Co. den Rücken zuzuwenden, für die anderen der Startschuss zur feuchtfröhlichen Beendigung des Strandnachmittags! Yiannis stellt seinen Gästen Backgammon-Bretter zur Verfügung, die an der Bar verlangt werden und auch an den Strandplatz mitgenommen werden können. Im Hinterhof von Barba Yiannis befinden sich die offiziellen Strandtoiletten von Paránga und ein paar saubere Duschen.

Paranga Beach Bar

Am Anfang des Strandes, direkt unterhalb des Parkplatzes und ganz auf Beach Bar getrimmt, befindet sich die Paranga Beach Bar. Schilfdach, herrliche Meersicht, tropische Drinks und leichte Imbisse machen die Bar zum angenehmen Ort. Das Attribut „angenehm" hat der Besitzer allerdings nicht in seinem Beach-Bar-Pflichtheft stehen. Dem bärtigen Patron schwebt ein zweites Paradise-Feeling vor und so betrachtet er missmutig, wie seine Gäste wohlig in der Sonne herumlümmeln und trotz lauter Musik nicht den Anschein geben, halbnackt auf den Tischen tanzen zu wollen ...

Paranga Beach Café

Die Beachlounge direkt über dem Paránga-Strand ist nicht zu verfehlen. Ab 10 Uhr morgens ist sie geöffnet und besonders bei müden Clubbern beliebt, die anstatt ins Bett zu gehen, lieber ein reichhaltiges Frühstück in der milden Morgensonne genießen. Ein großzügiges Holzdeck zieht sich bis an den Rand der Klippe über dem Strand und lädt ein, zu heißen Rhythmen internationaler DJs zu tanzen. Ein Pool verspricht Abkühlung, nach dem breiten Angebot an Massagen und Yoga-Unterricht findet man vielleicht wieder zu sich selbst. Ein gutes Konzept und ein garantierter Treffpunkt schöner, williger Menschen, die es mit der Treue nicht ganz so eng sehen, dafür umso hingebungsvoller mit dem eigenen Ich verkehren.

Hotel Zephyros

Das gepflegte Hotel liegt einsam und verlassen oberhalb der Bucht von Paránga. Es bietet eine nette, überdachte Frühstücksterrasse, Fernsehzimmer, Bar, Cafeteria, Schwimmbad und hoteleigene Parkplätze (Minibusse fahren Hotelgäste mehrmals tägl. kostenlos in die Stadt). Die Zimmer sind einfach, aber freundlich eingerichtet und mit Telefon, Minibar, Ventilator und Radio ausgestattet. Dieses dürfte sich als überflüssig herausstellen. Von den netten, kleinen Balkonen des Zephyros hört man bis zum Eindunkeln die scheppernde Musik von den Strandbars. Ein nettes, angenehmes Hotel für Paránga-Freaks! Doppelzimmer kosten je nach Sicht und Saison € 100–140.

Hotel Zephyros, Kat. C
Tel. 22890/23928, Fax 24902 www.zephyrosmykonos.com
Mai–Oktober

Soho Roc House

Seit 2019 Soho House das nur wenige

Gehminuten vom Paránga-Strand entfernte, auf den Klippen thronende Hotel „San Giorgio" übernommen hat, erlebte der bisher gebotene gehobene Hotelstandard ein Upgrade im Stil eines Boutique-Hotels mit marrokanisch beeinflusstem Dekor, bei dem man nun nicht ganz sicher sein kann, ob das Gebotene nun „Savoir vivre" oder einfach nur „Brave New World" ist. Die Verwässerung des Members-only-Ansatzes und Zimmerkontingente diverser Reiseveranstalter erlauben den Zutritt auch für nicht in die Community aufgenommene Wesen, sofern sie über das erforderliche Kleingeld verfügen. Wem der sandige Strand zu sandig ist, kann im üppig dimensionierten Pool sich dem Gefühl, über dem Meer zu schweben, hingeben. Für Nachtschwärmer interessant: Der Bus in die Stadt hält direkt vor der Hotelanlage und stellt erst früh morgens den Transfer ein – bis der Tag beginnt und die Busse ihre kurze Ruhephase beenden. „Scorpios", der unverschämt erfolgreiche Beach Club auf der gegenüberliegenden Seite des Paránga-Strandes, gehört auch zu Soho House.

Soho Roc House, Kat. A
Tel. 22890/27474
www.sohohouse.com

Ágia Ánna

Das kleine, charmante Strandörtchen Ágia Ánna bei Paránga wird gern mit dem gleichnamigen Nachbarstrand von Kalafátis verwechselt. Auf vielen Inselkarten sind die beiden Kleinstrände nicht eingezeichnet und Missverständnisse vorprogrammiert! Weiß man jedoch, um welches Ágia Ánna es sich handelt, braucht man zur Orientierung keine Straßenkarte! Man folgt den Straßenschildern Richtung Paránga und passiert auf dem Weg den reizvollen Strand Ágia Ánna, an dem viele Urlauber auch durch puren Zufall hängenbleiben.

Der Strand ist winzig und verlockt wenig zum Schwimmen, obwohl der Einstieg quarzkieselbefreit mit weichem Sand sehr angenehm ist. Die fünf kleinen Strohhäuschen am Strand versprechen hingegen vollkommene Privatsphäre und sind bei Individualisten begehrt! Ágia Ánnas wilde Natürlichkeit lässt sich nur schwer mit dem Ausblick auf die Hotelbauten der Nachbarbucht Platís Gialós kombinieren. Deswegen empfiehlt es sich, den Strandtag in der Nachbarbucht Paránga zu genießen und erst zu den Mahlzeiten nach Ágia Ánna zurückzukommen.

Nicolas Taverne am Ágia-Ánna-Strand macht einen verträumten, scheinbar verlorenen Eindruck.

Nach der fröhlichen Gesellschaft des Paránga-Strandes wirkt die Melancholie der Strandtaverne einnehmend und sympathisch. An wackeligen Holztischen kann man sich bei Nicola wunderbar auf den Abend einstimmen. Das schmackhafte, allerdings überteuerte Essen können sich Gäste in der Tavernenküche aussuchen, vom Hauswein sollte man jedoch besser die Finger lassen.

Paradise Beach – wie ein Name Programm wird

Paradise Beach – einst der absolute Freak-Beach der Ägäis und Vorreiter der Freikörperkultur in ganz Europa. Die Geschehnisse von damals riefen in jeder besorgten Mutter absolute Paranoia hervor! Bilder nackter, langhaariger Menschen gingen um die Welt. Mit lächelnden Gesichtern propagierten die späten Blumenkinder ihr „Paradies" von Sonne, Liebe und unbekümmerten Körperbewusstsein.

Die Zeiten ändern sich und wir uns mit ihnen. Dies gilt auch für Mykonos und ganz speziell für Paradise Beach und sein Publikum. Die anarchistische Strandkommune nackter Hippies wich einem professionellen „Natur-Laufsteg", wo die neusten Bikinimodelle, schrägsten Sonnenbrillen und die durchsichtigsten Pareos zur Schau getragen werden. Am ehemals berühmtesten FKK-Strand geht's heute bedeckt zu! Nackt ist kaum einer mehr, statt tiefgründige Parolen sind heute knallige Modefarben, gewagte Bademode und snobistisches Auffallen-Wollen angesagt.

Paradise Beach verdient seinen schmeichelnden Namen allemal. Das Meerwasser besticht durch reines Türkis, der Strand ist so golden, wie er überhaupt sein kann und die aus Schilfblättern gebastelten Sonnenschirme verleihen der Bucht einen Hauch von Karibik! Welch' netter Rahmen für das frivole, feucht-fröhliche, übermütige Treiben der Strandbesucher. Paradise Beach ist ein Strand, der sich im Sommer zur endlosen Dröhnung und Tag-und-Nacht-Disco verwandelt – die Auswüchse wie am Ballermann zu kreieren versteht inklusive einem überteuerten und unfreundlichen Bar- und Strandservice. Schwimmen ist am Paradise Beach eher Nebensache und statt Ananassaft und Eis wird hier Bier en masse getrunken.

Die Bescheidenheit und Freiheitsbotschaft von damals sind einer kommerziellen Vergnügungssucht gewichen, doch eine Tradition blieb erhalten: Am Paradise Beach wird noch immer die Neugierde dem

Direkt am berüchtigten Strand – Tropicana Beach Bar

anderen Geschlecht gegenüber ausgelebt. Hier wird nicht lange gefackelt: Wer nicht will, hat gehabt und willige Alternativen gibt´s zuhauf. Wer den Strand abends allein verlässt, ist entweder innig in den zu Hause gelassenen Partner verliebt, zu anspruchsvoll oder hier am falschen Ort verloren.

Die Nächte am Paradise Beach sind lang, schier endlos – und anstrengend! Immerhin, der Ort ist einfach erreichbar, mühsame Hin- und Rückwege entfallen! Von beiden Busstationen in der Stadt gibt es regelmäßigen Transport zum Paradise Beach. Die Busse von und nach Paradise fahren bis früh morgens und bei speziellen Anlässen (Vollmondpartys) gibt's sogar Spezialfahrten. Von Ornós oder Platís Gialós gelangt man auch per Boot an den Strand. Die Anfahrt mit dem Auto oder Motorrad dauert ca. 15 Minuten und ist gut beschildert.

Tropicana Beach Bar

„Dance on the bar till you drop!" – Solch' ausgelassenes Motto kann nur am Paradise Beach formuliert und in die Tat umgesetzt werden. Die Aufforderung stammt von der Tropicana Beach Bar direkt am berüchtigten Strand, die sich fast einen ebenso bekannten Ruf eingehandelt hat. Das als Restaurant geplante Lokal wird schon um die Mittagszeit von den Partylöwen des Paradise-Strandes unter Beschlag genommen. Die Musik wird aufgedreht und statt zu essen, tanzt man auf den Tischen. Dicht gedrängt wiegen sich Girls in knappen Bikinis und Boys mit schwarzen Sonnenbrillen in den Hüften. Schon nachmittags fließt der Alkohol in großen Mengen und sorgt dafür, dass der wilde Tagesrhythmus bis morgens früh aufrecht gehalten wird. Im Tropicana findet vor allem junges Rucksackpublikum mit heterosexuellen Neigungen zusammen. Hier regieren die Bedürfnisse des Körpers, wer keine fremden Hände am Hintern will, sollte sich besser woanders niederlassen.

Tropicana Beach Bar
Tel. 22890/23582
info@tropicanamykonos.com
www.tropicanamykonos.com
Mitte April–Oktober 10–5 Uhr

Mykonos Diving Center

Traditionsreiches Tauchzentrum und -schule, die in den 1970ern zunächst am Strand von Psaroú angesiedelt war und 2007 zum Paradise Beach wechselte. Hier können u.a. PADI-Zertifikate absolviert werden. Die Tauchplätze liegen 15–20 Minuten per Schlauchboot von der Basis entfernt. Launisch wie die Stimmung am Strand oder die Großwetterlage können oder werden spezielle Exkursionen wie Wrack-, Nacht- oder Tiefseetauchen durchgeführt.

Mykonos Diving Center
Tel. 22890/24808, 69463/83115
info@dive.gr
www.dive.gr

Super Paradise – Adonis Lieblingsstrand

ehemals „Plindrí"

Das Adjektiv „paradiesisch" reichte nicht aus, um Plindrís Vorzüge zu würdigen. „Super Paradise Beach" sollte er heißen, ein Strand der Superlative. Da liegen sie denn auch, die jungen Götter Griechenlands. Mit hedonistischem Selbstbewusstsein, als hätten sie den Superlativ für sich allein gepachtet! Wohlgeformte Körper glänzen in der gleißenden Sonne. In lasziver Anmut bewegen sie sich über den Sand, als würden sie von Aphrodite liebkost werden! Die „Götter Griechenlands" entpuppen sich jedoch als englische Friseure oder deutsche Designer und

Auch der „wilde" Super Paradise kennt ruhige Momente

Aphrodite würde so schnell von der Bettkante gestoßen, wie deren Diener Eros sofort die Herzen schmelzen ließe!

Super Paradise, einst als Schwuchtelstrand verpönt, heute als der Schwulenstrand von Europa schlechthin gefeiert! Wer in der Schwulenszene verkehrt, gibt mindestens vor, er würde die paradiesische Homophilenbucht von Mykonos kennen. Wenigstens ergötzt man sich an den zweideutigen Gerüchten über das bunte Treiben am berühmtesten Strand von Griechenland.

Rein schwul ist Super Paradise längst nicht mehr! Homosexualität wird, wenigstens in Mitteleuropa, kaum mehr als sonderbar abgetan. Im Gegenteil, die „Gay Community“ wird mit den Schlagwörtern Lebensstil, Eleganz und Kreativität in Verbindung gebracht. So verwundert's kaum, dass auch Frauen und heterosexuelle Männer an den Strand von Super Paradise pilgern, um ihren Anteil am „Dolce vita“ zu ergattern. Aus dem Refugium wurde „the place to be“! Am ursprünglichsten ist das rechte Strandende (meerwärts gesehen) geblieben. Liegestühle sind hier überflüssig, Frauen kaum erwünscht und eine Heerschar nackter Männer lümmelt in eindeutigen Posen im goldenen Sand. Früher sollen sich in den hier angrenzenden Klippen die berüchtigten Lusthöhlen von Super Paradise befunden haben. Wer seine neue Liebe nicht bis zur Rückkehr ins Hotel vertrösten wollte, zog sich mit ihm in die düsteren Felshöhlen zurück, um in nasser Dunkelheit ungestört die Tribute der „Liebe“ zu entrichten, die wenige Stunden vorher von einem anderen bezahlt worden sind. Mit dem Aufkommen von Aids wurde der „schnelle Spaß“ eingeschränkt. Die „Lusthöhlen“ werden kaum mehr aufgesucht, das Lustobjekt muss strenge Kriterien erfüllen und gestöhnt wird nun in klimatisierten Hotelzimmern.

Neuankömmlinge werden am Super Paradise aufs Genauste inspiziert. Frauen mit Toleranz, falls sie einigermaßen charmant sind, sogar willkommen geheißen, männliche Neuzugänge werden aber einer detaillierten Prüfung unterzogen. Die Blicke der Männer entdecken in grausamer Schärfe jeden Schönheits- oder Stilfehler. Werden falsche Badehosen gerade noch geduldet, sind ungepflegte Fußnägel oder die falsche Sonnencreme ein Fauxpas, der nicht wieder gut zu machen ist. Wehe demjenigen ohne Waschbrettbauch! Hier verkehren vor allem Adonis und Konsorten.

Super Paradise ist in erster Linie Lebenseinstellung. Wie eine Bar oder

Club ein bestimmtes Publikum anziehen und zur Plattform eines speziellen Geschmacks werden, sind die Menschen am Super Paradise zu einer kleinen Familie geworden, die unausgesprochen eine Philosophie teilen. Und die traumhafte Umgebung ist das Pünktchen auf dem i. Die geschützte Bucht von Super Paradise zählt zu den schönsten der Insel und die Attraktivität des Strandes steht derjenigen der Besucher in nichts nach. Durch hohe Felsen vom Wind geschützt, ist der feinsandige, flach abfallende Strand ein wunderschöner Ort zum Verweilen. Eine kleine, perfekte Welt für sich und nirgends leuchtet das Wasser türkisfarbener als hier! Bis drei, vier Uhr nachmittags ist es relativ ruhig. Die gegenseitige Schönheit wird bewundert, die zartgliedrigen Hände manikürt, in Hochglanzmagazinen gelesen, eine Massage genossen (ca. € 100 für eine Stunde) ... Erst am späten Nachmittag erwacht der Strand. Wie auf Kommando ertönt aus den Tavernen überschwängliche Popmusik, die Hochglanzmagazine weichen draufgängerischem Flirten und im Wasser wird mehr geturtelt als geschwommen. Die hoch gelobten, alten Zeiten von Super Paradise scheinen in schüchterner Form wiederzukehren, der Schwulenadel kann beruhigt aufatmen.

Hinkommen: Der ca. acht Kilometer lange Weg nach Super Paradise zieht sich wegen der kurvenreichen Sandstraße mühsam in die Länge. Nirgends ist die Anfahrt zum Strand so holprig und steinig wie jene nach Super Paradise. Erst recht gefährlich ist die Strecke nachts, wenn weder Laternen noch Straßenlampen vor Schlaglöchern und Kurven warnen. Die Straße an den begehrten Strand ist so eng, dass selbst ein PKW nur mit Vorsicht unbeschädigt sein Ziel erreicht. Busverbindungen nach Super Paradise entfallen deswegen ganz! Wer kein Motorrad besitzt oder auf die Ralleyfahrt im Mietauto verzichten will, sollte sich von einem Kaik an den Strand bringen lassen. Die begehrten Transportschiffchen fahren in wenigen Minuten nach Super Paradise, sowohl ab Ornós, Platís Gialós als auch Paradise Beach. Von letzterem führt auch ein 20-minütiger Fußweg über die Klippen hierher. Transportprobleme hin oder her: Super Paradise ist ein Muss für jeden Besucher! Der Strand ist der „mykoniotische Eiffelturm", der jedes Recht hat, sich als Wahrzeichen der Insel zu bezeichnen.

Coco-Club

Hoch über dem Strand befindet sich der legendäre Coco-Club, eine stilvolle, trendsichere Taverne mit

Swimmingpool und königlichem Ausblick auf die Dragqueens, Turteltauben und Armani-Models – man will ja schließlich keine der Strandkönige oder -königinnen verpassen! Hier wird am späten Nachmittag getanzt, die ersten Drinks des Tages genossen oder eine leckere Mahlzeit verzehrt. In der Hochsaison veranstaltet der Club Modeschauen, lockt zum Striptease-Vergnügen oder amüsiert mit zweideutigen Tanz-Vorführungen. Das „Sehen" ist im Coco-Club fast noch wichtiger als das „Gesehen werden". In regelrechten Paraden ziehen sonnenmüde Strandgänger die Treppe zum Club hoch und übertreffen sich gegenseitig an Nacktheit, Schönheit und Extravaganz. Den Coco-Club sollte man nicht verpassen: Hier erlebt man das wilde Mykonos pur! Wer daran keinen Gefallen findet, wird von der einmaligen Aussicht über die Bucht und dem tollen Essen (besonders empfehlenswert die gegrillten Langustinen – ein perfekter kleiner Happen, bevor man um Mitternacht die richtige Mahlzeit zu sich nimmt) mehr als nur vertröstet. Nach 20 Uhr macht der Laden langsam dicht. Die Schönheiten begeben sich in die Stadt, um sich für die Nacht und andere Exzesse herzurichten. Tel. 22890/26995

Coco Club: wo die hedonistischen Freuden des Touristen wahr werden

Taverne „Super Paradise"

Weit weniger spektakulär geht's in der Taverne „Super Paradise" zu, die sich im ruhigeren Teil der Bucht befindet. Hier sucht man mittags ein wenig Schatten unter dem großen Strohdach und stillt das erste Hungergefühl. Dem Restaurant wurde eine Bar hinzugebaut, deren laute Musik erfolgreich mit der Musik des Coco-Clubs konkurriert. Die Taverne hat kaum äußerliche Vorzüge. Die schwulen Strandgänger überlassen die Bar deshalb gern der heterosexuellen Kundschaft, die weniger stilsicher sich schneller zufrieden gibt! So wirkt das „Super Paradise" leicht bieder im Vergleich mit den farbenfrohen, exzentrischen Gestalten „des anderen Ufers“. Die Restaurantkasse ist zugleich Rezeption des gleichnamigen Hotels „Super Paradise“. Die Zimmer dieses Kleinhotels sind auffallend preiswert (ab € 70) und durchaus charmant. Der herrliche Ausblick der Hotelzimmer entschädigt jedoch nicht für das Gefühl, weit weg vom Geschehen zu sein.

Taverne „Super Paradise“
Tel. 69444/53802
superparadiserooms@hotmail.com

Villa Madraoula

Hoch genug über der Bucht, um das verrückte Treiben und die dröhnende Musik von Super Paradise zu übersehen und -hören, liegt die Villa Madraoula, ein Kykladen-Traumhäuschen, das direkt in die Felsen gebaut wurde und atemberaubende Sicht über die Ägäis genießt. Sie wird an Touristen vermietet, und wer rechtzeitig bucht, findet hier die beste Ausgangslage, um die schönsten Tage des Jahres zu verbringen. Die Villa teilt sich in zwei Wohnungen, beide vollständig möbliert und mit herrlicher Panorama-Terrasse und überdachter Loggia, dazu sind Cheminée, Fernseher und Komfort geboten. Die Preise variieren je nach Saison: im Mai gibt’s eine Wohnung bereits ab € 800 pro Woche, von Ende Juli bis Anfang September muss mit über € 1.800 gerechnet werden.

Informationen:

Mykonos Association of Rental Rooms, Studios & Apartments
Tel. 22890/24860
April–Okt. Tägl. 9–20 Uhr
sedmykonou@gmail.com
www.mykonosassociation.yolasite.com

Super Paradise Watersports

Wem ob all der dröhnenden Party der Strandkoller packt, kann im erfrischenden Nass und über den Wellen seine Spatzetteln zum Besten geben. Zur Auswahl stehen das Übliche: Jetski, Wakeboard, Wasserski, Flyboards …

Super Paradise Watersports
Tel. 69817/44412
info@superparadisewatersports.com
www.superparadisewatersports.com

Der Masseur von Super Paradise

Christoph M., braungebrannt, groß und schlank. So habe ich den charmanten Berner am Super Paradise kennengelernt. Eine gefährliche Erscheinung an „Europas Schwulenstrand“ schlechthin. Unter ihm haben schon Valentino, Gaultier und Brigitte

Nielsen gelegen! Christoph und mich verbinden nebst kollegialer Freundschaft stundenlange Gespräche über die Kykladeninsel. Und so schildert er das lasziv-übermütige Treiben an Mykonos berühmtestem Strand:

„Mykonos, das war Liebe auf den ersten Blick! Dies ist nicht erstaunlich. Erstens verliebe ich mich ständig auf den ersten Blick – oft, um mich auf den zweiten wieder zu entlieben –, zweitens zählte ich bei meinem ersten Mykonos-Urlaub knapp zwanzig Jahre und besaß ein schnell zu begeisterndes Gemüt: Sonne, blaues Meer, Nachtleben und schöne Menschen reichten aus, um mir die Welt wunderbar erscheinen zu lassen.

Die viel gerühmte Insel hatte genug Erfahrungen mit jungen Männern wie mir und wusste, sich uns „Luftikusse" gefügig zu machen: Kaum zu Hause, entwickelte ich wegen meiner herrlichen Ferienerinnerungen eine eigenartige Ergebenheit diesem Eiland gegenüber. Ich, der sonst so unruhige Weltenbummler, verspürte Sehnsucht nach Mykonos, dessen Charme ich zwar nicht exakt erfassen konnte, dem ich jedoch erlegen war. Aus dem anfänglichen Flirt wurde Liebe, eine Beziehung auf Distanz, denn wegen Ausbildung, erstem Job und gähnender Leere im Portemonnaie vergingen einige Jahre bis zu meiner zweiten Reise nach Mykonos.

Als ich dort ankam, regnete es. Wo die Insel gerade mal 20 Regentage im Jahr kennt! Die weißen Häuser wirkten ärmlich, die See bedrohlich und alles andere als einladend. Welch lausiger Empfang der Geliebten, deren ich so lange sehnsüchtig gedacht hatte! Ich kramte nach freundlicheren Erinnerungen an Mykonos und suchte missmutig ein Zimmer in der Stadt. Ich wollte die Zeit nicht vertrödeln, arbeiten, mir auf Mykonos einen Alltag schaffen und herausfinden, ob der Wunsch, „Arbeit mit Vergnügen zu verbinden", durchführbar ist. Mein naiver Optimismus hatte sich alles etwas einfacher ausgemalt. Mein Erstaunen war groß, nachdem ich bei vielen Restaurants, Bars und Hotels nach Arbeit gefragt hatte und noch immer ohne Job dastand. An vielen Orten kam ich wenn nicht zu spät („alle Stellen sind bereits besetzt") zu früh („wir stellen erst im Juni ein!") oder mein unzuverlässig scheinender Charakter missfiel: Als ich endlich einen Job in einem Schuhgeschäft fand, langweilte ich mich so, dass ich nach wenigen Tagen kündigte.

Not macht erfinderisch. Als ich schon aufgeben wollte, müde in der Sonne suhlte und die Schönen von Super Paradise betrachtete, kam mir die Idee, wie ich doch noch zu

Geld kommen könnte: Versprach in der Hochburg der Eitelkeit das Geschäft mit dem Körper nicht satten Gewinn? Genau da wollte ich mich positionieren. Bereits am nächsten Tag ernannte ich mich zum ersten Beachmasseur von Super Paradise! Schließlich hatte ich einen Massagekurs mit Diplom abgelegt und kannte Massagetechniken, Kräuteröle und Reflexzonen. In einem Fotogeschäft ließ ich mir ein T-Shirt mit der grellen Aufschrift „Massage by Chris" drucken. Eine totale Fehlinvestition! Schließlich war die Kleidungsnorm meines neuen Arbeitsplatzes das bare Nichts und T-Shirt wie Badehose wichen schnell einem professionell aussehenden Sarong. Von da an begann mein wirtschaftlicher Aufschwung, ich schritt drei Monate lang fast täglich am Super Paradise Beach auf und ab ... Brennende Sonne, glitzerndes Meer und Musik lenkten so lange von meinen anfänglichen Ungeschicklichkeiten ab, bis ich den Masseurjargon, -gang und -blick so intus hatte, dass niemand mir geglaubt hätte, dass ich davor im Büro arbeitete. Ich war der Beachmasseur von Super Paradise und dort bald so bekannt wie die Akropolis in Athen.

Der Andrang war groß. Bald konnte ich es mir leisten, wählerisch zu sein. Die Schwätzchen unter den Sonnenschirmen wurden länger, Einladungen und Visitenkarten häuften sich. Super Paradise wurde mein Zuhause. Nebst Touristen, die kamen, ihren Spaß hatten und auf Nimmerwiedersehen verschwanden, bildete sich ein treuer, harter Kern, der sich kannte und jedes Jahr wieder traf. Die Super-Paradise-Familie ist ein Schmelztiegel mit Menschen verschiedenster Herkunft, Berufen, Spleens und – es wäre sonst nicht Super Paradise – Sexualleben. Die Zeit verging wie im Flug und viel zu früh war ich zurück in der Schweiz, wo es natürlich regnete. Arbeit war wieder Arbeit, das Vergnügen vorbei. Die Arbeit am Super Paradise Beach brachte außer Spaß auch neue Erkenntnisse:

Des Masseurs Feind ist der Wind. Immer wenn der Kunde fertig eingeölt ist, bläst der Meltémi besonders heftig, um die glänzende Haut mit einer dichten Sandschicht zu überziehen. Griechische Männer sind zwar charmant und sexy, ihre behaarten Rücken lassen jedoch jeden Masseur zum Friseur mutieren und es ist fast unmöglich, durch den dichten Körperfilz auf die Haut durchzudringen. Eine Massage auf sonnenverbrannter Haut erzeugt Höllenqualen! Der professionelle Masseur beugt solchen Gräueltaten durch eine Rückenmusterung vor.

Verbrannte Haut kann sich ablösen und bleibt dem Masseur in ekligen kleinen Stücken an den Fingern kleben. Am Super Paradise „war" es immer der Masseur! Ihm bleibt jene undankbare Rolle überlassen, die anderorts vom Stallburschen, Milchmann und Postboten besetzt wird ...

Agrári Beach – gereifte Strandkultur

Der Name Agrári löst bei erfahrenen Mykonos-Besuchern ein erfreutes Lächeln und wohlige Erinnerungen aus: perfekte Strandtage, ungestörte Lesestunden und interessante Bekanntschaften, und diese ohne abstruse Hintergedanken, was auf Mykonos eher selten ist. Agrári ist ein Strand für Individualisten. Weder Musik noch Kindergeschrei lenken von der herrlichen Szenerie ab, unbeobachtet kann man sich der Sonne, Sand und Meer hingeben. Teenager und actionheischende Festbrüder findet man am Agrári-Strand kaum, für Ruhesuchende und Nackedeis ist der Strand hingegen ein absolutes Muss! Der Strand fällt grobkörnig im steilen Bogen ins Meer, was den Einstieg nicht einfach, aber durchaus erstrebenswert macht. Er bietet wunderschöne, geschützte Liegemöglichkeiten, vor allem in der Nähe der Felsen, die den Strand auf beiden Seiten einkreisen. Seitdem Agrári zu einem der Lieblingsstrände der Genießer wurde, gibt es auch ein kleines Hotel direkt hinter dem Strand und eine Taverne mit Zimmervermietung.

Die Straße nach Agrári gehört zu den holprigsten Wegen der Insel. Endlos scheint die Fahrt durch die dürre Landschaft und erst nach vielen scharfen Kurven eröffnet sich der Blick auf die wunderschöne Bucht. Für Busse ist der Weg zu lang. Ohne eigenes Fahrzeug muss man mit einem Kaik vorlieb nehmen. Diese Schiffsverbindungen sind hier unregelmäßiger und unzuverlässiger als anderswo: Agráris Lage gestattet zwar das problemlose Anlegen, verübelt jedoch so manche Wegfahrt, so dass bequeme Kapitäne den Strand oft einfach umgehen. Man sollte im Voraus klären, wann das letzte Boot fährt oder – noch besser – wann man Agrári wieder verlassen will. Es ist ärgerlich, das letzte Kaik des Tages in knappem Bogen an Agrári vorbeiziehen zu sehen!

Die Lage der Agrári-Bucht ist privilegiert, der Tourismus kaum entwickelt, also haben viele wohlhabende Griechen ihr persönliches Reich hierher gebaut. Auf dem Weg zum Strand erblickt man deshalb mehrere atemberaubende Bauten zwischen den Klippen.

Hotel Sunrise
George Daktilidis und seine Familie führen das Hotel mit viel Freundlichkeit und gutem Willen. Die 36 Zimmer haben alle einen Balkon mit Blick auf den Strand. Auf den superben Ausblick muss man leider von der Pool-Anlage aus verzichten, denn ein hoher Palisadenzaun trennt das Hotelareal vom Strand. Doch wer will schon im Chlorwasser schwimmen, wenn unten das schönste Blau der Ägäis lockt. DZ inkl. Frühstück € 140–210

Hotel Sunrise, Kat. B
Tel. 22890/72201
info@sunrisemykonos.gr
sunrisemykonos.com

Agrari Beach Hotel
Versteckt hinter Schilf und Blumenranken liegt dieses beliebte Restaurant, das zum gleichnamigen Hotel gehört und um Längen gepflegter als viele andere Strandtavernen der Südstrände ist. Es bietet schmackhafte und preiswerte griechische Hausmannskost. Im Agrari Beach Hotel können einfache Zimmer mit Blick auf den Strand hinaus bezogen werden, die insbesondere durch ihr ausgezeichnetes Preis-Leistungs-Verhältnis glänzen. DZ € 60–90.

Neben dem Agrari Beach Restaurant gibt es noch eine kleine Strandbar, die die üblichen Getränke, Eiscreme und Süßigkeiten verkauft.

Agrari Beach Hotel
Tel. 22890/71295
info@agraribeach.gr
www.agraribeach.gr

Eliá Beach – wohldosierter Badespaß

Eliá bietet ein erstklassiges Strandelebnis. Trotz seiner Trendsetter-Rolle hat sich der Strand kaum verändert: Etwas mehr Publikum, einige zusätzliche Liegen und Sonnenschirme, doch von lauter Musik und Remmidemmi bleibt man weiterhin verschont. Es ist kein ausgesprochener Familienstrand, auch nichts für den extravaganten Partytaumel – und doch mit vielem der übrigen etablierten Strände ausgestattet! Er erlaubt, dem Rummel von Super Paradise und Paradise zu entfliehen, dabei muss man weder auf Unterhaltung, Wasser- und Jetski, Komfort noch auf bescheidenen Glamour verzichten.

In Eliá findet sich ein sehr gemischtes Publikum ein. Die rechte Strandhälfte (meerwärts gesehen) haben die Abtrünnigen von Super Paradise unter Beschlag genommen, Naturisten und Sympathisanten sind auch willkommen. Familien mit Kindern schätzen den leichten, flachen Meereinstieg, Alleinreisende müssen nicht befürchten, ständig angebaggert zu werden, Leseratten können die Strandlektüre für einmal ohne Musikbeschallung genießen! Eliá verzichtet auf das Gehabe sonstiger Szeneorte und hat sich so eine neue, unkomplizierte Szene geschaffen, deren Vergnügen durch kein falsches Badekleid oder störende Fettpölsterchen geschmälert wird.

Eliá hat einen traditionellen Strandservice! Die relativ geringe Anzahl der Gäste erlaubt eine speditive Bedienung. Junge Ausländer (meist Urlauber, denen das Geld ausgegangen ist!) patrouillieren täglich am Strand und versorgen die faulen Sonnenanbeter mit Getränken, Snacks und kleinen Speisen. Ein angenehmer Pluspunkt, den wenige Strände bieten – auch weil der Strand einer der längsten der Insel ist und der Marsch zur Taverne weit und mühsam.

Dejan, einer der Strandboten, sieht aus wie aus dem Bilderbuch. Lockiges Haar, ein Lachen im Gesicht, sonnengebräunt und muskulös. Eine gute Kondition ist unerlässlich, damit er diesen Job einen Sommer lang durchziehen kann. Die Tage auf Mykonos sind heiß, lang und es ist beschwerlich, barfuß durch den feinen Sand zu gehen. Bis mittags um drei sind seine Geschäfte dürf-

Über diese kurvige Straße gelangt man zum Eliá Beach

tig. Mykonos schläft in den frühen Mittagsstunden noch! Erst wenn sich die Liegen füllen, beginnt sich Dejans Gang zu lohnen. „Klar wird hier geflirtet“, grinst er, „vor allem Männer machen keinen Hehl daraus, dass sie auf anderes aus sind als meine Eiskreme! Frauen sind diskreter!“ Sein Grinsen vertieft sich: „Die Frauen müssen vorsichtig sein. Auf Mykonos scheinen doch alle gut aussehenden Männer dem starken Geschlecht zugeneigt zu sein“. Reue? Na ja, antwortet er bescheiden, er werde noch immer auf allerlei angesprochen und zu kurz käme er auch nicht! Dejan amüsiert sich sichtlich. Abends tauscht er seine freizügige Stranduniform gegen den Kellnerkittel des Hotelrestaurants ein, wo er im Service arbeitet ... Also keine Zeit sich die Nächte um die Ohren zu schlagen? „Blödsinn", sagt er, „die Nacht beginnt auf Mykonos erst nach Mitternacht!" Zwei Stunden später bringt er mir meinen Campari orange!

Die Fahrt nach Eliá dauert von der Hora aus 30 Minuten, ist angenehm, ab Áno Méra gut beschildert und die Straße durchweg asphaltiert. Busse fahren ab beiden Busstationen der Stadt direkt an den Strand. Eliá wird als letzte bedeutende Bucht der Südstrände von den Kaiks angesteuert. Weil dort „Endstation" ist, liegen die Transportboote zwischen 13 und 16 Uhr am Strand vertäut. Wer zu dieser Zeit den Strand auf dem Seeweg verlassen will, muss warten, bis die Siesta der Kapitäne vorbei ist. In Eliá scheint die Zukunft des exklusiven Mykonos-Tourismus zu liegen. Denn es zieht immer mehr Menschen an den wunderschönen Strand, Eliá gilt zudem als begehrte Dauerresidenz. An den Hang wurden großzügig angelegte Bungalows und Nobelhotels gebaut, die der Bucht vermehrt jenes Publikum bringen, auf welches der Ort abzielt: wohl situierte, geschmackvolle und „alterslose" Menschen von Welt! Auch ohne eine exorbitante Barschaft sollte man Eliás Strandleben einmal erleben. Nebst den Vorzügen wie ein wunderbar feiner Sand und nette Strandnachbarn gibt's zwei sehr empfehlenswerte Tavernen. Es sind wohl die beiden letzten Strandtavernen auf Mykonos, die sich noch die Mühe machen, die Tische adrett zu decken, und dabei nicht einmal an Tischtüchern und Stoffservietten sparen!

Elia Beach Restaurant
& Elia Mykonos Resort

Das Restaurant Elia Beach liegt direkt am Strand und verspricht durch die direkte Sicht auf das Strandtreiben eine unterhaltsame Mahlzeit. Etwas eng gestuhlt, dennoch isst man unter dem schattigen Bambusdach gemütlich in angenehmer Atmosphäre. Nach den Erfahrungen düsterer Selbstbedienungstavernen anderer Strände eine wahre Erholung! Sophia und Yiannis führen dieses bekannte Lokal seit Jahren. Mittlerweile hat der Sohn, ebenfalls ein Yiannis, die Direktion übernommen, die Verwaltung der Küche überlässt er aber klugerweise den strengen Augen seiner Eltern. Besonders empfiehlt Yiannis Junior seine Apple Pie und den vegetarischen Salatteller. Er weiß warum und viele andere teilen seine Meinung: Das Restaurant ist täglich ab 12 Uhr mit zufriedenen Gesichtern besetzt und vermietet zudem natursteinerbaute Unterkünfte.

Nikos Stavrakopoulos
Tel. 22890/71204
info@eliamykonos.gr
www.eliamykonos.gr
12 Doppelzimmer und 3 Studios,
DZ ab € 90 (NS), € 140 (HS)

Taverne Kapelagio

Diese Taverne gibt's schon seit 50 Jahren – allerdings unter wechselnden Namen. Konstant ist dafür ein äußerst gepflegtes, sympathisches Lokal mit zuvorkommendem Service. Die Salate gehören zu den besten der Insel. Schon der Blick in die Salatvitrine lässt das Wasser im Mund zergehen. Besonders zu empfehlen ist der Hummer- und Auberginensalat. Auch die hausgemachten Teigwaren, als Salat oder als Pasta serviert, sind delikat. Von der Taverne auf einer erhöhten Terrasse am linken Ende der Bucht eröffnet sich ein weiter Blick über die Küste mit weniger Unterhaltungswert, er ist aber um einiges spektakulärer als die voyeuristische Aussicht der Nachbarstaverne. Besonders angenehm ist's hier am späten Nachmittag. Die Sonne verliert ihre Kraft und das schattige Strohdach wird überflüssig. Im Korbstuhl genießt man die milde Wärme der letzten Strahlen und das Meer scheint als glitzernder Silberteppich einem zu Füßen zu liegen.

Wem die Unterkünfte der Taverne Elia Beach zu bescheiden sind, kann sich in den neueren Resorts der gehobenen Kategorie am Hang einquartieren. Unter anderem:

Myconian Imperial

5-Sterne-Luxus, dessen exklusivste Zimmer respektive Suiten wenn nicht Privatpool, zumindest ein Jacuzzi aufweisen. Nicht gerade das, was den Reiz von Eliá Beach ausmacht, aber für Vertreter einer exklusiven Splendid isolation wohl unabdingbar, sofern sie kleine Perfektionsdefizite tolerieren können.

Myconian Imperial
Tel. 22890/79500
imperial@myconiancollection.gr www.myconianimperial.gr

Watermania

Ein sechs Hektar großes, nasses Paradies erwartet von April bis Oktober vor allem junge Urlauber im Vergnügungspark Watermania. Das Wildwasserparadies befindet sich direkt oberhalb von Eliá Beach und ist immerhin genug versteckt, um die karge Schönheit der Bucht nicht durch rote Wasserbahnen zu verschandeln. Rutschbahnen, Wasserkarussells, Diskos, Unterhaltungsprogramm, Aerobic-Stunden, Videospiele und Snackbuden konkurrieren gemeinsam gegen den Reiz der lokalen Natur. Das Prospekt des Watermania verspricht nicht nur für Kinder Endlosspaß, ist im Park allerdings auf 735 Meter beschränkt. Dieser knappe Kilometer ist die Summe der Längen der einzelnen Wasserslides, von denen jede auf eine besondere Alterskategorie ausgerichtet ist. In der Eintrittsgebühr ist die Benutzung sämtlicher Attraktionen enthalten.

Watermania
Eliá, Áno Méra
Tel. 22890/71685, Fax 71121

Raceland Pista Kart

Mäßig besuchte Go-Kart-Bahn zwischen Áno Méra und Mykonos-Stadt. Wer den Straßen von Mykonos und dem griechischen Fahrstil nicht traut, aber trotzdem von Zeit zu Zeit den Straßenrowdy mimen will, wird sich auf der „Raceland Pista Kart" ganz wie zu Hause fühlen. Bis spät in die Nacht und oft dröhnenden Geräuschkulisse können ordentliche Kurven gekratzt und lange Beschleunigungsstrecken genossen werden.

Raceland Pista Kart
Áno Méra, Eliá Beach
Tel. 69426/33224
info@racelandmykonos.com
www.racelandmykonos.com
10-3 Uhr

Kaló Livádi – am Strand unter Griechen

Zwischen Eliá und dem Kleinstrand Agía Ánna erstreckt sich zwischen zwei Landzungen die breite, langgezogene Bucht von Kaló Livádi. Bisher erfolgte zwar noch kein entfesselter Ansturm von Auslandsgästen an diesen ganz respektablen, feinsandigen Strand. Doch längst gehört Kaló Livádi nicht mehr ausschließlich den Mykonioten und griechischen Touristen! Einen Einblick in griechische Strandkultur bietet Kaló Livádi nach wie vor. Atypisch für Mykonos ist die weite und offene Form der Bucht. Auf etwa 600 Metern Länge reihen sich am Strand Sonnenschirme aus Palmblättern und locken, sich auf den schattigen Liegestühlen niederzulassen, die Ruhe zu genießen und nie mehr weggehen zu müssen! Zu beiden Seiten der Bucht befinden sich Hotelanlagen und auf einer östlichen Landzunge eine schon lange stillgelegte, verrostete Baryt-Verladeanlage.

Restaurant Solymar

Früher war es ein angenehmes, etwas verschlafenes Strand-Restaurant mit wundervoller Sicht aufs Meer. Während Dutzende von Kleinkatzen um die Beine strichen und von den herrlichen Pasta-Gerichten ablenkten, genoss man

Kaló Livádi – wo sich in den Sommermonaten vor allem Griechen tummeln, scheint in der Nebensaison die Zeit still zu stehen

die schattige Laube der Taverne und den stressfreien Müßiggang. Inzwischen ist das Solymar eine Empfehlung für anspruchsvolle Genießer, die zudem nicht auf den Preis schauen müssen. Denn der Chef Marios Tsouris hat ob der zunehmenden Gastro-Konkurrenz am Kaló Livádi mit kulinarisch ambitionierter, mediterraner und Ethno-Küche aufgerüstet inklusive einem perfektionierten Service, der allerdings nicht vor Unaufmerksamkeit und Arroganz gefeit ist.

Restaurant Solymar
Tel. 22890/71745
summer@solymarmykonos.com
www.solymar.gr
April–Okt. 11–23 Uhr

Agía Ánna (bei Kalafátis)

Eine winzige Bucht im Schutz des vorgelagerten Felsenkaps Dimastó und nur knapp 150 m lang. Der Sand ist zwar grobkörniger als der goldene, feine Sandstaub vieler Südstrände und reichlich mit kleinen Quarzkieseln „gesegnet", dafür lädt Agía Ánna zu wunderbar ruhigen Stunden ein. Der Einstieg ins Wasser ist aufgrund des kiesigen Bodens nicht ganz einfach, dafür ist die Bucht zum Schwimmen ideal, schön geschützt und mit kristallklarem Wasser in strahlendem Türkis. An diesem Strand wird man weder durch Musik noch durch den Anblick nackter Menschen unterhalten, dennoch ist Agía Ánna ein populäres Ziel. Liegestühle und Sonnenschirme werden angeboten, sogar ein bisschen billiger als an den belebteren Stränden.

Vom Strand aus hat man einen idyllischen Ausblick auf die Halbinsel Dimastó. Statt ausufernder Hotelkomplexe gibt's hier ein winziges Fischerörtchen mit „Hafen". Mykoniotische Fischer vertäuen dort ihre Kaiks oder die größere Fischkutter und flicken ihre Netze.

Auf der rechten Seite des Strandes bietet ein kleiner Kiosk Softgetränke, Bier und Eis an. Ausgiebiger speist man in der Taverne „Spilia" des oberhalb von Agía Ánna gelegenen Hotels Anastasia, das Salate und Souflaki-Spieße in einladender Atmosphäre offeriert, allerdings entspricht die Qualität der Speisen nicht dem Preislevel des Spilia.

Über eine gut ausgebaute, kurvige Küstenstraße erreicht man von Áno Méra aus die beiden südöstlichsten Strände von Mykonos … kurz bevor die Insel ins Nichts übergeht und man sich wundert, ob diese karge, stille Gegend noch immer zu jenem berühmt-berüchtigten Eiland gehört, auf dem es so schwer ist, zur Ruhe zu kommen. Hat man erst einmal das erste Stück der Bergkuppe hinter sich gelassen, eröffnet sich Besuchern ein gigantischer Blick über die malerische Bucht von Agía Ánna und den langgezogenen Sandstrand von Kalafátis. Den ersteren der beiden Strände, Ágia Ánna, könnte man glatt übersehen, gäbe es da nicht seit langem einen gepflegten Hotelkomplex, der hoch über dem Strand thront.

Taverne Márkos

Ein Muss – seit über zwanzig Jahren auf der ganzen Insel für die feinen Fischgerichte bekannt, beim Fischerkai gelegen. Hier befindet man sich in Griechenland, „wie es früher einmal war". Hunde streunen herum, Ziegen suchen nach Futter, Kinder kreischen und die schweigsamen Fischer flicken ihre Netze. Fast schon zu vollkommen, um echt zu sein. Das Lokal ist eng gestuhlt, wirkt in seiner Einfachheit aber dennoch gemütlich. Im „Winter-", pardon Sommergarten hübscher Meerblick. Es erstaunt schon fast, dass Kreditkarten akzeptiert werden. Márkos & Co. öffnen ihre Taverne nur im Sommer. Geschlossen wird, wenn der letzte Gast gegangen ist.

Taverne Márkos
Tel. 22890/71771
Zimmerverm. Tel. 22890/71497

Hotel Anastasia Village

Hübsch gepflegtes, verschachteltes Hotel im Kykladenstil, hoch über den Felsen der Bucht von Agía Ánna und mit traumhaftester Aussicht beschenkt. Aufgrund der Abgeschiedenheit wird das Hotel vorwiegend von Ruhe suchenden Pärchen bevorzugt oder von Gruppen junger Reisender, die sich selbst Unterhaltung genug sind und die übliche Stille des Ortes kaum störend empfinden. Service und Instandhaltung erfüllen nicht unbedingt 4-Sterne-Ansprüche. DZ ab € 150 (NS), € 230 (HS)

Hotel Anastasia Village, Kat. B Tel. 22890/71205
anastasia.mykonos@gmail.gr www.hotelanastasiavillage.gr

Kalafátis – wo der Wind bläst

Von weitem ist der weiße Sandstrand ein herrlicher Blickfang, doch aus der Nähe schlichtweg zu lange und ungeschützt, manchmal richtig kräftigen Winden ausgesetzt, um eine heimelige Atmosphäre zu verbreiten. Am Nordende thront der große Hotelkomplex Aphrodite, der dem ganzen Strand die Aura eines Ferienressorts verleiht. Aphrodite überall! Manch einen wird es schon nerven, wenn die Strandnachbarn vom Nachmittag auch die

Tischnachbarn beim abendlichen Dinner sind oder gar auf dem Nachbarbalkon des Hotels mit erzwungener Freundlichkeit zu grüßen sind!

Die Straße nach Kalafátis führt entlang des gesamten Strandes und endet in einer Sackgasse, an deren Ende sich eine Pizzeria befindet, die aus der bevorzugten Lage am obligaten End- und Wendepunkt wenig gemacht hat. Besser besucht ist die danebenliegende Taverne Thálassa. Die weichen, breiten Stühle verlocken zur versonnenen Gemütlichkeit trotz wenig liebevollem Service.

Aphrodite Beach

Lieblingshotel der Reiseveranstalter. Es hat nicht nur jeglichen (Prospekt-)Komfort zu bieten, den blasse Ferienhungrige zu Hause als verführerisch empfinden, sondern auch ein schier unerschöpfliches Zimmerkontingent (148 Einheiten), wo Schweizer und Deutsche von Neckermann & Co en masse einquartiert werden können. Der Hochglanzkomfort entpuppt sich vor Ort als mit allerlei Unpässlichkeiten gespickt, z.B. Sanitäranlagen, Matratzen ... Doch das Frühstücksbuffet sorgt für pauschale Zufriedenheit. Eine kleine, bequeme Welt für sich, die ebenso in Gran Canaria etc. angesiedelt sein könnte.

Aphrodite Beach, Kat. A
Tel. 22890/71367
internetres@aphrodite-mykonos.com
www.aphrodite-mykonos.com

Surfen, Tauchen, Wasserspaß

Kalafatis Water Sports

Des (Sonnen-)Baders Leid, des Windsurfers Freud. Als einer der windigsten Strände der Insel eignet sich Kalafátis perfekt für diverse Wassersportarten: Die etablierte Wassersportschule Kalafatis Water Sports bietet alles für Wassersport und Fun für Anfänger und Versierte an: Jetski, Wasserski, Wakeboarden, Gerätetauchen, Kanus, Tretboote, Speed-, Bananenbootfahrten ... Je nach Windverhältnissen sind gewisse Angebote nicht durchführbar.

Kalafatis Water Sports
Tel. 69452/61242
info@mykonoswatersports.com
www.mykonoswatersports.com

Windsurfing Mykonos

In der Bucht von Kalafátis, in die der Meltémi konstant und kräftig mit bis zu 7 Bft hineinbläst, hat Pezi Huber ein kleines Nest für leidenschaftliche Surfer geschaffen. In der Strandmitte direkt an der Sackgasse zum Ort Kalafátis sitzen er und sein

Team und starren mit verkniffenen Augen auf die Wellen der Bucht. Nebst qualifiziertem Surfunterricht kann man alle Arten von Boards und Segeln mieten. Die Preise pro Stunde (€ 35–45), Tag (€ 90–110) oder Woche (€ 290–320) verstehen sich inklusive Wetsuit und Harness. Das Mieten lohnt sich, denn nur für ganz fanatische Surfer macht es Sinn, die eigene Ausrüstung mitzubringen, die zudem bei Ausländern in den Pass eingetragen wird.

Windsurfing Mykonos
Tel. 69441/39656
info@windsurfing-mykonos.com
www.windsurfing-mykonos.com

Kalafati Dive Center

Mykonos´ Unterwasserwelt gehört nicht zu den globalen Topspots. Dennoch ist sie insbesondere für Tauchnovizen ein reizvolles und sicheres Terrain. Populär sind die Exkursionen des Kalafati Dive Center zur Insel Dragonisi und deren Fels- und Höhlenformationen. Einen Tauchgang inkl. kompletter Ausrüstung gibt´s ab € 70, einen 4-tägigen „PADI open water diver" Kurs inkl. Zertifikat ab € 450.

Kalafati Dive Center
Tel. 69452/43928
waldemar@otenet.gr
www.mykonos-diving.com

STRÄNDE IM OSTEN

Liá – relaxte Auszeit

Der östlichste Strand der Insel erfreut sich einer kleinen, treuen Fangemeinde und ist bisher dank seiner Abgeschiedenheit vom Massentourismus verschont geblieben. Es gibt keine öffentlichen Verkehrsmittel in die karge Gegend Liás und der Strand ist auf vielen Landkarten nicht verzeichnet. Wer nach Liá will, braucht ein Mietfahrzeug oder Taxi. Von Áno Méra kommend, markieren kaum lesbare Schilder die Abzweigungen nach Liá. Die beschwerliche, kurvige Fahrt dorthin scheint endlos, obwohl der frühere sandige Geröllweg, der sich steil abfallend in die Bucht hinunterwindet, inzwischen asphaltiert ist. Selten mag das Blau des Meeres so verlockend erscheinen wie nach der Fahrt nach Liá!

Liá ist ein traumhafter, kleiner Strand, der eine wunderbare Sicht auf die Nachbarinsel Tinos bietet und durch seine Versteckheit an Attraktivität gewinnt. Geschützt vor den heftigen Südwinden, ist das Meer meist ruhig und erlaubt Badegästen weite Schwimmtouren ohne Angst vor Strömungen. Mykonos-Urlauber gewöhnen sich schnell an das pausenlose Pfeifen des Windes. Die plötzliche Windstille und das abrupte Ende dieser Hintergrundmusik

Sonnenliegen am Liá-Strand

empfindet man in Liá anfangs befremdend, bald meditativ. Die hiesige Strandfamilie scheint denn auch in einer Art Meditation versunken zu sein: Nackte Körper liegen unbeweglicher als sonst wo in der Sonne und die Zeit hört auf zu ticken. Dann und wann geht einer schwimmen, wäscht sich im kühlen Nass die Tagträume ab, um bald darauf in neue zu verfallen. Einziges Entertainment dieses Strandes sind Schwimmen und Lesen. Zum gut organisierten Strandservice gehören Liegestühle und Sonnenschirme sowie die Versorgung mit Essen und Getränken. Der servierte Eiskaffee ist ausgezeichnet und schmeckt nicht wie anderen Ortes nur nach Nescafé.Liá ist kein internationaler Jetset-Tummel- und Rummelplatz, wird allemal von einigen Exemplaren der Athener Schickeria heimgesucht. Wer ganz auf die Nachbarschaft reicher Schiffsreeder verzichten will, sollte sich von kleinen Trampelpfaden über die Hügel in noch entlegenere Buchten führen lassen. Sie führen direkt vom Parkplatz in die Wildnis. Nach ca. 10 Minuten Fußweg erreicht man gerade dann, wenn man glaubt, sich verirrt zu haben, einige kleine Bilderbuchstrände: Die Ruhe ist hier nicht mehr in, sondern so unumgänglich wie die Lust nackt zu sein. Szenen des alten Mykonos: friedliche Hippies, eins mit der Natur ... In Liá gibt´s ein paar Tavernen und buchbare Privatzimmer, jedoch keine Hotels.

Taverne Liá

Die weinumrankte Gartenlaube mit den wenigen Tischen erinnert mehr an ein Familienhaus als an ein Restaurant. Doch die Taverne ist einer der Lieblings-Gourmettempel der Griechen und seit Jahren eine feste Institution auf Mykonos. Ohne die herrliche Küche der Taverne wäre Liás Strand nur halb so beliebt. Oft verbringen Besucher die Strandstunden in belebteren Gefilden und suchen erst zur Essenszeit die entlegene Bucht auf. Lange Fahrten nimmt man für Liás Taverne gerne in Kauf! Das griechische Essen ist von ausgesuchtester und frischester Qualität. Eine feste Karte existiert nur alibihalber, denn es wird gegessen, was der Chef empfiehlt! Vor allem der Hummer und der Fischrogensalat „Taramosalata“ sind ein Genuss. Tel. 22890/71015

La Luna

Vor der traditionellen Taverne gibt es – unübersehbar, weil direkt neben dem Parkplatz – das Strandlokal „La Luna“. Der Besitzer und gleichzeitige Verwalter der Strandliegen bietet hier eine ungezwungene Atmosphäre, wo man getrost in Badehose und Schlappen ins Lokal stapfen und hervorragenden Fisch verzehren kann. Es ist nicht so exklusiv wie sein vielgelobter Nachbar, aber für Strandbesucher perfekt, die der kleine Hunger plagt. Es gibt allerlei Meeresfrüchte, alle absolut frisch, die der Chef auf Wunsch gerne präsentiert. Ein guter Tipp ist, ihn nach seiner Empfehlung zu fragen, denn es gibt oft nicht auf der Karte aufgeführte Köstlichkeiten. Wer der Sprachen wegen Hemmungen haben sollte, kann unbesorgt sein, der Chef spricht neben griechisch englisch, spanisch italienisch und deutsch. Tel. 22890/72150

Strände im Norden

Eine breite Straße verbindet die beiden Hauptorte der Insel, Hora und Áno Méra. Folgt man dieser Straße ca. 2 ½ km, erreicht man nach kurviger Rallye-Strecke die Abzweigung zu den Nordstränden. Wegweiser sind nur in einer Straßenrichtung angebracht. Wer von der Stadt kommt, kann die unauffällige Abzweigung deshalb leicht verfehlen. Mit Hilfe einer Straßenkarte ist dieses Problem allerdings lösbar: Der Strand Pánormos ist mittlerweile auf allen Karten eingezeichnet und trägt den gleichen Namen wie die breite, tief eingeschnittene Meereszunge, in die sich der sanft geschwungene Sandstrand senkt. Während Jahrtausenden hat sich das Meer hier in Mykonos' Norden hineingefressen und durch seine amöbenhafte Bewegung kleine Buchten mit wunderschönen Stränden entstehen lassen, während die andere Seite von einer steilen, kahlen Felsklippe flankiert wird. Hauptsächlich die Badeplätze Ágios Sóstis und Pánormos haben sich bei vielen Mykonos-Kennern zu absoluten Strandfavoriten entwickelt.

Die Nordstrände der Insel gehören zu den schönsten Plätzen der Insel. Liegestühle und Strandservice haben den Weg hierher erst zaghaft gefunden oder haben wenigstens noch nicht das gesamte Strandareal für sich okkupiert – wie es in Mykonos´ Süden längst gang und gäbe ist. Kuoni, TUI und Neckermann sind fern. Vielen Touristen ist der ca. 30-minütige Weg glücklicherweise zu beschwerlich und zu lange, so dass diese Strände nur ein kleines „Stammpublikum" aufweisen. Im friedlichen, fast intimen Nebeneinander liegen die Besucher im goldenen Sand und „huldigen" der natürlichen Schönheit.

Pánormos

Ein spärlich beschilderter Schotterpfad führt zum ca. 1 km langen Sandstrand von Pánormos. Dieser fällt in nahezu perfekter Bogenform in die Westseite der gleichnamigen Meeresbucht und bietet einen herrlichen Ausblick auf die kargen, imposanten Felswände der Nordseite. Der Strand ist feinkörnig und fällt flach ins Wasser ab. Moosbewachsene, große Steinplatten im Wasser machen den Einstieg ins kühle Nass mitunter etwas beschwerlich. Das ca. fünf Meter breite Strandband endet in ungleichmäßigen Sanddünen, in denen zuweilen ganze Stranddörfchen aufgebaut werden. Von weitem sieht der langgezogene südliche Teil des Strandes deshalb oft verlassen und unberührt aus, erst bei näherem Hinsehen entdeckt man die unbeweglichen Leiber hinter den Dünen verschanzt. Lange Zeit waren die Dünen von Pánormos begehrt und oft bereits früh morgens okkupiert, waren sie doch der einzige Schutz vor Sonne und Wind. Ohne die sonst üblichen Strohschirme musste man in Pánormos mit Handtuch und Sandbett Vorlieb nehmen. Seit der Principote Club die Strandmitte für sich in Beschlag nahm, hat sich der Charakter dieses einst vollkommen naturbelassenen Strandes schlagartig verändert. Jetzt gibt´s dort Liegen und Schirme in Hülle und Fülle, dazu ein Affentheater der unfreundlichen Art, mit Security, Platzanweisern und Kellnern, die, ihrem geschniegelten Schick und Jugend bewusst, in ihrer Gier nach Geld mal jovial, mal brüsk sich der Gäste Gunst und Trinkgeld oder nur Missmut einheimsen. Wehe dem, der anstatt Champagner nur ´ne Cola bestellt! Und bloß kein Verschieben der Liegen für den entspannteren Plausch – was mindestens als Eingriff in die Hoheitsrechte des Principote-Services angesehen wird und mit despektierlichen Rügen geahndet wird. Dass die Tagesmiete für zwei Liegen unterm Sonnenschutz in erster Reihe hier fast hundert Euro beträgt – selbst in Mykonos ein Spitzenpreis –, beträgt, sorgt mit dafür, dass sich im Principote Club genau die Gäste wohlfühlen, die ins Konzept dieser Wohltäter, die nach Pánormos den Schatten – und den wohltemperierten Kommerz – brachten, passen. Allemal Fun und Action auf dem Wasser stehen noch in den Startlöchern. Je nach Windrichtung kann ein Pánormos-Besuch unbehaglich werden. Durch die Offenheit der Bucht können heftige Windstöße daherbrausen. Der ungebremste Aufprall des feinkörnigen Sandes gegen die nackte Haut ist unangenehm, vor allem dann, wenn man bereits einen Sonnenbrand zu ertragen hat.

Die Freidenker-Gesellschaft von Pánormos, die es in den Randzonen nach wie vor gibt, liebt die Unabhängigkeit. Öffentlicher Verkehr ist eine Angelegenheit für Familie „Sauber“, die sich mit den staubigen Straßen der Insel überfordert sieht, während der ursprüngliche Pánormos-Gast den offenen Jeep mit Freuden über Schlaglöcher und Steine jagt. Bis vor einigen Jahren fuhren keine Busse von der Hora nach Pánormos. Der jetzige Busverkehr ist offiziell stündlich getaktet, hat als Start- oder Zielort die kleine nördliche, vom sich „ewig“ ausdehnenden Pánormos-Strand separierte Bucht mit eigenem Bootsanleger, wo sich alteingesessene Mykionoten ein Stelldichein geben. Stündlich ist allerdings mit Vorsicht zu genießen, weil Unregelmäßigkeiten auf dieser Strecke wohl unumgänglich sind – was man beachten sollte, wenn man mit dem letzten Bus am späten Nachmittag zurück in die Stadt will. Taxis verirren sich selten in die einsame Gegend und die bunten Kaiks halten sich aus geographischen Gründen an die Südseite. Die unangetastete Schönheit von Pánormos ist passé, doch noch immer sind die südlichen Dünen Ziel junger und junggebliebener Genuss-Menschen in lässiger Nonchalance, sich selbst und der Natur, der Sonne und dem Meer genügend, während genau in der Mitte der Principote Club die Bühne für snobistisches Aufschneidertum ist. Noch scheint dieses touristische Urgestein nicht auf oberflächliche Unterhaltung angewiesen zu sein. Die traditionellen Pánormos-Besucher wollen Ruhe, ziehen die Lektüre dem billigen Flirt und das einlullende Meeresrauschen den aggressiven Techno-Rhythmen vor. Unter das junge Volk von Pánormos mischen sich passionierte Mykonos-Besucher. Die einstigen Mykonos-Entdecker wurden durch die Touristeninvasion von den Südstränden in den Norden vertrieben – und fühlen sich dort merklich wohl. Mykonos wäre kaum Mykonos, wenn die Nordbucht der Insel tatsächlich eine in sich ruhende Idylle wäre. Die Insel der egozentrischen Genießer wusste selbst in der unberührten Einsamkeit des Nordens den Menschen der Natur vorzuziehen. Unvollendete Bauten oberhalb des Strandes empören seit Jahren eine harmonische Landschaftsästhetik. Sie erinnern an Skelette, deren Glieder herrisch in die Landschaft greifen, um dem Menschen einen Teil der Schönheit der Bucht zu sichern. Selbst im abgeschiedenen Pánormos muss auf die obligaten Strandtavernen nicht verzichtet werden:

Taverne „Kalosta“

Unterhalb der Parkplätze am Strand- anfang erfreut sich diese Taverne trotz Abgeschiedenheit einer großen Beliebtheit und ist oft bis auf den letzten Platz besetzt. In der Hauptsaison ist die Bar-Taverne bis Sonnenuntergang geöffnet. Erst bei Einbruch der Dämmerung kehren Pánormos-Gäste in die Stadt zurück. Marco, der nonchalante Tavernen-Besitzer, erklärt stolz: „In meinem Lokal sind alle, die es nicht nötig haben, irgendwelchen Trends nachzujagen. Hier sind die echten Trendsetter der Insel, die schönsten und interessantesten Menschen!” Ganz unrecht kann er nicht haben!

Gaultier, Valentino und viele griechische Berühmtheiten und internationale Modelprominenz sollen schon hier unerkannt und fröhlich zusammengesessen haben. Ob Trend setzende Promis oder nicht. Die Taverne „Kalosta“ ist definitiv einen Besuch wert! Tel. 22890/78589

Fisch-Restaurant John Xydakis
Wer sich unter den braungebrannten Schönen der Beach Tavern unwohl fühlt, ist in der Nachbarstaverne Xydakis besser aufgehoben. Diese kann weder mit Schönheiten noch Prominenz protzen, dafür mundet die leckere Fischküche ausgezeichnet! Das Lokal liegt leicht erhöht über der Bucht und bietet eine herrliche Sicht über Strand, Menschen und Küste: Der Anblick von Mutter Natur und deren Kinder kann perfekt ausgekostet werden – dazu das gute Essen und hübsch gedeckte Tische. Das Lokal öffnet bereits früh morgens und lädt zum gemütlichen Frühstück ein. Es könnte ja sein, dass selbst Nachtschwärmer die erfrischenden Morgenstunden dem obligaten Schönheitsschlaf vorziehen ... Tel. 22890/25182

So reizvoll die Nordstrände tagsüber sind, so ausgestorben sind sie nachts. Während um die Stadt immer mehr Hotels gebaut werden, blieb der Norden bisher von Ideen ehrgeiziger Hotelmanager verschont. Die paar Gäste, die ihre Nächte in der Abgeschiedenheit des Nordens verbringen wollen, müssen mit einigen wenigen Hotels vorlieb nehmen.

Albatros Club Mykonos
Das hübsch am Hang über dem Pánormos-Strand angelegte Hotel erfordert frühzeitiges Reservieren, denn es besitzt ein treues Stamm-Publikum. Die Gesichter der Gäste sind seit Jahren dieselben, noch immer strahlen sie. Es ist ein Haus für Individualisten und Erholungssuchende, denen Management und Serviceteam ohne Hektik die notwendige Aufmerksamkeit erweisen.
Alle Hotelzimmer haben Blick auf die Bucht, die sich weit unter dem Hotelareal ausbreitet, und sind in durch Büsche und Blumenranken abgegrenzte Bungalows untergebracht. Die Poolanlage ist direkt an den Klippenrand gebaut und das grüne Wasser des Swimmingpools tritt scheinbar fließend in das Türkis des Meeres über. Die meisten Gäste buchen pauschal über Reiseveranstalter, ansonsten kommt das DZ auf € 95 (NS) bis € 150 (HS) inkl. Frühstück. Für Partylöwen ist das Albat-

ros die falsche Wahl. Der hoteleigene Bus fährt zwar regelmäßig in die Stadt, der letzte allerdings bereits um 22 Uhr. Touristen mit Mietautos werden spätestens nach dem ersten exzessiven Ausgang die Hotelwahl bereuen: Eine 40-minütige Berg- und Talfahrt in der Nacht ist nervtötend.

Albatros Club Mykonos
Tel. 22890/25130 (27230)
www.albatrosclubmykonos.com
info@albatrosclubmykonos.com

Die Kapelle von Ágios Sóstis

Panormos Village Resort

Jüngeres, modernes Hotel an der Pánormos-Bucht, das Mittelklasse-Gediegenheit offeriert, allerdings aufgrund Hellhörigkeit – man wird die Nähe zum Principote Club zu hören bekommen – und noch fehlender hotelspezifischer Ausstrahlung in der Wahl noch hinten ansteht.

Panormos Village Resort
Tel. 22890/25182
www.panormosvillage.com

Ágios Sóstis – Refugium zur Selbstfindung

Wer Pánormos mag, wird Ágios Sóstis noch mehr mögen! Von Pánormos erreicht man die kleine Nachbarbucht in fünf Minuten. Wegweiser nach Ágios Sóstis fehlen zwar, doch von Pánormos braucht man nur noch ein wenig länger auf dem Schotterpfad auszuharren, um dorthin zu gelangen. Der steinige Pfad endet in einer abrupten Sackgasse. Erst wenn man sich an den Klippenrand stellt, erblickt man den herrlichen Strand von Ágios Sóstis und eine fotogene winzige Kapelle über der Bucht vollendet den Anblick dieses idyllischen Örtchens.

Allzu viele Touristen kommen nicht hierher. Der Abstieg zum Strand ist felsig und mühsam. Doch der ca. 250 m breite Strand mit dem goldenen, feinkörnigen Sand mit vereinzelten Kieselsteinen ist die Klettertour allemal wert. Ágios Sóstis ist ein Refugium weniger Mykonos-Kenner, die aufgrund fehlenden Schattens schutzlos und nackt in der Son-

ne braten – New-Age-Anhänger wie Finanzhaie aus Athen zufrieden nebeneinander. In Ágios Sóstis vergisst man die Zeit und vieles andere!
Die aufgedunsene Strandnachbarin singt lauthals Opernarien und entpuppt sich als berühmte Operndiva. Der italienische Chefarzt hat den strengen Weißkittel abgelegt und hüpft nackt über den Sand. Der texanische Tuchverkäufer hat selbst nach zehn Jahren nicht bemerkt, dass seine Geschäfte in Ágios Sóstis miserabel laufen, der konservative Politiker verspürt Lust auf einen Joint ...

Kiki's Place

Die einzige Taverne von Ágios Sóstis hat sich solchen Ruhm eingeheimst, dass sie vermutlich noch lange konkurrenzlos bleiben wird. Kiki's Place ist Kult, sie zu kennen für jeden Genießer ein Muss! Kiki's Reich ist ein allseits bekannter Geheimtipp – und als solcher kann es sich die Taverne leisten, in der einsamsten Gegend von Mykonos platziert und dort schier unauffindbar zu sein! Durch weiße Mäuerchen vor neugierigen Blicken geschützt und unter einem dicht bewachsenen Laubendach versteckt, sind die verführerischen

Roter Felsen am Fteliá-Strand

Grilldüfte der einzige Wegweiser zu diesem Lokal. Und dennoch ist das Zaubergärtchen alltäglich bis auf den letzten Platz besetzt.

Kiki war der Name der Frau des früheren Besitzers. Auch wenn inzwischen Besitz und Kochlöffel in die Hände von Vassilis übergegangen sind, sind die wunderbaren Salate, gegrilltes Fleisch, Féta, Nachspeisen etc. nach wie vor eine Verführung für Gaumen und Magen, und das nicht teurer als in vielen Restaurants der Insel. Allerdings nur bis Einbruch der Dunkelheit, denn dann wird die Küche mangels elektrischen Lichts geschlossen. So gut wie das Essen, so lange und unvermeidbar das Warten auf einen freien Tisch, das durch Gratis-Wasser und -Wein aus dem Tetrapack abgemildert wird. Mai–Okt. tägl. ab 11 Uhr, Tel. 69407/59356

Fteliá – Surfer´s Corner

Am südlichen Ende der Pánormos-Bucht liegt Mykonos' bewährtestes Surferparadies. Der Strand kontrastiert als langes, weißes Band mit der braunen Inselkargheit. Der Weg nach Fteliá ist gut beschildert, die wenigen Besucher sollen schließlich nicht verloren gehen! Von Mykonos-Stadt kommend, zweigt nach der Gokart-Bahn auf Höhe der kleinen Kapelle kurz vor Áno Méra ein Schotterpfad ab. Obwohl man den Strand direkt vor sich zu haben glaubt, dauert die Holperfahrt fast 20 Minuten. Sonnenbaden und Badeplausch sind am Strand von Fteliá nur an wenigen Tagen, wenn die Böen mal nur ein laues Lüftchen sind, angesagt, außer man legt Wert darauf, in völliger Einsamkeit mit dem Wind zu sein. Keine schützenden Klippen mildern die Kraft der Meltémi-Winde (bis zu Windstärke 7–9), die Wellen brechen kraftvoll auf den weißen Sand und die Meeresströmung ist gefährlich! Fteliá gehört den Surfern oder zumindest den besten unter ihnen! Für die anderen ist Fteliá nicht mehr als ein schöner Anblick auf dem Weg nach Áno Méra! Eine Bleibe bieten Privatzimmer und das Ftelia Bay Boutique Hotel.

Peter der Fotograf – Einzelgänger im Partyland

Peter D., Modefotograf aus Belgien, reist seit Jahren im Frühling nach Mykonos, um dort Schwarz-Weiß-Serien der Bademodetrends zu knipsen, was nicht immer einfach ist: „Die Launen des Lichts sind schwerer erträglich als jene der Menschen."

Der professionelle Ästhet bewundert die natürlichen Lichtverhältnisse von Mykonos, schließlich wird sie auch als „Insel des Lichts" gehandelt. Dennoch erstaunt es, dass Peter D., anti-materialistischer Asienfreak, gerade auf dieser hypertouristischen Insel ein Haus kaufen will. Er hat schon viele Häuser angeschaut, die ihn aber alle nicht überzeugt haben. Seine Zukunft auf Mykonos hat er sich dennoch klar ausgemalt: Das zukünftige Heim und die neue Heimat will er nur noch dann verlassen müssen, wenn seine Agentin ihn zu einem Termin an einen Ort bestellt und das Rückfahrticket gleich mitliefert.

Ich lernte Peter 2014 auf Mykonos kennen. Unsere Begegnung wäre flüchtig geblieben, hätte uns die Liebe zu Mykonos nicht neugierig aufeinander gemacht! Ich briet zwecks Recherche mit Laptop und Büchern am Strand, als Peter und sein Fototeam aufkreuzten. Allein am Strand zu sein, ist auf Mykonos selten – noch seltener allein mit einem Laptop. Nachdem mich die Belgier amüsiert gemustert hatten, kam Peter auf mich zu. Er hielt mich für eine Immobilienmaklerin und wollte mir sofort ein Haus abkaufen. Ein Geschäft, das mir leider durch die Lappen ging ... Dafür erzählte er mir von seinen Erfahrungen:

„Erster Fototermin auf Mykonos! Ich hatte vor dem Abflug eine vage Vorstellung von dieser Insel. Sie war alles andere als inspirierend und ich zweifelte am Erfolg der Fotoarbeit. Ich befürchtete, alles sei verdorben, kaputt und die Dekadenz reicher Athener und Ausländer hätte all ihre Ursprünglichkeit verrraten – und die allfällige Aufforderung zu hedonistischem Leichtsinn hätte jede Identität längst zerstört. Ist die Vorfreude gering, erlebt man oft die schönsten Überraschungen! Ich war erstaunt, als ich auf Mykonos mit einer natürlich schönen Insel konfrontiert wurde, deren Seele intakt schien! Mykonos begegnete mir als selbstbewusste Opposition, als stiller Gegner des Massentourismus und der proklamierten Narrenfreiheit.

Gibt man sich und Mykonos Zeit, wird die Insel zum Freund, der durch sein gewinnendes Wesen die Macht zur Verzauberung besitzt. Ein Zauber, der nur schwer definierbar ist: Sind es das diffuse Licht, die asketische Landschaft, Traditionen oder die schneidenden Winde, die einem das Gefühl geben, rund um die Uhr stoned zu sein?

Mykonos´ Landschaft gilt als langweilig und dürr. Es wächst nichts, es blüht nichts. Einzig der blaue Himmel und das türkise Wasser bescheren der Insel theatralische Auftritte. Genau diese Einöde ist aber das perfekte Pendant zur aufgekratzten Armada hedonistischer Nachtschwärmer und moderner Babylonier. Kein aufwändiges Bühnenbild lenkt von den Akteuren ab, alle Aufmerksamkeit gilt deren Übermut. Weder antike Tempel noch Berge beanspruchen die Gedanken der Mykonos-Besucher. Die Menschen dürfen sich vollständig auf sich konzentrieren. Über 100.000 Gäste beteiligen sich jährlich am Wettstreit, die Starrheit der Landschaft zu brechen. Ihr vergnügtes Lachen, Rufe und Gesänge lassen die Insel erblühen, während ihre Gegensätzlichkeit für die karge Monotonie entschädigt.

Die Beschreibungen der Kykladeninsel sind zu vielschichtig, als dass sich ein gewisser Typ Urlauber abschrecken lassen würde! Die Menschenvielfalt auf Mykonos ist deshalb bunt und schillernd: Im Süden treffen sich die Massen, die Jünger des Sonnengottes, Verfechter des Exhibitionismus und Szenengänger. Es sind oft Touristen, die nach Mykonos kommen, genießen, gehen und vergessen. Der Norden gehört den ehemaligen Kathmandu-Freaks, Esoterikern und pensionierten Weltenbummlern. Es sind die versessenen Mykonos-Anhänger, die immer wieder kommen und einen Sommer lang die Attraktivität dieses rauen Eilands miteinander teilen.

Nachts verschmilzt die Menschenvielfalt in den Gassen der Hora. Musik und Tanz laden ein, sich wegtragen zu lassen und den Vibrationen hinzugeben: Hippie neben Geschäftsmann, Hausfrau neben Playboy ... Vieles gibt's zu erleben. Bevor man es merkt, ist der Tag erwacht und bei einem kalten Eiskaffee offenbart sich, was die Nacht übriggelassen hat. Mykonos´ Nachtleben ist bekannt. Mir als Partyschreck sind andere Charakterzüge wichtiger. Die Insel lädt ebenso ein, sich zurückzuziehen, zu schreiben, zu malen und sich inspirieren zu lassen. Mykonos ermöglicht die Konzentration auf sich selbst, andererseits findet man hier stets interessante Charaktere, die einen mit neuen Ideen füllen können!

Ich habe Inseln schon immer geliebt. Dort fühle ich mich geschützt vor dem Rest der Welt und deren Realität, ohne wirklich losgelöst zu sein. Wenn es dunkel wird und die Lichter der Nachbarinsel zu flackern beginnen, erfüllt mich ein Gefühl der Dispersion und Nähe, in der ich mich ganz auf das Hier und Jetzt konzentrieren kann. Die geographische Einsamkeit der Inseln ermuntert uns, sie zu durchschreiten und jeden Winkel kennen zu lernen. Mich faszinieren Geheimnisse und das Mysterium dieser Welt. Mykonos´ Eindeutigkeit und Simplizität jedoch wecken in mir Vertrautheit – diese Empfindung ist nicht nur wunderschön, sondern auch entspannend!

Áno Méra

Obwohl Áno Méra gerade mal zehn Kilometer von der Hora entfernt ist, erscheint Touristen die Distanz zu weit, als dass sie ein Abendessen im verschlafenen Klosterdörfchen in Erwägung ziehen. Áno Méra liegt so dicht an der Autostraße, dass man glatt daran vorbeifahren kann. Wäre allerdings schade! Wer nicht extra zum nächtlichen Schlemmen ins Inselinnere aufbrechen will, sollte wenigstens nach einem Strandbesuch in Eliá, Kalafátis oder Kaló Liváði in Áno Méra einen Stopp einlegen. Man passiert diesen Ort unumgänglich bei der Fahrt zu den Stränden im Osten und ein vorabendlicher Umtrunk an der Platia ist immer ein Genuss.

Áno Méra ist neben Mykonos-Stadt das einzige dorfähnliche Gebilde auf der Insel, das sich nicht allein dem Tourismus verschrieben hat. Übersetzt heißt Áno Méra „die Regionen da hinten". Im leicht abschätzigen Unterton, der diesem Namen anhaftet, schwelt das Machtverhältnis zwischen dem Landei Áno Méra und dem urbanen Kosmopolit Mykonos-Stadt!

Bereits Jahrhunderte vor dem Tourismus, der die Hora und ihr Nachtleben zum Star krönte, galt: Wer in Áno Méra landet, muss eindeutig versagt haben in der Stadt, eine Vorliebe für harte Ackerarbeit haben, uneinsichtig sein, dass die arme Erde der Landwirtschaft fast nichts abgibt, oder die Schwester des falschen Mannes geschwängert haben.

Der Mehrzahl der Mykonioten bot Áno Méras windzerfurchte Lage in den Hügeln, so weit vom Meer entfernt, keinen Anreiz zur Ansiedlung. Wer wollte schon freiwillig den Rücken durch mühsame Ackerarbeit quälen, wenn wenige Kilometer draußen im Meer üppig beladene Handelsschiffe verkehrten, an deren Ladung man sich so herrlich bereichern konnte? Heute berauben die „Stadt- und Strandpiraten" der Insel keine Schiffe mehr. Schließlich gibt es nun Touristen, deren „Schröpfung" sogar legal ist. Ein Grund weniger, ins trockene Landesinnere zu ziehen!

Dennoch – Áno Méra gibt es, abgeschieden und ruhig! Den Unterschied zwischen den Mykonioten in der Stadt und auf dem Land, also Áno Méra, merkt man als Tourist deutlich. Letztere „strafen" Touristen, vor allem leicht bekleidete Mädchen, mit misstrauischen Blicken. Während man auf Mykonos kaum nackt genug sein kann, zeigt man hier allzu entblößter Haut keine Toleranz. Schließlich sind die Bewohner von Áno Méra und Umgebung die Nachfahren jener Familien, die sich einst demütig um das Kloster Panagía Tourlianí und der Schutzpatronin der Insel niederließen. Der Glaube der Dorfbewohner, dass tüchtige Arbeit und sittliches Benehmen die Jungfrau gütig stimmen und den derben Boden in fruchtbare Felder verwandelt, lebt auf dem Land fort. Obwohl man heute auch in Áno Méra nicht mehr an Wunder glaubt und die Bauern einsahen, dass die Jungfrau das brave Leben nicht wirklich belohnt (das Ackerland ist noch immer unergiebig), sind tiefe Dekolletés ein idealer Sündenbock für die Kluft zwischen der florierenden Hora und dem vernachlässigten Áno Méra. Deswegen sollte man vorwurfsvollen Blicken nachsichtig begegnen.

Das Herz von Áno Méra ist der kopfsteingepflasterte Dorfplatz, zu dem man vom Parkplatz durch eine kleine Gasse gelangt. Dabei sollte man beim Wort Dorfplatz nicht an Marktstände, tratschende Hausfrauen, schreiende Kinder, beladene Esel und an Gigolos auf fadenscheiniger Brautschau denken, denn Áno Méras Dorfplatz gleicht in keiner Hinsicht einer Piazza in Italien. Die „Platia“ ist meist menschenleer und scheint seit eh und je in der Sonne zu dösen. Manchmal werden beim Kiosk in der Mitte Kleinwaren feilgeboten, ansonsten brennt das Kopfsteinpflaster verlassen in der Sonne. Die Platia säumen auf allen vier Seiten Tavernen, Restaurants und Kafenions, so dass sich immerhin dort ein dörflicher Charme verbreitet. Die Lokale sind bei Mykonos-Kennern beliebt und gut frequentiert, aber noch ist der Touristenansturm auf Áno Méras Restaurants bescheiden und die Dorfbewohner müssen sich nicht zurückgedrängt fühlen. So können sie weiter in schattigen Lauben den faden Alltag mit Gerüchten würzen. Und der Dorfplatz ist klein genug, so dass man dem Nachbarn, der in der Taverne gegenüber seinen Ouzo genießt, das Neueste zurufen kann.

Panagiá Tourlianí

Panagiá Tourlianí

Die Hauptattraktion von Áno Méra, Panagiá Tourlianí, liegt im Zentrum am Dorfplatz. Es erstaunt, dass man der Muttergottes von Toúrlos ausgerechnet hier eine Kirche erbaute. Sagen erzählen, dass vor Jahrhunderten am Strand von Toúrlos eine Ikone mit dem Bildnis der heiligen Jungfrau gefunden wurde. Da damals alles, das aus dem Nichts zu kommen schien, als überirdisches Zeichen ausgelegt wurde, ernannten die Fischer von Toúrlos die „Gestrandete" zur Schutzpatronin des Küstendorfs, die „Panagiá Tourlianí"! Vielleicht waren die Bittstellungen der Fischermänner der Jungfrau zu peinlich oder sie fühlte sich im Küstendorf unwohl. Denn eines Morgens war die Ikone fort und überließ die Fischer sich selbst. Erst viele Jahre später tauchte sie so rätselvoll, wie sie verschwunden war, im heutigen Áno Méra wieder auf. Da auch die artigsten Damen auf Reisen nie lange allein bleiben, nahmen sich der Panagiá wandernde Mönche an, die das Heiligenbild entdeckten und, fasziniert von seiner Schönheit, der früheren Panagiá Tourlianí ein ehrenvolles Haus bauten. Das Bauwerk der Mönche wurde prächtig! Allerdings schienen die Mönche bei ihrem Bau so beansprucht, dass sie vergaßen, ihrer Patronin einen gebührenden Namen zu geben: So blieb die Panagiá Tourlianí, nunmehr Patronin eines kargen Hügelnests, die Jungfrau von Toúrlos!

Das heutige Kloster Tourlianí ist ein Gebäudekomplex aus mehreren, zwischen dem 16. und 18. Jh. erstellten Bauten. Besonders prächtig ist der Innenhof, der mit seinem Marmorbrunnen und dem wunderschön ornamentierten Glockenturm ein Bild göttlicher Harmonie abgibt. Das zum Kloster gehörende Kleinmuseum erzählt mit Modellen vom früheren Klosteralltag, der sich sehr vom heutigen unterschied: Die heutige Mönchstätigkeit, es sind noch deren drei, ist zu einer Art Gärtnerdasein verkommen – und die undankbare Funktion des Klostertürstehers besteht darin, die heilige Jungfrau vor allzu entblößten Beinen und Schultern zu bewahren. Tägl. 9–13, 14–19.30 Uhr

Kloster Paleókastro

Kurz vor Áno Méra weist ein kleines Schild auf das Nonnenkloster Paleókastro aus dem 18. Jh. hin, das auf dem gleichnamigen Hügel im Norden von Áno Méra residiert. Hinter der Eingangsfront und deren Pechnase eröffnet sich im Schatten eines Eukalyptusbaumes ein pittoresker Blick auf den mit hundert Blumentöpfen geschmückten Klos-

terhof, der von einer jungen Nonne gepflegt wird. Hinter dem Kloster bei der Kapelle soll der drei Meter hohe Granit-Menhir ein Überrest einer prähistorischen Kultstätte sein.
Etwas weiter oben, hoch über der Fteliá-Bucht kleben am Hügel die spärlichen Ruinen der Burg des Geschlechtes der Ghisi, einer uralten venezianischen Familie mit direktem Verwandtschaftsgrad zum Dogen Dandolo. Zwei der Ghisi-Sprösslinge taten sich in den Kreuzzügen gegen Byzanz hervor und die Insel Mykonos wurde ihnen als Dank überlassen. Etwas furchtsam erbauten die sonst so tapferen Venezianer ein Versteck im Landesinnern auf den ehemaligen Trümmern einer byzantinischen Festung. Der Besuch dieses unspektakulären Trümmerfeldes lohnt sich mehr wegen der herrlichen Aussicht, die sich von der Bergkuppe bietet.

Bäckerei

Die Bäckerei von Áno Méra sollte man sich nicht entgehen lassen. Die kleine „Brotfabrik“ befindet sich wenige Meter vom Hauptplatz entfernt in einer dunklen Halle. Alte Teigmaschinen bewegen sich seit Jahrzehnten beschwerlich durch die zähe Masse, der Bäckermeister füttert unermüdlich den Holzofen mit üppigen Brotleibern. Im Gegensatz zum auf Mykonos üblichen schwammigen Brot läuft einem beim Anblick der mit knusprigem Brot bepackten Regale das Wasser im Mund zusammen.
Jeder Mykoniote oder Möchtegern-Insulaner kommt in die alte Bäckerei nach Áno Méra, um sich mit Brot einzudecken. Hier werden keine Halbpfünder herausgetragen, sondern kiloweise Brot nach Hause gebracht! Es entzückt, dass nach all der scheußlichen Anglifizierung der Strand- und Restaurantnamen die als Verkäuferin tätige Bäckerstochter vom Englischfieber noch nicht angesteckt wurde und einen schüchtern anstarrt, wenn man unbedacht ein „Loaf of bread“ bestellt und dreist annimmt, dass alle Mykonioten Englisch verstehen. Tel. 22890/72180

Käserei Mikonou

Ist man mit Brot eingedeckt, fehlt noch was darauf oder dazu. Ebenfalls in der Nähe der Platia werden in der Käserei „Mikonou“ exquisite Käsespezialitäten aus Schafs-, Ziegen- und Kuhmilch angeboten und natürlich auch die mykoniotischen Klassiker Féta und Kopanistí.

Restaurant Vangelis

Diese Taverne ist das originellste Lokal in Áno Méra. Die populäre

Taverne der Familie Vangelis existiert bereits seit gut 60 Jahren am Dorfplatz und die Vangelis wissen längst, was ihre Gästeschar schätzt, und tischt dieser deftige Leckereien auf. So ist das Lokal Abend für Abend voll besetzt und als Schlemmerparadies bekannt. Dabei kann es schon passieren, dass Neulingen im „falschen Moment" eine nachlässige Behandlung widerfährt. Ansonsten, wer Salate sonst als bloße Diätspeise verachtet, wird bei den üppigen Salat-Kreationen hier schnell eines Besseren belehrt. Besonders empfehlenswert sind Spanferkel, das Steak vom Holzgrill, Lamm und die Meeresfrüchte-Platte, wobei hier „erdige" Fleisch- den maritimen Fischgerichten vorzuziehen sind. Doch zuerst sollte man sich die (Tages-)Empfehlung des Chefs anhören – es lohnt sich, so dass wir uns hier mit unseren Vorlieben zurückhalten. Tägl. 11–24 Uhr, Tel. 22890/71577

Taverna Apostolis

Die beste Alternative am Dorfplatz von Áno Méra, nicht nur wenn die Tische des Vangelis besetzt sind. Vielleicht bietet das Apostolis gar die authentischere griechische Küche und einen kompromisslos gastfreundlicheren Service. Tel. 22890/71760

Delos – Sagenumwobene Nachbarinsel

Nur wenige Kilometer vor Mykonos' Küste liegt Delos, heute eine unbewohnte, felsige Insel, in der Antike ein heiliges Zentrum und nach griechischer Mythologie der Geburtsort des Lichtgotts Apollon. Deswegen auch als Insel Apollos bezeichnet, bietet Delos heute eine Aura der Ruhe und Zeitlosigkeit. Die illustren Bewohner früherer Zeiten haben sich vor Jahrhunderten verzogen und die Insel dem Verfall überlassen. Ruinen, Spuren früheren Lebens und leere Tempelbauten bilden eine meditative Kulisse, die der griechische Staat zu bewahren versucht: Besucher der antiken Stätte müssen die Insel bis 15 Uhr verlassen und werden mit lauten Signalhörnern an die rechtzeitige Rückkehr in die Gegenwart erinnert. Die Trockenheit und karge Fruchtlosigkeit der Landschaft von Delos wirken noch drastischer, weil die winzige Insel eine flache Ebene ohne kontrastreiche Berge ist. Schlechte Voraussetzungen, um göttliche Bedeutung zu erlangen, möchte man meinen! Doch für das Erlangen von Weltruhm sind weder Palmenstrände, saftige Wiesen noch Feldblumen erforderlich. Schaffte erst das schändliche, neuartige Treiben auf Mykonos die Inselexistenz der globalen Ignoranz zu entheben, so basierte Delos´ Ruhm auf Mythologie und einer wohlwollenden Laune der Götter!

Die Entstehung der Götterinsel Delos

Die Geschichte von Delos beginnt mit der Begegnung von Mann und Frau. Können heutzutage Liebe, Untreue und Eifersucht Staatsaffären heraufbeschwören, hätten in der Antike die Liebeständeleien der Menschen nicht ausgereicht, um den Stein zu Delos' Aufstieg ins Rollen zu bringen. Der ehrenvolle Titel „die heilige Insel" verrät es: In Delos Geschichte prallen keine minderen Schicksale als jene von Gott und Göttin aufeinander! Welch´ wundersamen Stoff göttliche Verstrickungen ergeben können, kennen wir bereits von Homers Epos zum Trojanischen Krieg. So wie Liebe, Eitelkeit und Hass diesen entfacht haben, so sind sie auch verantwortlich für Delos' phantastische Geschichte!

Göttervater Zeus war berüchtigt für seine unbändige Liebe zum weiblichen Geschlecht und dessen süßen Früchte. Zwar war er verheiratet, doch Gattin und Schwester Hera glaubte sich der körperlichen Liebe erhaben und gereichte mit ihrem vernünftigen Wesen kaum Zeus lustvollem Drang. Mit einem ihm typischen Anfall der Fleischeslust beginnt denn auch die schillernde Entstehung von Delos:

Unzufrieden über die prüde Ehefrau, zog Zeus auf der Suche nach einem neuen Objekt der Begierde durch sein Reich. Die Suche entwickelte sich aber, sehr zu Zeus' Unmut und unserer Überraschung, zum schwierigen Unterfangen. Als kühl denkende Menschen sind wir zwar geneigt zu glauben, dem mächtigen Göttervater lägen sämtliche Göttinnen ergebungsvoll zu Füßen, doch solch' Berechnung scheint sich erst später ins weibliche Geschlecht geschlichen zu haben. Trotz seines Ruhms und Ehre wurde Zeus konsequent gemieden! Die selbstbewussten Göttinnen wussten um Zeus' Frauenverschleiß und selbst dem mächtigsten Mann des Olymps gelang es nicht, den eisernen Stolz der Göttinnen zu brechen, geschweige denn jene auf Objekte simpler Eskapaden reduzieren zu können. Wohin er auch kam, entweder entschwanden die schönen Olympierinnen, wurden abrupt von Migräne heimgesucht oder sie entstellten ihr schönes Antlitz mit hässlichen, abstoßenden Fratzen. Erst bei der liebevollen, unerfahrenen Leto zeigte der Charme des Göttervaters Wirkung. Zeus' Schmeicheleien fielen auf fruchtbaren Boden und mit erröteten Wangen ließ sich Leto zu jenen schicksalshaften Liebesnächten überreden, die ihr Leben verändern sollten. Aufgrund seines hohen Alters war Zeus' Fleischeslust bald gestillt. Selbst Letos Tränen hinderten ihn nicht, gesättigt zur weisen Ehefrau Hera zurückzukehren: Auf dem Olymp herrschte wieder Frieden und die Migräneattacken der Göttinnen waren wie weggeblasen!

Den Überlieferungen antiker Dichter belegen, dass das friedvolle Zusammenleben der Götter nie lange anhielt und die olympische Zufriedenheit stets die Ruhe vor dem Sturm war. So war der Frieden auch diesmal von kurzer Dauer ...

Die griechischen Götter wiesen genug menschliche Züge auf, um nicht auch der allermenschlichsten Unpässlichkeit ausgesetzt zu sein: Das Bäuchlein der ranken Leto begann sich zu wölben und bald bestand kein Zweifel mehr darüber, dass die junge Göttin schwanger war. Das Gerücht über die ungewollte Schwangerschaft zog im Lauffeuer durch die Götterwelt und gelangte auch zur Ehefrau des Übeltäters. Hera, sonst kluge und weise Göttermutter, tobte und zeterte fürchterlich. Statt sich den ewig buhlenden Zeus vorzunehmen, richtete Hera in unverständlich weiblicher Manier ihren ganzen Hass gegen die werdende Mutter. Furios stampfte sie durch die olympischen Gemächer, verbannte die sanftmütige Geburtsgöttin Eileithyia und verbot allen Göttinnen, der Schwangeren weder Gebärhilfe noch -ort zu gewähren. Obwohl ihr Bauch immer dicker und schwerer wurde, blieben ihr alle Türen verschlossen und sogar ihre Freundinnen überließen sie ihrem Elend.

Dem Zusammenbruch nahe, wandte sich Leto an Zeus. Der zukünftige Vater mochte sich noch vage an die gemeinsamen Nächte erinnern und war erstaunt über die missliche Lage der ehemaligen Geliebten. Obwohl für seine Launen und aufbrausendes Temperament gefürchtet, war Zeus nicht böswillig. Ob es die Furcht vor der rasenden Ehefrau oder nur Bequemlichkeit waren, die ihn an seiner eigenen Mithilfe hinderten, sei dahingestellt. Immerhin versprach er Leto, eine Lösung zu finden und ihr Unterstützung zukommen zu lassen.

Als gebieterischer Göttervater gewann Zeus seinen Bruder Poseidon als Helfer. Schon oft musste der Meeresgott Zeus´ Frauengeschichten schlichten – und wie jedes Mal hatte Poseidon schnell eine Lösung: Vor Jahren bat ihn die Göttin Asteria um ein Versteck, in dem sie

vor Zeus´ Nachstellungen sicher war. Verständnisvoll verwandelte er damals die Hilfesuchende in einen braunen Steinblock, der seither etwas unpassend in seinem Reich verloren auf dem Meeresgrund lag. „Wenn ich nun aus diesem Stein ein kleines Eiland für Leto schaffe, wäre auch mir geholfen", überlegte der Meeresherrscher in der eigennützigen Manier der Götter. Poseidon verließ sein Meeresschloss und hob die versteinerte Asteria aus dem Meer. Froh, die Angelegenheit damit erledigt zu haben, betrachtete er selbstgefällig das neu geschaffene Eiland. Dass die Insel klein und hässlich war, musste Poseidon zugeben, doch nun hatte Leto ein Plätzchen, um in Ruhe gebären zu können, und er konnte sich wieder über seinen makellosen Meeresgrund brüsten ...
Aus dem in den Tiefen des Meeres unsichtbaren Stein war eine „sichtbare Insel" geworden, die der Meeresgott entsprechend benannte: „Delos" (dt.: die Sichtbare).

Leto bemerkte die unfreundliche Dürre ihrer Zufluchtsstätte sehr wohl. Doch die Unglückliche formulierte in Dankbarkeit jene Worte, die, wie wir heute wissen, die Zukunft der Insel vorwegnahmen: „So arm ist deine Erde, liebe Insel, dass niemand seinen Fuß auf dein Land setzen will. Weder Kühe noch Schafe können hier grasen, weder Baum noch Weinstock wird je auf dir gedeihen. Aber sollte ich hier einen gesunden Sohn gebären, dann werden die Opfergaben an ihn so zahlreich und großartig sein, dass dir, liebe Insel, alle Ehre und Ruhm gebühren wird."

Kaum hatte Leto diese Worte gesprochen, setzten die Wehen ein und sie gebar das erste ihrer Zwillingskinder, die kleine Artemis. Der zweite Zwilling wollte allerdings den Leib der Mutter nicht erleichtern. Letos Schmerzen nahmen von Tag zu Tag zu und ihr erbarmenswürdiges Wehklagen erreichte sogar den Olymp. Mitleidig betrachteten die Göttinnen die leidende Leto, der weder Wasser noch Schatten den Schmerz erleichterten. Das Schauspiel auf Delos zerriss fast ihre Herzen und so beschlossen die Göttinnen, Heras Verbot zu umgehen und der ehemaligen Freundin zu helfen. Selbst unpraktisch veranlagt, sandten sie die Götterbotin Iris zur Hebamme Eileithyia. Und siehe da: Unter der geschickten Mithilfe der Götterhebamme ließ sich am zehnten Tag nach Artemis Geburt endlich auch der Zwillingsbruder zur Geburt überreden. Während sich Leto vor Schmerzen noch immer an die einzige Palme der Insel klammerte, hatte ihr neugeborener Sohn bereits

die Bewunderung aller Freundinnen gewonnen. Sie nannten ihn Apollo.
Beim Anblick des strahlenden Götterknaben und der ehrwürdigen Geburtshelferinnen wurde es Asteria alias Insel Delos mulmig zumute. Mit solch vornehmem Besuch hatte sie kaum gerechnet, geschweige denn mit einem so herrlichen Göttersohn! Asteria schämte sich ihrer Kargheit so sehr, dass sie aus ihrem steinernen Körper den Berg Kynthos formte und den Fluss Inopos entspringen ließ. So erfreut war Delos-Asteria über ihr neues Erscheinungsbild, dass sie vor Stolz mädchenhaft errötete und damit ihre Erde wundersam golden erglühen ließ. Noch heute ist dieser Glanz während der Abenddämmerung auf dem Gestein bemerkbar.
Inzwischen trafen immer mehr Göttinnen und Götter auf Letos Zufluchtsstätte ein, bewunderten die frischgeborenen Zwillinge und die ganze Insel befand sich im Festtaumel. Einzig Zeus und Hera waren von den Feierlichkeiten ausgeschlossen. Missmutig besahen sich die beiden das freudige Spektakel. Während Hera sich darüber ärgerte, hier mit dem untreuen Gatten sitzen zu müssen, während die Freundinnen den vorzüglichen Götterknaben hätschelten, war Zeus erbost, auf die Wonnefeier verzichten zu müssen. Wochen und zahlreiche Ehestreitigkeiten später entschloss sich das Götterpaar dazu, Delos einen Besuch abzustatten. In ungewohnter Einigkeit musterten sie den neugeborenen Götterknaben – und Zeus erhob seinen zauberhaften Spross zum Gott der Künste und des Lichts. Der Bann über Leto und ihren Kindern war gebrochen. Hera verzieh ihren ungehorsamen Freundinnen, Delos-Asteria ergötzte sich am neu gewonnenen Titel „Insel des Lichtes“, Apollo erfreute mit seinen ersten Lauten und Zeus war sowieso in seinem Element.
Selten sah man die Götterfamilie so zufrieden vereint wie in jenen ersten Tagen nach Apollos Geburt. Die ehemalige „Verlegenheitsinsel“ Delos wurde zum Zentrum der Götter und Heiligkeit.

Delos heute – Wenn die Götter verloren gehen

Heute zeugt leider nur noch wenig auf Delos von der ehemaligen Anwesenheit der Götter ... (einzig jene mickrige Palme ist noch zu sehen, die Leto beim Gebären Schatten gespendet haben soll). Die Erfahrung zeigt, dass Götter aller Kulturen kaum Spuren hinterließen! Wieso sollte ausgerechnet die fröhliche Göttergemeinschaft der Antike den frustrierten Archäologen und Tou-

risten der Zukunft gedacht haben? Deswegen sollte man nicht enttäuscht sein, weder Apollos Wiege noch Letos Schweißtuch vorzufinden. Ausreichenden Trost für den Mangel an göttlichen Relikten bieten die zahlreichen Trümmer und Ruinen unserer menschlichen Vorgänger. Jene haben der Nachwelt ganze Stadtteile, Heiligtümer, Höfe und Atrien, geschmückt mit wunderschönen Malereien, Fresken und Mosaiken, zur Bewunderung überlassen. Es gibt partiell fast vollständig erhaltene Tempelbauten und intakte Standbilder. Viele antiken Funde liegen kompakt beieinander und die Ausgrabungen ermöglichen es, wie in einem aufgeschlagenen Buch über Leben und Denken dieser längst vergangenen Hochkultur zu lesen.

Die Kunstschätze sind sichtbarer Ausdruck einer selbstbewussten, kunstsinnigen und festlich-frohen Kultur. Die Überreste sind die letzten Zeugnisse dieser untergegangenen, zivilisatorischen Kulturen und erzählen die Geschichte der Delier, deren erste Spuren bis ins 3. Jtsd. v.Chr. reichen. Als die Zeit kam, in der sich das Dasein der Götter auf den Olymp beschränkte und sich ihre weltliche Existenz auf den Götterkult der Menschen reduzierte, übernahmen gläubige Griechen gern die heiligen Gestade der Insel Delos. In Bewunderung für die Götterwelt schworen sie, der Insel alle Aufmerksamkeit zukommen zu lassen und den Göttern weder in Pomp noch Schönheit nachzustehen. Aus Respekt vor Apollo war es auf Delos unter Androhung härtester Strafen verboten, sowohl Kinder auf der Insel zu gebären als auch Tote in der geweihten Erde zu begraben. Der Nachbarinsel Rhenia bekam die undankbare Rolle, Insel der gebärenden Delierinnen und der sich im Todeskampf befindenden Menschen zu sein. Wieder einmal hatte der Menschen Glaube grausame und unerbittliche Konsequenzen: Ständig wurden altersschwache Großväter oder kranke Großtanten „ausgemustert", um sie ja rechtzeitig auf die Todesinsel zu bringen und sie dort den Gesängen der Agonie und ihren Schmerzen zu überlassen. Trotzdem schmälerte dies die Attraktivität der heiligen Insel nicht. Zeitweise lebten bis zu 60.000 Menschen auf Delos und rühmten sich, auf der Insel aller Inseln zu wohnen! Sie zivilisierten die Heimat des Lichtgottes und sahen sich als Zentrum seiner Heiligkeit berechtigt, von den kleinen Nachbarinseln horrende Tribute einzufordern. Die Ruinen von Delos lassen noch heute den enormen Reichtum und die frühere Schönheit erahnen, in denen Tempel, Statuen etc. die mythologische Götterwelt zu verewigen trachteten. Selbst kulturell eher Desinteressierte werden bewundernd auf die antiken Überbleibsel starren, sich klein und verloren fühlen angesichts dieser Zeugnisse einer vergangenen Hochkultur.

Die ersten Ausgrabungen auf Delos wurden 1872 von der Französischen Archäologischen Schule vorgenommen und dauern bis heute an. Seit Aufnahme in die Gruppe des World's Cultural Heritage im Jahr 1990 steht Delos unter strengem Schutz der UNESCO. Dennoch sollte ein Besuch von Delos mit einer relativierten Erwartungshaltung erfolgen. Schließlich ist viel Zeit mit heftigen Zerstörungen vergangen und die antike Ruinenstätte von Delos diente in früheren Jahrhunderten als Steinbruch für bauwillige Kykladen-Bürger. Die Höhepunkte einer Besichtigung sind die Löwenterrasse (die heutigen Löwen sind Kopien, die originalen Marmorskulpturen befinden sich im Museum von Delos), prächtige Mosaikböden (szenische Abbildungen sowie klassisch griechische Ornamente und Symbolik) und der Hügel Kýnthos mit einem spektakulären Panoramablick. Am besten kauft man sich an der Eingangskasse einen Führer über die Ausgrabungsstätte. Die schön bebilderten, kompetenten Bücher sind in mehreren Sprachen erhältlich. Unbedingt sollte man sich auf intensivste Sonneneinstrahlung und Sommerhitze einstellen. Schließlich befindet man sich im Zentrum des Lichts, die Sonne brennt unerbittlich und Schatten hatte schon Leto vergeblich gesucht. Trotz quälender Hitze sollte man sich aber nicht vor der Besteigung des Kýnthos-Hügels (112 m) drücken. Der Aufstieg auf Asterias Prunkstück ist schweißtreibend, aber oben erwartet einen ein wohltuendes Lüftchen und die

Das Haus des Dioskurides und der Kleopatra

Aussicht auf Delos Nachbarinseln ist schlichtweg gewaltig. Gekühlte Getränke und Imbisse werden im Museumsshop verkauft.

Anreise, Eintritt – Reise ins „Zentrum des Lichts"

Der „Verband der Passagierschiffe Mykonos-Delos", Delos Tours, ist für Überfahrten nach Delos zuständig und hat seine Ablegestation am südlichen Pier gegenüber der St.-Nicholas-Kirche im Hafen von Mykonos-Stadt. Von Anfang April bis Ende Oktober fahren täglich mehrere Schiffe zur sagenumrankten Insel, montags ab 10 Uhr, von Di. bis So. bereits ab 9 Uhr. Es gibt einfache Überfahrten zum Preis von € 22 für das Rückfahrticket. Die letztmögliche Rückkehr am gleichen Tag ist um 20 Uhr, weil der heilige Boden spätestens bei Sonnenuntergang von Touristen oder anderen profanen Menschen „gereinigt" sein muss, was durch den Fahrkartenverkauf geregelt wird. Die ca. 45-minütige Fahrt von Mykonos nach Delos ist faszinierend, wenn nicht gerade der Wind bläst und man arg über die Wellen schaukelt. Handelt es sich bei den Passagieren weder um versierte Archäologen noch um philhellenistisch vorgebildete Wesen, ist eine organisierte Halbtagesfahrt unablässig, die Hin- und Rückfahrt, Eintritt auf die museale Insel und in das dortige Museum sowie eine Führung beinhaltet (€ 60), was die Auswahl der Abfahrtszeit beschränkt. Führungen in Englisch gibt´s tägl. um 10 und 17 Uhr, Spanisch dienstags um 10 Uhr, Deutsch nach Absprache. Außerdem ist zu beachten, dass die Führungen am Nachmittag von kürzerer Dauer als morgens sind, was regelmäßig in eine Hatz über und durch die Steine ausartet, wodurch im schattenlosen Gelände die Exkursion in durstiger Verärgerung endet.
Wenige Meter von der Kasse befindet sich das Hauptbüro von

Delos Tours, Kastro
Tel. 22890/28603
info@delostours.gr
www.delostours.gr

Der Kontrast zwischen der lauten Insel Mykonos und der Annäherung an die in der Hitze der Sonne „meditierenden" Insel Delos könnte nicht größer sein – als befände man sich auf einer Zeitachse der griechischen Geschichte und Kultur von gestern und heute, und die Schifffahrt wird zur herrlichen Zeitreise. Noch charmanter ist die Anreise mit dem bunten Fischerboot Glaros, das täglich um 11 Uhr den Strand von Ornós verlässt.

GRIECHENLAND

Griechenland Spezial

Politik und Gesellschaft

Touristen werden auf Mykonos nicht nächtelang mit den Einheimischen im Kafenion sitzen, mit den Steinen ihres Kombolois klappern und sich erhitzt an politischen Diskussionen der Mykonioten beteiligen. Solche Urlauberfantasien lösen sich auf Mykonos abrupt in Luft auf. Nicht nur, dass es auf Mykonos kaum Kafenions, die typischen Politlokale des gemeinen Volkes, gibt, die Mykonioten geben sich Touristen gegenüber reserviert. Sie fühlen sich als kleine Hobbypolitiker, die politische Meinung Fremder interessiert sie nicht. Seine Analyse des griechischen Systems soll der Urlauber für sich behalten und sich den Urlaubsfreuden widmen! Man lässt die Feriengäste einzig in der Unterhaltungspolitik mitwirken, welche von Mykonos-Tourismus launisch gestaltet wird. Die Hippie-Revolution von Paradise und der Feldzug des homophilen Super Paradise haben aus Mykonos zumindest im Sommer ein politfreies Eiland geschaffen, wo man die Verstöße gegen Griechenlands Gesetze und Traditionen übersieht.

Die Geburtsstunde des Griechenlands der Neuzeit war der erfolgreiche Befreiungskampf der Griechen gegen die osmanische Herrschaft, aus dem Griechenland 1830 als Königreich hervorging. Zu den dunkleren Kapiteln gehört der Obristenputsch rechtsextremer Offiziere unter Georgios Papadopoulos 1967, der in eine 8-jährige Militärregierung mündete. Erst 1975 wich die willkürliche Militärjunta einer parlamentarischen Republik, die über Jahrzehnte durch die beiden großen Volksparteien, die sozialdemokratische PASOK und die konservative ND (Nea Dimokratia), beherrscht wurde, die sich an der Macht abwechselten. In der jüngsten zugespitzten ökonomischen Finanzkrise veränderte im Januar 2015 der Wahlsieg von Syriza, der linkspopulistischen „Koalition der Radikalen Linken“, die verkrusteten Politstrukturen Griechenlands. Seitdem charakterisiert ein Tauziehen zwischen der Umsetzung des Syriza-Wahlprogramms – absolute Priorität der sozialen Bedürfnisse, direkte Demokratie, Überwindung des herrschenden Neoliberalismus etc. – und den Interessen der Gläubiger – in einer „Troika“ sind Vertreter der EU, EZB und IWF vereint – die politische Gegenwart Griechenlands.

Die griechische Finanzkrise

Die grundlegenden Probleme der griechischen Wirtschaft waren seit

Jahren allseits bekannt: eine fehlende Konsolidierung des Staatshaushalts, hohe Arbeitslosigkeit, die anstehende Privatisierung des öffentlichen Sektors und notwendige Umstrukturierung der überschuldeten staatlichen Rentenversicherung, eine ausufernde Korruption und Steuerhinterziehung ...

Dennoch platzte die Nachricht wie eine Bombe, als Ende November 2009 der neue Ministerpräsident Andrea Papandreou ein drohendes Staatsdefizit von 12,7 % des Bruttoinlandsprodukts bekanntgab. Vor dem Hintergrund der globalen Immobilien- und Finanzkrise schreckten die internationalen Finanzmärkte und die anderen Euro-Staaten gehörig auf, zumal die griechische Wirtschaft im Ausland exorbitant hoch verschuldet ist. Die Lage erhielt eine zusätzliche Brisanz, weil die griechischen Defizit- und Schuldenstandzahlen jahrelang falsch waren bzw. aufgrund politischer Einflussnahme beschönigt wurden.

Im Frühjahr und Sommer 2010 war der drohende Staatsbankrott offensichtlich. Unter Einfluss der führenden Ratingagenturen Standard & Poor's, Moody's und Fitch, die die Bonität Griechenlands dramatisch herabstuften, schnellten die Zinsen für griechische Staatsanleihen in ungeahnte Höhen und die Destabilisierung des Euro spitzte sich zu.

In hektischen Sondersitzungen einigten sich die europäischen Regierungschefs und Finanzministerien auf ein umfangreiches Rettungssystem mit Milliardenkrediten (insgesamt € 500 Mrd. plus € 250 Mrd. vom IWF), die an den internationalen Finanzmärkten aufgenommen und mit einem Risikoaufschlag an Griechenland weitergegeben wurden. Bedingung für das gewaltige Hilfsprogramm waren drastische Sparprogramme sowie ökonomische und administrative Umstrukturierungen, die die griechische Regierung unverzüglich einzuleiten hatte. Erste Maßnahmen waren die Erhöhung der Mehrwertsteuer auf 23 % (inzwischen 24 %) und die Kürzung der Beamtengehälter, die sich bis dato nicht nur eines 13., sondern sogar eines 14. Jahresgehalts erfreuten. Der Kallikratis-Plan sah eine Kürzung der Verwaltungsausgaben von jährlich knapp 2 Mrd. Euro vor. Das Rentenalter sollte auf europäisches Niveau und übergangsweise die Mineralölsteuer sowie weitere Konsumsteuern angehoben werden. Eine weitere Maßnahme zielte natürlich! (wieder einmal) auf die Bekämpfung der Steuerhinterziehung. Die Proteste in der Bevölkerung waren heftig. Neben medienwirksamen Demonstrationen kam es zu massiven Ausschreitungen und einem 24-stündigen Generalstreik. Mehr als zwei Drittel aller Griechen stehen den Sparmaßnahmen ablehnend gegenüber. Doch das allzu süße Leben scheint erst einmal vorbei zu sein, denn selbst die rigorose Umsetzung des vom griechischen Parlament verabschiedeten Sparpakets stellte lediglich eine allfällige Krisenstrategie dar, in der ein „Grexit", der Austritt Griechenlands aus der Eurozone, immer häufiger thematisiert wurde und das Land unbeholfen versuchte, sein Staatsdefizit in den Griff zu bekommen. Im Juli 2015 drohte erneut die griechische Zahlungsunfähigkeit. Nach einem Referendum wurden in nächtelangen hektischen Krisensitzungen der Staats- und Regierungschefs der Eurozone ein drittes Hilfspaket und weitere Einschnitte als Bedingung für dessen Auszahlung beschlossen. Weil diese wiederum die Steuereinnahmen verringerten und die griechische Wirtschaftsleistung – statt sie anzukurbeln – massiv schwächten, musste bereits im Sommer 2016 die erneut drohende Staatspleite umschifft werden. Demonstrationen, Streiks und die Androhung einer Verweigerung fristgerechter Zahlungen auf griechischer Seite sowie seitens der Euro-Länder die Verweigerung eines Schuldenschnitts, Forderung nach einem Grexit oder Verschärfung der Reform- und Sparauflagen werden noch lange die ökonomisch-monetäre Realität Griechenlands bestimmen.

Zwischen Fernweh und Heimatliebe

Traditionell gab es gute Beziehungen zwischen Deutschland und Griechenland. Nicht Englisch, sondern Deutsch wurde an griechischen Schulen als erste Fremdsprache unterrichtet. Generationen junger Griechen strömten zum Studium nach Deutschland. Nach dem II. Weltkrieg folgten den Studiosi Tausende griechischer Familien, die sich in Deutschland eine neue Existenz aufbauten und dabei – im Gegensatz zu anderen Volksgruppen – sehr freundlich aufgenommen wurden. Deutsche Lehrkräfte und Philhellenen schwärmten an Griechenlands Küsten, um dort hautnah kennen zu lernen, was sie zu Hause in Büchern gelesen hatten. Von ihren Studienreisen brachten sie eine fundierte Liebe zu Griechenland und gereiftes Wissen über die antike Kultur nach Hause. Schon immer gab es in deutschen Landen glühende Verehrer der hellenischen Kultur. Der Pfarrer Gustav Schwab verfasste in den 1830er Jahren die berühmteste Sammlung griechischer Mythologien, der Archäologe Heinrich Schliemann erlangte Weltruhm. Nach Kriegsende 1945 herrschte in Griechenland Aufbruchsstimmung. In den Jahren der „griechischen Völkerwanderung" sank die Bevölkerungszahl vor allem auf den Inseln um fast die Hälfte. Die Bewohner ganzer Inseldörfer zogen von dannen, versuchten im Ausland ein neues Leben aufzubauen und die griechische Misere hinter sich zu lassen. Die ehemaligen Zentren der Schifffahrtindustrie und des Welthandels hatten längst jegliche Bedeutung verloren. Das Inseldasein des 20. Jh. bedeutete vor allem Abgeschiedenheit und wirtschaftliche Rückständigkeit. Ziel der griechischen Auswanderer war nicht nur Deutschland, auch Australien lockte als Ziel, wo griechische Siedlungen heute große Flächen der Vorstädte um Sydney beherrschen und (in) offiziell als „griechische Stadtteile" bezeichnet werden. Ob im gelehrten Deutschland oder im tropischen Ozeanien: Wo auch immer er ist, der Grieche bleibt Grieche. Ihr Patriotismus ist unauslöschlich und ihre Heimatliebe beinahe blind. Ihr Dasein im freiwillig gewünschten Exil bezeichnen die Auslandgriechen stolz als „Diaphora", was „die Betonung des Unterschieds zweier Dinge" bezeichnet und die griechische Seele widerspiegelt: Griechische Herkunft lässt sich nie verleugnen und der Samen der hellenischen Weisheit, die einst die antike Welt erhellte, wird stets fruchtbar bleiben! Trotz Integration in ein anderes Land wird der typische Grieche nie davon zu sprechen aufhören, irgendwann nach Griechenland zurückzukehren. Die Selbstverständlichkeit der Rückkehr in die Heimat scheint ihn allerdings so genügsam zu stimmen, dass dieser Traum meistens unerfüllt bleibt: Irgendwann kommen Kinder zur Welt, das Geschäft beginnt sich zu rentieren, ein Haus wird gebaut und die Enkelkinder können das griechische Alphabet kaum noch vom Hebräischen unterscheiden! Die Rückkehr wird mit den Jahren immer unwahrscheinlicher, worüber sie sich in der Gesellschaft ihrer perfekt organisierten, griechischen Gemeinschaften hinwegtäuschen.

Mykonos scheint das ganze Jahr über von Athenern okkupiert zu sein. Ihre Freude am Duft der „heimischen" weiten Welt und der Wunsch zum hedonistischen Leben veranlasst viele extravaganten, ausgehfreudigen Athener, die nur einen Katzensprung entfernte Freudeninsel mehrmals im Jahr sowohl als Ferien- als auch Wochenendziel anzusteuern. Von den 12 Millionen Einwohnern Griechenlands sind gut

4 Millionen im Ballungsraum Athen beheimatet. Fast ein Drittel der Griechen bezeichnet sich also zu Recht als „Athener" und als solcher ist ihm die Reise nach Mykonos ein Muss!

Blau und Weiß sind die Farben der griechischen Flagge. Sie haben ihren Ursprung in der Zeit der Unabhängigkeitskriege gegen die türkische Oberherrschaft. Das weiße Kreuz der griechischen Flagge trägt den Namen des Schlachtrufes „Freedom or Death", Freiheit oder Tod. Tatsächlich sind die Griechen ein enorm patriotisches Volk und die angeborene Trägheit findet genau dann ein Ende, wenn der Heimatstolz verletzt wird.

Es war einmal.

Auf der Weltkarte ist das in Inseln zerklüftete Land der Griechen ein kaum wahrzunehmender Flecken. Das kleine, desorganisierte Land spielt im Weltgeschehen keine bedeutende Rolle mehr. Deswegen erstaunt es, dass Griechenland eine der größten Handelsflotten der Welt besitzt. Fast 16 % aller Transportschiffe auf den Meeren sind griechischer Herkunft. Sind es zwar selten die blau-weiß gestreiften Flaggen Elladas, die über dem Schiffsdeck flattern, so sind die großen Schiffsreedereien vielfach griechischen Ursprungs.

Wer kennt ihn nicht, den Griechen Onassis, einen der reichsten Männer seiner Zeit! Seine Berühmtheit hat sich der geschäftige Seemann lange vor seiner Heirat mit Jackie Kennedy und der Affäre mit Maria Callas eingeheimst. Obwohl längst tot und an Reichtum überholt, gilt er noch heute als Vorbild für die griechische Schiffsreedergesellschaft: übermäßig reich, auffallend lebenslustig und sagenumwoben! Mit der Bedeutung der griechischen Seemacht hat sich Griechenlands Anspruch auf Weltbedeutung denn auch erledigt. Wirklich rosig sieht es mit der griechischen Wirtschaft nicht aus. Die Bilanzen sind defizitär und die Importgüter übersteigen die Exportgüter um vieles. Das Verhältnis zwischen den Kosten des Lebensunterhalts und dem Durchschnittseinkommen ist prekärer als in den meisten europäischen Nachbarländern. Kein Wunder ist in Griechenland die Steuerhinterziehung zum Volkssport geworden, den alle Gesellschaftsschichten mit Leidenschaft oder gar Amüsement betreiben.

Traditionen – was davon übrigblieb

Die Mykonioten haben sich der Metamorphose vom Fischer zum Hotelier, vom Hirten zum Barkeeper unterworfen. Durch Anpassung konnten sie Armut und die Rückständigkeit der Insel überwinden. Das ärmliche Mykonos initiierte genau das, was die Welt von ihm erhoffte: die Kapitulation als eigenständiger Wirtschaftsraum und Reduzierung zur touristisch perfekten Ferieninsel! Die neue Daseinsform fiel den stolzen Mykonioten anfangs nicht einfach. Doch mit jedem fremden Ankömmling schrumpften auf Mykonos Armut und Rückstand und mit der sommerlichen Okkupation gewann die Insel wieder materielle Freiheit und Selbstsicherheit!

Was allerdings von den mykoniotischen Traditionen bewahrt wurde, pflegen die Einheimischen mit Stolz und großer Hingabe. Die plötzlich zu Weltoffenheit verdammte Insel verpflichtet sich mit gleicher Sorgfalt und Ehrfurcht ihren Kapellen und Heimen! Trotz propagierter Extravaganz haben die Insulaner nichts an Eigenwillen und Bescheidenheit eingebüßt und die Mykonioten hüten eifrig ihre hiesigen Sitten.

Obwohl die Mykonioten gern über Touristen spotten und den Gästen nicht immer hilfsbereit begegnen, wissen sie genau, wie viel die Insel diesen zu verdanken hat. So leben Mykonioten und Touristen zwar nicht miteinander, doch tolerant nebeneinander: Während der Mykoniote die gewinnbringenden Flausen der Touristen großzügig übersieht, ist der Bauer auf dem Esel das begehrte Fotoobjekt der Touristen. Mykonos ist eine Insel der Gegensätze und gehört noch lange nicht den Touristen! Die schwarz gekleidete Witwe, die hocherhobenen Hauptes durch die Gassen schreitet, scheint die Transvestitengruppe neben ihr nur bedingt wahrzunehmen oder sich jedenfalls nicht an den grellbunten Kleidern und eindeutigen Gesten zu stören. Auf Mykonos gilt: Jedem das seine! Erklärungen und Rechtfertigungen braucht es nicht.

Dieses tolerante Nebeneinander vermeidet, dass Mykonos zum Vergnügungspark geschmackloser Touristen wird, und macht die Insel einmalig! Szeneninsel hin oder her: Die Gegensätze sind zu verschieden, um ein einschlägiges Programm zu propagieren. Statt eines verkrampften Miteinanders wird ein gelöstes Nebeneinander zelebriert. Mykonos scheint das Talent zu haben, die Besucher in seinen Bann zu ziehen. Die kleine Ausdehnung und Übersichtlichkeit überfordern weder Orientierungssinn noch den Wunsch nach Vertrautheit. Das Angebot an Restaurants, Clubs und Bars ist großzügig, doch nicht so verwirrend, dass es eines besonderen Insiderwissens bedürfte, das vermeidet, stets an den falschen Orten zu landen! Die

Gäste fühlen sich heimisch auf Mykonos und dank dieser Zugehörigkeit wird der improvisierenden Insel manch Makel nachsichtig verziehen. Unsere liebsten Ferienorte sind durch die Touristenströme zu Schmelztiegeln vieler Nationen und Eigenheiten geworden. Selbstverständnis und Ursprünglichkeit vieler Ferienziele sind nur noch auf wackeligem Grund gebaut und deren Bande zur Heimat durch die internationale Gästeschar gelockert. Mykonos ist da keine Ausnahme. Seine Schönheit wird von Reiseunternehmen aller Welt herumgereicht und das mykoniotische Gesicht erfolgreich vermarktet. Mykonos gehört im Sommer nicht mehr nur den Griechen. Dann verwandelt sich die Insel zum modernen Vielvölkerstaat, dessen griechische Nationalität kaum mehr wahrgenommen werden kann! Erst wenn es kälter wird und die Besucher von dannen ziehen, wird die internationale Lebensform von den traditionellen Eigenheiten abgelöst. Die Einwohner von Mykonos haben einen Winter lang Zeit, sich vom Trubel zu erholen, und können ihre Insel ungestört genießen.

Auch wenn selbst die Griechen auf die Internationalität ihrer Jetset-Insel hinweisen, darf nicht vergessen werden, dass Mykonos einer lange gewachsenen Kultur angehört und mit typisch griechischen Charakterzügen behaftet ist. Die Liebe zur Ferieninsel darf nicht allein auf Sonnenschein, munterem Nachtleben und prächtigen Sandstränden beruhen.

Kykladenkunst

Der Überfluss an mykoniotischen Pseudo-Kitsch-Künstlern der Gegenwart sollte nicht darüber hinwegtäuschen, dass in der Geschichte der Kykladenkunst einige sehr einflussreiche Künstler die Kunstentwicklung in Europa stark beeinflussten. Die simplen, leicht surrealen Marmorplastiken der Kykladen gelten noch heute als absolute Perfektion der Steinbearbeitung. Die Marmorskulpturen bestechen durch ihre Einfachheit. Meist stellen sie lange, flache Frauenfiguren dar, die ganz dem aktuellen Trend der Verherrlichung von androgynen Frauenkörpern entsprechen.

Kykladenarchitektur

Strahlend weiße Kubus-Häuschen prägen Mykonos wie seine karge Landschaft. Der Architekt Le Corbusier, einer der berühmtesten Stadtplaner der Moderne, ließ sich von Mykonos' Kyladenarchitektur inspirieren und meinte in seinem Buch „ville radieuse": „Was die Architektur sagen kann, hat sie hier gesagt!"

Dass manchmal „weniger mehr ist“, belegt die Kykladenarchitektur: Mit einfachen geometrischen Grundformen wie Würfel, Zylinder, Halbkugel und Kegel hat sie phantasievolle, individuelle Bauwerke erschaffen. Die Bauten haben sich über Jahrhunderte den geographischen und klimatischen Bedingungen angepasst und dabei sämtliche Epochen überlebt, ohne von ihrem avantgardistischen Stil abzuweichen. Die abgerundeten, ineinander verfließenden Formen entsprechen heute sogar dem puristischen Geschmack postmoderner Architektur.

Bis vor wenigen Jahrzehnten bauten kykladische Familien ihre Heime selbst. Sie verwendeten dazu die natürlichen Ressourcen ihrer Insel (Granit, Kalkstein und Schiefer) und konzentrierten sich auf die funktionalen Aspekte ihrer Bauten. Die mindestens 60 cm dicken Hausmauern boten Schutz vor Wind und Hitze. Die unebenen Dächer ermöglichten den natürlichen Fluss des Regenwassers in die Zisterne neben dem Haus. Enge Gassen und direkt aneinander gebaute Häuschen mit den verwirrenden Treppenaufgängen brachen die Kraft der Meltémi-Winde. Der neutrale, weiße Kalkverputz hielt lästiges Ungeziefer fern.

Die Technik der Gegenwart machte das praktische Denken unserer Vorfahren überflüssig. Der einstige Kykladenbauer muss als Hotelier dem launischen Wegweiser der Ästhetik folgen. Obwohl die mühsame Bauarbeit nur zu gerne an Arbeiter und Maschinen delegiert wird, wird die Bauweise der Vorfahren noch fast identisch angewendet. Diese entspricht dem Schönheitsempfinden des 21. Jh. und der ursprüngliche Baustil duldet keine Alternativen. Die auf die Natur ausgerichtete Kykladenarchitektur hat durch den Tourismus ihre Ursprünglichkeit verloren. Die natürlichen Einflüsse sind nicht mehr Wind, Hitze oder Ungeziefer, sondern Urlauber, die auf ihre Portion Kykladenatmosphäre nicht verzichten wollen. Diese ergötzen sich an den pittoresken Hauswürfeln und schießen Fotos en masse, um den Charme der blumenumrankten Hausfassaden festzuhalten! Doch der Frieden trügt! Die dekorativen Kykladenbauten sind auf Mykonos Anlass eines hitzigen Disputes geworden: Einerseits wollen immer mehr Touristen die Kykladenhäuschen bewundern, andererseits empfinden die Hoteliers die enge Bauweise als unpraktisch und wissen kaum mehr, wie alle in den kleinen Würfelhäuschen unterzubringen sind. So wird jede Bautätigkeit unterstützt, die Hausplanung aber durch strikte Bauvorschriften der kreativen Eigenständigkeit beraubt! Die freidenkerischen Bewohner und Gäste von Mykonos werden seit 1972 für ihre Bauvorhaben eisern in Zaum gehalten: Geradlinige Mauern dürfen die 12-m-Grenze nicht überschreiten, ein drittes Stockwerk wird nicht geduldet, Hauskanten müssen abgerundet sein und die Hausmauern und Innenwände so weiß, wie Fensterläden und Balkone farbig zu sein haben! Mykonos' Baustil wirkt dank der strengen Bauregelung noch immer so charmant, als wäre die Zeit stehen geblieben und die Insel noch nicht zum Touristennest geworden! Immerhin kann man so die Postkartenkulisse romantischer Kykladendörfchen weiterhin genießen. Und wenn die Mykonioten einmal im Jahr ihre Häuser, Kirchen und Treppenkanten mit Kalk übertünchen, dann schmälert das Wissen um Baugesetze so wenig den Reiz dieses Schauspiels wie Ursprünge abgerundeter Bauformen ihre Bewunderung mindern.

Wer die Vorschriften befolgt, darf bauen. Und gebaut wird viel! So reizend die fertigen Kykladenhäuser wirken, so sehr irritieren ihre unvollendeten Kollegen. Mancherorts wird das Inselbild durch Baustellen und -gruben gestört, deren Ansicht kaum von effizienter Arbeit zeugt. Viele Baustellen sind Reste eines ehrgeizigen Plans, der, verhindert durch plötzlichen Bankrott, nie mehr umgesetzt wird. Denn in Griechenland ist es schwierig, eine Hypothek zu erhalten, ein einwandfreier Leumund ist unumgänglich, aber auch eine zweischneidige Sache. Deshalb ist es üblich, das Traumhaus aus Eigenmitteln zu finanzieren. Doch viele Griechen überheben sich finanziell und der Bau ihrer Ferienresidenz zieht sich über Jahre hinweg: Im Sommer wird gespart, im Winter, wenn die Saison zu Ende und die Arbeitskräfte billiger sind, wird gebaut. Manchmal wird nur das Fundament mit Eckpfeilern errichtet, weil das Geld nicht für mehr reicht! Zwei, drei Jahre Bau- und Sparpause sind häufig. Wenn ein Bau kurz vor Fertigstellung steht, eilt die Vollendung dem Bauherrn selten. Ein fertiges Ferienhaus schafft zwar Bewunderung und Frieden in Mykonos' Landschaftsbild, doch der Staat profitiert noch mehr davon. Der griechische Volkssport „Steuerhinterziehung" wird so exzessiv betrieben, dass selbst die Verminderung der Ferienresidenz-Ästhetik nicht davon abhält, dem Staat ein Schnippchen zu schlagen! Pro forma lassen viele Griechen Baugruben im Garten stehen oder deuten mit Eckpfeilern auf dem Dach ein weiteres Stockwerk an, welches weder geplant noch je

TAUBENHÄUSER

Die turmähnlichen Bauten sind charakteristisch für die Inseln der Ägäis. Während die Nachbarinsel Tinos mit Taubenhäusern gespickt ist, findet man auf Mykonos nur noch wenige der schönen Prunkstücke. Die Venezianer führten die Taubenzucht auf den Kykladen ein. Dem Seefahrervolk galten Tauben als Leibspeise und auch die Griechen waren schnell davon überzeugt. Der Bau der Taubenhäuser war reglementiert: Der Bauplatz musste gewährleisten, dass der Taubenturm von den Vögeln ungehindert angeflogen werden konnte und windgeschützt lag. Die Einfluglöcher waren auf der windstilleren Seite des Rundbaus anzubringen und die Taubenhäuser mit traditionellen Ornamenten wie Rhomboiden, Dreiecken, Sonnen oder Abbildungen von Zypressen zu versehen.

Ein Taubenhaus gehörte zur vollständigen Ausstattung einer griechischen Farm. Neben Stall, Heuschober und Lager stand beim Wohngebäude das Taubenhaus. Auf Mykonos stehen die meisten Taubenhäuser inzwischen leer oder sind zu Liebhaberobjekten exotischer Bauherren geworden, die aus den Bauten sophistisch angehauchte Lofts zaubern.

fertiggestellt wird. In der Bauphase sind Griechen steuerlich unantastbar, so bemüht man sich gern, den Anschein so lange als möglich zu wahren! Pech für den Staat und den verletzten Schönheitssinn der Touristen.

Ökologische Probleme der Kykladen

Auch in der Ägäis ist das ökologische Gleichgewicht aus dem Gleichgewicht geraten. Immer weniger junge Mykonioten sind bereit, in der arbeitsintensiven Landwirtschaft ihr Einkommen zu verdienen. Durch den Rückgang der Zahl der Bauern liegen heute große landwirtschaftliche Gebiete brach, der Boden versteppt und die Weiden vertrocknen. Der lebensnotwendige Niederschlag vermag nicht mehr in den verhärmten Boden zu sinken und geht durch den

Oberflächenabfluss verloren. Die Degeneration der Vegetation durch die unkontrollierte Beweidung durch Ziegen und Schafe verstärkt die katastrophale Bodenerosion und die heftigen Meltémi-Winde blasen die wenig fruchtbare Erde ins Meer oder ziellos verstreut über die Insel. Der Verkarstung der Insel muss dringend entgegengewirkt werden. Solange allerdings das Geschäft mit den Touristen blüht, wollen immer weniger Einwohner den Boden ihrer Insel bewirtschaften. Es ist einfacher, dem Reiz des schnellen, einfachen Geldes zu erliegen, als eine sicheres, aber hartes Dasein zu fristen.

Viele Kykladeninseln besitzen kein eigenes Grundwasser oder Quellen für den Eigengebrauch. Früher reichte das im Winter in Zisternen gesammelte Wasser aus, um eine Familie zu versorgen. Für die anspruchsvollen Sommergäste mussten neue Lösungen gefunden werden. Auf Mykonos wurde eine Meerwasser-Entsalzungsanlage gebaut und die Insel durch ein aufwendiges Röhrensystem mit dem wasserreichen Páros verbunden, das das Wasser direkt in Mykonos Reservoir pumpt. Dennoch sollte man gerade auf Mykonos Wasser sehr maßvoll verwenden! Regelmäßig bricht trotz aller Warnungen die Wasserversorgung zusammen – da können die Touristen schimpfen, so lange sie wollen ...

Dynamitfischerei

Angelruten und Fischnetze sind zum nostalgischen Fischermannsklischee geworden, stattdessen wird immer mehr mit Dynamit hantiert. Der Fischfang mit Sprengstoff ist in der Ägäis zwar gesetzlich verboten, wird aber stillschweigend geduldet und praktiziert. Durch die Explosion im Wasser zerbersten die Lungenblasen der Fische und die toten Tiere können mühelos an der Oberfläche eingeholt werden. Den Kampf zwischen Mensch und Natur hat die Technologie längst für sich entschieden! Die heutige Ägäis ist weitgehend leergefischt. Der Fischfang spielt auf Mykonos nur noch eine geringe Rolle. Meeresfrüchte und Fische der Speisekarten sind oft ebenso importiert wie 95 % der restlichen Nahrungsmittel.

Die mühsame Fischerarbeit ist wenig begehrenswert. Der Tag beginnt, wenn andere schlafen gehen, und statt die eigenen Launen auszuleben, ist man den unberechenbaren Launen und Tücken des Meeres ausgesetzt! Fischer wird nur noch, wer kein eigenes Land besitzt und sich nicht dem Tourismus verschreiben kann.

Die griechische Religion

97 % der Griechen gehören der griechisch-orthodoxen Staatskirche an. Der hohe Prozentanteil beruht auch auf dem Austrittsverbot aus der Gemeinschaft seitens der Kirche. Die griechisch-orthodoxe Kirche basiert auf dem christlichen Glauben. Sie bildete sich bei der Aufteilung des Römischen Reiches in einen östlichen und westlichen Teil als Ausläufer der katholischen Kirche und verbreitete den christlichen Glauben in der östlichen Welt auf autonomem Weg.

Kirche und Priester spielen im Alltag der Griechen eine große Rolle und genießen großen Respekt. Selbst im „ägäischen Sündenbabel" Mykonos mischt sich unter die halbnackten Verrückten plötzlich ein mit schwarzen Soutane umwickelter Papa (dt.: „Priester"), der mit langem Bart, hohem Zylinder und klirrenden Goldketten kein gegensätzlicheres Bild bieten könnte. Die griechischen Papas dürfen vor der Priesterweihe heiraten und die Ehe auch als Diener der Kirche weiterführen. Einem strengen Zölibat unterstehen nur Nonnen, Mönche und Bischöfe. Als Angestellte im Dienste der Staatsreligion müssen sich Kirchenmänner und -frauen mit einem kärglichen Beamtensold zufrieden geben. Deshalb sind viele nebst ihren religiösen Verpflichtungen anderweitig, finanziell ergiebiger tätig. Sie unterhalten oft Bauernhöfe, unterrichten an der Universität oder spekulieren an der Börse.

Kirchenbesuchern werden die geschmückten, glänzenden Ikonen an den Wänden auffallen. Sie sind meist üppig verzierte, auf Holz gemalte Gottesbilder, die Christus, die heilige Jungfrau oder andere Heilige darstellen. Ikonenimitationen sind heute beliebte Souvenirs, die Originale heiß begehrte, wertvolle Sammlerstücke.

Die schillernde Welt der griechischen Mythologie mag spannender sein als die Geschichte der griechischen Staatskirche. Die antiken Legenden handeln von griechischen Göttern und Göttinnen. Die Entwicklung der Mythologie wurde im 7. Jh. v. Chr. abgeschlossen. Allerdings begegnet man den Göttersagen noch heute auf Schritt und Tritt. Die phantastischen Sagen über die launenhaften Götter werden noch immer stolz zitiert, lockern die öden Geschichtsstunden in der Schule und erweisen sich als praktische Erklärungsmuster.

Die antike Götterwelt ist nicht nur Ursprung vieler Namensgebungen und Metaphern, sondern beschreibt mit ihren Zweideutigkeiten, Diesseitsbezogenheit und frohen Botschaft die moderne Lebensweise. Mit ihren homophilen Inhalten und dem Aufruf zu bedingungsloser Leidenschaft ist die griechische Mythologie Lieb-

„Göttliche Stargalerie" des Olymps

Zeus:
Der exzentrische Göttervater, der mehr schlecht als recht seine Götterfamilie unter Kontrolle hält. Zeus ist der einzige, der um das Schicksal, die Moira, weiß, aber nichts dagegen ausrichten kann. Sein Temperament ist zügellos, stets bereit für ein außereheliches Abenteuer, ob mit Mann oder Frau!

Hera:
Die vielfach betrogene Gemahlin und Schwester des Zeus. Ihre rasende Eifersucht ist überall gefürchtet. Trotz ehelicher Schwierigkeiten sind Hera und Zeus ein durchaus respektables Paar.

Aphrodite:
Göttin der Schönheit und der Liebe. Ihr Liebreiz besänftigte sogar Ares, den zerstörerischen Gott des Krieges.

Apollo:
Gott des Lichtes und der Musen. Er ist eines der vielen unehelichen Kinder von Zeus und hat durch seine Geburt auf Delos die Insel zur Kultstätte erhoben und zum Zentrum des Lichts gemacht.

Artemis:
Die etwas vernachlässigte Zwillingsschwester von Apollo, die im Schatten ihres Bruders stand. Enttäuscht zog sie sich zurück und schenkte ihre Aufmerksamkeit den Tieren. Sie gilt als Beschützerin der Tiere und ironischerweise als Göttin der Jagd.

Dionysos:
Ein besonders wichtiger Gott auf Mykonos. Er ist der Gott des Weines und der wilden Liebe. Der umstrittene Gott, meist im Gefolge von liebestollen und betrunkenen Untertanen, prägte den Ausdruck des Bacchanal, einer Art frühzeitliche Orgie, die harmlos begann, aber in sexueller Verwirrung endete.

lingslektüre homosexueller Kreise und emotionsbetonter Freigeister geworden.

Die Griechen der Antike schrieben alle unsichtbaren und geheimnisvollen Kräfte der Natur und des Lebens Göttern zu. Sie glaubten, dass Tag und Nacht, Wachsen und Reifen, Sonne und Regen, Wolken, Wind und Sturm wie die ewige Bewegung des Meeres von göttlichen Wesen hervorgebracht und gesteuert wurden. Die griechischen Götter basierten auf den Erfahrungen des Alltags und den Charakterzügen der Menschen. Man attestierte ihnen sämtliche übermenschlichen Eigenschaften zu, ohne ihnen aber die menschliche Gestalt abzusprechen. Sie waren voller Macht, Schönheit und Unsterblichkeit, bedurften aber wie die Menschen der Nahrung und des Schlafes und waren ebenso mit den Leidenschaften und Schwächen der Menschennatur behaftet.

Während der christliche Gott Schöpfer des gesamten Erden- und Himmelreichs war, waren die griechischen Götter, von der Erde (Gaia) hervorgebracht, der göttlichen Allmacht beraubt und standen dem Menschen näher. Die Griechen standen ihren Göttern sehr frei gegenüber. Die allzu menschlichen Züge der Olympier erweckten kaum Ehrfurcht. Wenn einem ein Gott nicht zusagte, suchte man bei einem anderen Trost und Zuflucht. Dankgebete waren selten und Bittstellungen an die zuständige „Obrigkeit" gerichtet, die, ihrer Laune oder Sympathie folgend, darauf einging oder nicht. Selbst das Götterreich, der Olymp, war wie ein irdisches, hierarchisches Staatsgebilde aufgebaut, das vom Göttervater Zeus patriarchalisch und willkürlich regiert wurde. Moralische Vorbilder waren die antiken Götter wahrlich nicht. Sie logen, betrogen, und waren stets auf den eigenen Vorteil bedacht.

Die griechische Mythologie enthält keine Offenbarungen oder spirituellen Lehren. Der Glaube zentrierte sich in einer betonten Freude am diesseitigen Leben. Erhofft der wahre Christ im Tod die Erlösung, so graute den antiken Griechen die Jenseitsvorstellung. Sogar die tapfersten aller griechischen Heldengestalten zeigten nichts von tapferem Märtyrertum, sondern klammerten sich ans Diesseits und beklagten wehmutsvoll die Kürze ihres irdischen Daseins.

Mykonos' Alltag der Gegenwart weist durchaus Ähnlichkeiten mit der hedonistischen Götterfamilie der Antike Griechenlands auf, man denke nur an die Entführung des schönen Jünglings Ganymed, der ob seiner Liebreize von Zeus in die Götterwelt erhoben wurde und ihm dort dienen musste, oder die Geschichte des selbstverliebten Narziss, der nicht aufhören konnte, sein Spiegelbild in der reflektierenden Wasseroberfläche zu betrachten. Mykonos gewährt seinen Gästen Extravaganzen, wie sie sich schon Zeus und Co. herausnahmen. Abwechslungsreich, verrückt und gnadenlos menschlich, so war's auf dem Olymp und so gestaltet sich auch Mykonos' Leben.

Die heutigen Griechen greifen gerne auf die mythologischen Sagen der Antike zurück mit einem erstaunlichen Talent zur positiven Selbstinterpretation ihres Volkes. Sie wandeln sie nonchalant zu ihrem Vorteil um, legen sie als Beweis ihres Auserwähltseins aus oder feiern sie gar als Begründer der modern denkenden Welt. Sie sind die Nachkommen der klugen Athene, besitzen die Schönheit der lieblichen Aphrodite, das Temperament des impulsiven Zeus! Wie man die Fehler der Götter nicht negativ deutete, lassen sich die Griechen ihre widerspruchsvolle „Menschlichkeit" nicht anzweifeln, denn erst das Unvollendete kann zum Perfekten werden! Und so wenig man sich ernsthaft über Zeus' Zorn, Heras Eifersucht und Athenes Besserwisserei ärgern kann, so schwer fällt es, den charmanten, etwas vorgaukelnden Griechen zu widerstehen.

Zeus, Hera, Leto und Apollo! Götter begegnen einem auf Mykonos zuhauf. Göttinnen, die eifersüchtig über ihre Gatten wachen. Götter, die streiten, mogeln und lügen. Eine farbenfrohe Vergangenheit wie ein spannender Gesellschaftsroman, den man kaum mehr aus den Händen legen will!

Die griechische Sprache

Es fasziniert, Griechen bei ihren lebhaften Diskussionen zuzuhören. Fremdartig sind die Klänge, die ihren Mündern entspringen und an einen fröhlichen Singsang erinnern. Griechen verleihen jedem Satz mit einer energischen Gestik Nachdruck und kreierten dadurch einen ganz eigenen Sprachstil.

Seit 3500 Jahren überliefert, ist die altgriechische Sprache eine der ältesten des indogermanischen Sprachraumes. Jeder Illusionist, der sich mit Altgriechisch die Schulzeit erschwerte, muss enttäuscht feststellen, dass ihm sein Sprachwissen in den Griechenlandferien nicht viel bringt. Die blumige Sprache Homers ist passé, und um das griechische Alphabet zu entschlüsseln, ist kein jahrelanges Studium von Nöten. Grammatik und Satzbau des Neugriechischen, der heutigen griechischen Sprache, sind zwar eine Weiterentwicklung des klassischen, attischen Griechisch, in dem einst Sokrates sprach, doch Jahrhunderte voller Veränderungen liegen dazwischen, die die heutige Sprache zu etwas Neuem werden ließen. Neugriechisch existiert in zwei „Varianten“: Katharevusa, das Hochgriechische, das als Beamtensprache gilt. Ähnlich wie sich die saloppen Schweizer in ernsthaften Angelegenheiten des Hochdeutschen bedienen, überlassen die Griechen das Katharevusa der Bürokratie, Politik und Wissenschaft. Das Pendant zum viel belächelten Schwiizerdütsch ist das Dimothiki, die Alltagssprache des griechischen Volkes. Dimothiki zu sprechen, gilt selbst in den aristokratischsten Kreisen als in, vor allem, wenn es schnell bis zur Unverständlichkeit gesprochen wird. Bücher und Gedichte in der volksnahen Umgangssprache zu schreiben, gilt als besonders kreativ wie griechischer Mundartrock in der Musik.

Griechische Schimpfwörter – emotionaler Ausdruck

Griechen wären keine Südländer, wenn sie ihre Aussagen nicht mit lautstarken, deftigen Ausdrücken würzen würden. Sie bedienen sich ihrer Schimpfwörter allerorts so selbstverständlich wie die jüngste Generation unserer Gefilde ihre „Easyness“ und stete „Megageilheit“ bekräftigt. Zum erklärten Lieblings- und bekanntesten Schimpfwort der Griechen zählt der Ausdruck „Malaka“ (je nach Gebrauch und Deklination auch Malakas oder Malakia). Wortwörtlich ist damit die intime, lustvolle Eigenbeschäftigung erigierter Männer gemeint. Doch so wie unsere 15-Jährigen selten eine Erektion besitzen, wenn sie etwas als geil befinden, sprechen die Griechen öffentlich von was anderem als Masturbation, und der Ausdruck Malaka hat sich längst verselbstständigt.

„Malaka“ wird sehr subjektiv verwendet und gewinnt erst mit der Betonung des Sprechers seine eigentliche Bedeutung: Malaka kann ebenso Spitzname des guten Kumpels und des Dorftrottels sein, wie es als Ausruf des Erstaunens oder Ausdruck der Freude verwendet wird. Als Ausländer sollte man solche Ausdrücke meiden: Gesellschaftlich akzeptierte Schimpfwörter unterliegen einer Gebrauchsnorm und es wäre schade, wenn die ungeschickte Expression der Freude böses Blut schafft!

Mykonos ist außer einem Teil Griechenlands durch den Tourismus ein Flickenteppich unterschiedlichster Nationen. So bedient sich das kleine Eiland denn auch vornehmlich der internationalsten aller Sprachen, dem Englischen. Vom zahnlosen Bauer über den analphabetischen

Hotelier bis zur italienischen Ulknudel oder dem blasierten Franzosen: Auf Mykonos wird Englisch gesprochen! Es erstaunt, dass die Griechen mit ihrem krankhaften Hang zum Patriotismus locker und gekonnt die englische Sprache beherrschen. Mag der Akzent zuweilen etwas komisch anmuten, so sind ihre englischen Grammatikkenntnisse oft einwandfrei und das erlernte Vokabular ergiebiger als das der weltgewandten Touristen. Einzig bei der Namengebung von Restaurants, Bars und Hotels beweisen die Griechen Fantasielosigkeit im Gebrauch ihres englischen Wortschatzes. Auf das Hotel Sunshine folgt das Hotel Sunrise, dem die Sunset-Bar angehört, die ihrerseits mit der Moonlight- und Moonnight-Bar konkurriert. Und: Was haben sich die Mykonioten gedacht, als sie aus Kalamopódi Paradise und aus Plindrí Super Paradise machten?

Besonders stolz sind die Griechen auf ihre eigene, exklusive Schrift. Doch Stolz hin oder her: Der Einfachheit halber sind auf Mykonos sämtliche Straßenschilder und Aufschriften in der uns vertrauten lateinischen Schrift geschrieben.

Man muss kein Philologe sein, um das griechische Jahrhundertwort ausfindig zu machen. Sinnlich geflüstert, ängstlich geschrien, unter Lachern hervorgepresst oder als zorniger Warnruf: Die Vielfalt des griechischen Lieblingswortes „Ella“ übertrumpft die Variationen des französischen Voilà bei weitem. Je nach Gestik, Betonung und Situation variiert die Bedeutung von „Ella“ vom befehlenden „Komm!“ zum gespielt-strengen „Hör doch auf!“, vom bedrohlichen „Nimm Dich in Acht!“, dem nach Bestätigung heischenden „Nicht wahr?“ bis hin zum „Mach es mir!“ Als Ausländer fährt man mit einem „Ella“ immer gut.

Essen in Griechenland

Die Küche von Mykonos hat sich der internationalen Badeferienkultur angepasst. Man findet alles, was der viel gereiste Magen begehrt: bioorganische Getreidespeisen, deftige Hausmannskost, libanesische Kebabstände, italienische Cantinas, auf Mexiko getrimmte Tavernas und asiatische Nudelküchen. Eine große Auswahl und vielseitiges Essen sind gewährleistet. Mykonos wäre schließlich nicht Mykonos, wenn seine Restaurants nicht zu den besten des Landes gehörten und in Sachen Dekor und Ausstattung nur bedingt mit anderen internationalen Schauplätzen mithielten. Doch was wollen wir in Griechenland mit Tortilla und

Frühlingsrollen, wo Sombreros und Chopsticks eigentlich nicht in die Umgebung passen?
Denn man will hier vor allem eines: griechisch genießen, griechisch trinken und griechisch essen! Beim Essen scheiden sich allerdings die Geister. Die griechische Küche genießt keinen guten Ruf. So positiv die meisten Urlauber von Griechenland und seinem azurblauen Wasser schwärmen, so skeptisch wird die griechische Küche beurteilt. Sogar passionierte Griechenland-Reisende bekräftigen: „Griechenland ist paradiesisch, wenn nur die Küche eine andere wäre!" Teilweise mit Recht. Einmal in einer falschen Taverne, kann einem das Essen tatsächlich den Appetit auf alle griechischen Speisen verderben. Wie jeder touristische Ort wurde auch Mykonos-Stadt von billigen, unpersönlichen Tavernen heimgesucht, die nicht über jeden Zweifel erhaben sind. Die Touristeninvasion, das Bedürfnis der Kunden nach speditivem Service und billigem Essen, die Anspruchslosigkeit gewisser Urlauber, dazu diejenigen, die auch im Urlaub ihre heimische Küche vorgesetzt bekommen wollen, sind mit verantwortlich für jene Touristenfallen.

Doch man kann hier den Urlaub mit der frischen, üppigen Küche Griechenlands genießen, die nämlich sehr wohl existiert. Man kann erfreut feststellen, dass Griechen genauso wenig nur von Féta, Moussaka und Oliven leben wie Franzosen von Camembert und Italiener von Pizza. Mykonos kann durchaus mit lukullischen Überraschungen aufwarten und beste griechische Küche anbieten, gegen die es nichts einzuwenden gibt. Hammel- und Lammfleisch, Fisch und Geflügel sind Klassiker der griechischen Küche, die stark vom Orient beeinflusst und daher ziemlich schwer ist. Die Zubereitung mit bestem kaltgepressten Olivenöl macht die Nationalküche Homers jedoch sehr bekömmlich.
Es verblüfft, dass Fisch auf dieser meerumgebenen Insel so teuer ist. Doch Fisch ist auf allen Kykladeninseln eine Rarität geworden. Exzessive Dynamitfischerei hat die ergiebigen Fischgründe der Kykladen fast leergefegt und Fisch zum Luxusgericht gemacht. Er wird auf Mykonos immer im Kilopreis berechnet, und Restaurantrechnungen können durch ein simples Fischgericht kräftig ansteigen. Am preiswertesten sind Fisch-Souflakis, die griechischen Fischspießchen. Die auf dem Holzkohlengrill gebratenen Schwertfischspieße sind ein Insel-Renner, bereits ab € 10 erhältlich und so einfach zuzubereiten, dass auch der schlechteste Koch

kaum danebengreifen kann! Weitere günstige Meeresspeisen sind Marídes (Heringe), Calamares (frittiert besonders gut) oder die spottbilligen, salzigen Garnelen.
Es wäre allerdings schade und auch vergebens, beim Essen sparen zu wollen. Will man seinem Magen etwas Gutes tun, fällt die Rechnung auf Mykonos unumgänglich hoch aus. Auf der exklusivsten aller griechischen Inseln muss Qualität teuer bezahlt werden. Die Diskrepanz zwischen den billigen Kebab- und Sandwichständen der Rucksacktouristen, den günstigen Familientavernen ohne Flair und den stilvollen, einladenden Restaurants der Insel wächst nicht nur im Preis. Eine Gemeinsamkeit allerdings haben alle griechischen Lokale: Für Gedeck, Weißbrot, Butter und Wasser wird jeweils ein Minimalbetrag von ca. € 2 berechnet. Dieser Aufpreis ist unumgänglich, selbst wenn man weder Brot noch Wasser will und die nett gedachten Zusätze unberührt stehen lässt.
Heimisches Gemüse oder Früchte existieren auf Mykonos wegen der trockenen, unergiebigen Erde fast nicht. Auf den Nachbarinseln aber wächst und gedeiht dank dem angenehmen Klima alles prächtig und wird täglich nach Mykonos exportiert. Die griechischen Tomaten und Zwiebeln schmecken köstlich – wie der griechische Salat. Nirgendwo schmeckt dieses simple Gericht aus Gurken, Fétakäse, Tomaten und Olivenöl besser als auf einer griechischen Insel!
Die griechische Küche ist einfach. Statt eines komplizierten Pochierens, Tranchierens oder Flambierens werden die Speisen im Rohzustand gegrillt, gebraten oder frittiert. Aufwändige Saucen sind unbekannt. Die Würze ist oft die einzige Zubereitungsvariante der Speisen und an ihr wird nicht gespart. Die gängigsten Gewürze sind Oregano, Pfefferminze, Thymian und Rosmarin.
Die griechische Mahlzeit ist auch Feier und Vorwand zur Geselligkeit und glückt umso mehr, je gelungener der Anlass ist. Dass ein Candlelight Dinner zu zweit in Paris schön sein kann, attestieren auch die Griechen. Doch bei ihnen zu Hause soll der Tisch voll, die Stimmung laut, die Runde groß und am liebsten noch etwas größer sein. Feuchtfröhliche Dekadenz, sich von den vielen Speisen biegende Tische, lautes Gelächter, Musik und schwebende Lampions … Die Klischees werden auf Mykonos exzessiv ans Limit getrieben!
Griechen und wahre Urlaubsgenießer lassen sich beim Apéro Zeit und gehen frühestens um 21 Uhr essen.

Die unumstrittene Hauptmahlzeit der Griechen zieht sich somit bis nach Mitternacht hin und kommt dann zu einem Ende, wenn das Nachtleben auf Mykonos so richtig losgeht.

Appetitanregende Vorspeisen werden zum Auftakt einer Mahlzeit angeboten. Griechische Mezédes oder Mezes (Vorspeisehäppchen) sind üppig und schwer. Deren Angebot ist groß und vielseitig, was Urlauber oft dazu verführt, sich auf die Mezédes zu beschränken und mit ihnen das Essen auch abzuschließen. Nichts für einen richtigen Griechen! Seine Mahlzeit setzt sich traditionell aus Vorspeise, Hauptspeise und oft noch einer Süßspeise zusammen. Einen Gang auszulassen, ist undenkbar und wird mit Banausentum und Stillosigkeit gleichgesetzt. Maßhalten und proportioniertes Denken sind Griechen ein Gräuel. Mag der Hunger noch so klein sein, die Quantität der Bestellung schmälert sich dadurch kaum. Man wundert sich stets, in welcher Menge Griechen Mezédes bestellen und noch mehr, wie viele Vorspeisen unberührt wieder in die Küche wandern. Wer dazu erzogen wurde, das Essen zu würdigen und den Teller leer zu essen, wird kaum verstehen, dass griechische Schlemmer von den Vorspeiseplättchen genau das und so viel sie wollen herunter picken. Der Rest muss einem guten Stück Fleisch oder Fisch vom Grill Platz machen. Andere Länder, andere Sitten: Wir sind in Griechenland, hier muss das Leben verschwenderisch sein, um richtig zu schmecken!

Beliebte Vorspeisen sind Keftédes (würzige Hackfleischbällchen), verschiedene Käse (Féta, Kopanistí), entweder kalt oder frittiert (saganaki cheese), gefüllte Auberginen, Shrimps, gegrillte Tintenfische ... Je aufwändiger die Vorspeisen, desto simpler der Hauptgang. Die Krönung jeder Mahlzeit besteht aus Fleisch oder Fisch direkt vom Grill. Reis ist oft einzige Beilage, der dazu meist verkocht, fade und kaum genießbar serviert wird.

Viele griechische Gerichte werden lauwarm oder kalt serviert. Bei Reklamationen beteuern Küchenchefs gerne, dass der Geschmack des Essens kalt besser zur Geltung komme. Zweifelnde, die ihr Steak heiß brutzelnd bevorzugen, sollten nicht zögern, den am Nebentisch flirtenden Kellner auf seine eigentliche Aufgabe hinzuweisen.

Griechen zeigen gern, dass sie das Leben unkompliziert genießen. Das dekadente Bild der Tischrunde, die selten aus Hunger sondern aus purer Lust an der Geselligkeit zusammenfindet, wird durch den Zigarren rauchenden, in seinem Teller herumstochernden Patriarchen perfektioniert. Rauchen während des Essens wird großzügig geduldet, selbst konsequente Nichtraucher schauen wortlos über diese Unsitte hinweg – das längst verhängte Rauchverbot in der Gastronomie unterliegt einer dehnbaren und vagen Verbindlichkeit. An erster Stelle stehen aber finanzielle Lässigkeit und verschwenderische Großzügigkeit. „Über Geld spricht man nicht, ob man's hat oder nicht, ausgegeben wird es sowieso!" Sparsamkeit darf freien Geistern keineswegs auferlegt werden. Dementsprechend sind die Diskussionen um die Rechnung laut und temperamentvoll. Jeder scheint unbedingt sein Geld loswerden zu wollen, und der Bezahlende ist der erklärte Sieger des Abends. Undenkbar der Vorschlag, die Rechnung untereinander aufzuteilen. Dies nennen die Griechen abschätzig „deutsch bezahlen", auch als Seitenhieb auf die Pfennigfuchserei und Reserviertheit der Mitteleuropäer, die lieber Rechnungen dividieren, als sich schleunigst ins Nachtleben zu stürzen.

Äußerlich unterscheiden sich die Restaurants auf Mykonos kaum. Das Stil-Denken der Athener Schickeria und die Ferienästhetik der Touristen haben die Lokale in Blickfänge verwandelt. Die ursprünglichen griechischen Esshallen, die in ihrer farblosen Kargheit an eine Bahnhofshalle erinnerten, sind dem Dekor internationaler Innenarchitekten gewichen. Windlichter und weinumrankte Lauben schaffen heimelige Tavernenromantik und das Zusammenspiel der kubischen Kykladenarchitektur mit dem avantgardistischen Design eine großstädtische Szenenatmosphäre. Ein optisch attraktives Lokal garantiert noch lange keine gute Küche. Die besten Restaurants der Insel sind noch immer diejenigen, wo der Besitzer zugleich Koch ist und mit seiner Person für die Qualität des Essens und das Wohlergehen der Gäste bürgt, und die, die ihre Ursprünglichkeit bewahrt und die Tradition griechischer Familientavernen mit Erfolg weiterführen. Statt touristischer Massenabfertigung wollen sie ihren Gästen ein geselliges, gemütliches Zuhause sein.

In diesen Häusern wird der Gast auch mal freundlich in die Küche gebeten, wo er sein Mahl aus den brodelnden Töpfen selbst zusammenstellen darf. Die Präsentation der Küche ist wohlwollende Angelegenheit des Kochs oder Hausherrn. Gewinnt man deren Sympathie, zeigen sie gern ihre geheimen Schätze. Stolz lässt man den neu gewonnenen Freund probieren, öffnet die überfüllten Schränke und zeigt den frischen Fisch mit verschwörerischem Blinzeln, als wäre er speziell für diesen einen Gast gefangen worden. Bei solcher Sonderbehandlung kann man sich eines delikaten Mahls sicher sein. Dann sollte man nicht mit Lob sparen! Selbst das offensichtlich übertriebenste Kompliment stößt auf fruchtbaren Boden und wer zu sparsam rühmt, riskiert, sich beim nächsten Mal mit einem griechischen Salat zufrieden geben zu müssen! Das Gastgewerbe auf Mykonos ist noch nicht so perfektioniert, dass die Form der Behandlung nicht Frage der Sympathie wäre. Mag einen der mimosenhafte Küchenchef aus unbestimmbaren Gründen von Beginn an nicht, so muss auch im besten Lokal von der Karte bestellt werden und man läuft Gefahr, nur Überreste vorgesetzt zu bekommen.

Wenn die Ferien zu Ende gehen, stürzen Touristen verzweifelt auf Souvenirs und kaufen alles, was sie zu Hause irgendwie an den Ferienort und die unbeschwerten Tage erinnern könnte. Dabei sollte man sich aber auf bleibende Objekte beschränken! Féta, Retsina und Oliven benötigen mehr als ein durch Erinnerung gestütztes Wohlwollen, um im kalten Deutschland genauso gut zu schmecken! Kali orexi ...

Griechische Küchenklassiker

Baklavá: gerne als Nachspeise verschmaust. Pappsüßer, honigdurchtränkter Nuss- oder Mandelkuchen mit türkischen Wurzeln, der definitiv eine Kalorienbombe ist.

Souflaki: Spießchen mit Fleisch oder Fisch vom Grill, die überall angeboten werden und mit denen man (abgesehen von den manchmal fragwürdigen Beilagen) nicht viel falsch machen kann.

Dolmádes (Dolmadákia): Mit Hackfleisch oder Reis gefüllte Weinblätter. Manchmal werden sie in Essig eingelegt, wodurch sie einen etwas säuerlichen Beigeschmack erhalten.

Moussaká: Eine Art griechische Lasagne mit viel Käse, Hackfleisch, Auberginen und Tomaten. Sieht oft etwas unappetitlich aus, ist aber nahrhaft und geschmackvoll.

Pastitsio: Griechischer Nudelauflauf mit Hackfleisch und Tomaten, der gut und deftig schmeckt, wenn die Makkaroni nicht wie üblich zu einem Brei verkocht sind.

Frühstück

Das Frühstück führt in Griechenland ein stiefmütterliches Dasein. Griechen trinken morgens meist nur eine Tasse Kaffee. Viele Hotels haben sich jedoch dem Gusto der Sommergäste anpassen müssen. Die Buffets der größeren Hotels sind daher üppig und vielseitig. Kleinere Familienbetriebe haben sich immerhin dazu durchgerungen, das Morgenmahl wenigstens um eine Scheibe Brot oder ein Brötchen, etwas Butter, ein kleines Schälchen Marmelade und vielleicht noch ein Stück Wurst und/oder Käse zu erweitern. Griechen sind keine Teetrinker. Meist gibt es gerade mal eine Sorte billigen Schwarztee. Deswegen hält man sich besser an Kaffee, falls man Pulverkaffee mag. Frische Fruchtsäfte sind zwar oft vorhanden, müssen aber extra verlangt werden. Die beim Frühstück minimalistisch veranlagten Griechen offerieren freiwillig meist nur das Mindeste.

Wein

Retsina gehört zu Griechenland wie die weißen Häuschen und die struppigen Tragesel. Dennoch probieren wenige Touristen diesen typischen Wein und manch Weinkenner verzieht säuerlich das Gesicht, wenn vom Nationalwein der Griechen die Rede ist. Tatsächlich ist Retsina eine besondere Art von Traubensaft. Von der EU offiziell zur griechischen Spezialität erklärt, erinnert er beim ersten Schluck an verdünntes Terpentin. Seinen spezifischen Geschmack verdankt Retsina dem Zusatz von Harz der Aleppo-Kiefer. Vorwiegend aus weißen Trauben hergestellt, wurde Retsina früher in Fässern gelagert, die mit Aleppo-Kiefernharz abgedichtet wurden. Dadurch nahm der Wein seinen unverwechselbaren Geschmack an. Das Lagern in jenen Holzfässern ist heute meist passé und das Harzaroma wird direkt in den Wein gegeben.

Außer der snobistischen Oberschicht, die es lieber mit französischem Wein hält, lieben die Griechen ihren Retsina. Nicht gerade für maßvollen Alkoholkonsum bekannt, schätzen Griechen ihren sehr billigen Nationalwein umso mehr, da er leicht bekömmlich ist und am nächsten Tag kaum Nachwirkungen hinterlässt. Selbst Freunde eines guten Tropfens werden trotz Skepsis auf Mykonos zu richtigen Retsina-Fans. Wenn langsam die Sonne untergeht, die brennende Hitze des Tages sich in eine angenehme Wärme verwandelt und man sich bei Oliven und Fétakäse auf den Abend einstimmt, ist Retsina genau das richtige Getränk. Zuhause in der kalten Schweiz ist Retsina allerdings ein ungenießbarer Schauertropfen.

Griechischer Wein ist natürlich mehr als nur Retsina! Gerade Thrakien und Makedonien im Norden sind für ihre erlesenen Rotweine bekannt. Ausgezeichnet sind Naussa-Weine, deren einheimische Traube Xynomavro einen würzigen, vollfruchtigen und tiefroten Wein liefert. Die Namen Boutari (besonders leichte Weine), Château Pigassos und Tsantali wären ebenfalls gute Empfehlungen, wenn die Etiketten statt nur auf Griechisch auch in einer für uns verständlicheren Schreibweise beschriftet werden würden.

Oúzo

Allseits bekannt ist der berühmt-berüchtigte Anisschnaps Oúzo, den die Griechen meist mit etwas Wasser verdünnt (er kriegt dann die richtige milchige Konsistenz) als Aperitif trinken. Oúzo soll – wie Bier? – bei großer Hitze erfrischend und angenehm sein. An heißen Sommertagen sollte man sich aber für das eine oder andere entscheiden, der parallele und uneingeschränkte Konsum von beiden bringt entsetzliche Kopfschmerzen mit sich.

Kaffee

„Griechische Nächte sind lang." Um sich am Morgen danach einer guten Laune zu erfreuen, hilft Kaffee. In Griechenland, dem Land der passionierten Kaffeetrinker, ist man da bestens aufgehoben. Auf Mykonos wird Kaffee in vielen Varianten genossen: Nescafé zum Frühstück, Espresso nach dem Mittagessen, Ice Coffee am Strand, Cappuccino zwischendurch und den Kafé ellinikó als Verdauerchen nach einem schweren Nachtessen. Bestellt wird er skétos (ohne Zucker), métrios (wenig Zucker) oder gliko (süß). Griechischer Kaffee ist, zumindest wenn man ihn in einem traditionellen Kafenion bestellt, stark und ungefiltert. Den Kaffeesatz also schön setzen lassen, bevor man die Tasse leert! Der auf Mykonos servierte Eiskaffee, Frappé, ist ein Mix aus zwei Espressos, etwas Eis, Wasser und Milch ... ein erfrischendes, aufputschendes Getränk, das überall angeboten wird und unbedingt probiert werden sollte.

Bier

Bier gibt es auf Mykonos in allen Sorten. Meist sind es unter Lizenz gebraute, holländische Biere wie Amstel oder Heineken. Importbiere sind auf Mykonos aber auch anzutreffen und der Bierfreund wird auf der Partyinsel bestens versorgt sein. Das erfolgreichste griechische Bier trägt den sinnigen Namen „Mýthos".

„Griechischer Knigge"

„Ich fühle mich hier wie zu Hause." Ein Lieblingsausspruch der Touristen, begleitet von einem wohlig-entspannten Seufzer. Doch wieso soll man eine weite Reise auf sich nehmen, um sich dort in derselben Alltagsbefindlichkeit wiederzufinden? Urlauber wünschen wohl, sich nicht verloren zu fühlen und selbständig schalten und walten zu können. Es gibt Orte, die es einem leicht machen, sich zu Hause zu fühlen, während man an anderen immer der fremde Besucher bleibt. Mykonos ist zu unkonventionell und unorganisiert, um Touristen in gewohnter Manier als Besucher empfangen zu können. Die Insel wird jeden Sommer zum Zuhause zigtausender Urlauber, die sich in ihrer Ferienheimat in einer Selbstverständlichkeit bewegen, als lebten sie seit Jahren hier. Das kleine Mykonos macht es Gästen einfach, einen eigenen Rhythmus zu finden, akzeptiert jedes Verhalten und offeriert jedem Urlaubstyp das Gefühl vom vertrauten Zuhause.

So erfreuen sich die saisonalen „Bewohner" einer geschäftigen, vertrauten Wohligkeit. Doch damit beginnen auch die kleinen Nachlässigkeiten dem Gastland gegenüber – umso mehr, weil es sich um eine kleine Insel handelt, die sowieso alle Normen und Verhaltensmuster entbehrt. Der Urlaub wird erst dann ein gelungener, wenn man der Insel und ihren Bewohnern gegenüber Anstand und Respekt bewahrt. Dies ist mehr als nur Frage des guten Stils, den die hippe Szene von Mykonos geradezu verehrt! Um vor ungewollten Fehltritten gefeit zu sein, sollten charakteristische Wesenszüge, Sitten und Bräuche des griechischen Volkes bekannt sein.

Griechische Gastfreundlichkeit ...

Griechen sind gastfreundliche Leute. Mit Höflichkeit und Charme wird man auf offene Türen stoßen und bald zum Kreis der vertrauten Gesellschaft gehören. So gastfreundlich sie sind, in der Gastrolle beweisen die Hellenen wenig Talent: Der typische Grieche liebt es, zu zeigen, erzählen, bewirten ... die Situation in seinen Händen zu wissen! Griechen fühlen sich als Gast untergeben und unsicher. In seiner Unbelehrbarkeit ist der Grieche ein denkbar schlechter Zuhörer, was der höfliche Gast zumindest teilweise können sollte. Sich unübertrefflich fühlend, sieht sich der Grieche als der bessere Gastgeber. Wird man eingeladen, sollte man dies genießen ... die heitere, unbeschwerte Laune ist griechischen Gastgebern mehr Dank als eine Gegeneinladung!

… und ihre Grenzen

Die Gastfreundschaft hat durch den Tourismus gewisse Wunden abgekriegt. Vor allem Mykonioten ziehen sich im Sommer gern zurück. Das rege Treiben der „Wahlmykonioten“ wird mit defensiver Gleichgültigkeit ohne besondere Warmherzigkeit beobachtet. Allfällige Unfreundlichkeiten der Einwohner sollten nicht zu streng bewertet werden. Als bescheidene Fischer zu reichen Hotel- und Grundstückbesitzern mutiert, haben die einfach denkenden Mykonioten zu schnell an Macht gewonnen und Nutzen aus dem Tourismus ziehen können, um die Gäste manchmal richtig ernst zu nehmen oder sie zu pflegen. Andererseits braucht es nicht viel, um sich den Griechen zum Freund zu gewinnen! Sensibles Taktgefühl, etwas Enthusiasmus, einige griechische Wörter und Sätze münden oft in eine Einladung zur fröhlichen Tischrunde.

Dehnbarkeit des Zeitbegriffs

Griechen neigen zur Unpünktlichkeit! Zeit ist in Griechenland oft nichts exakt Messbares, Definiertes, sondern vage, ein dehnbarer Begriff, der der Subjektivität des Einzelnen unterliegt. Organisatorische Richtlinien sind für die Griechen zwar ein Fixpunkt, aber ein unverbindlicher. Das Leben bietet doch so viel Aufregendes, als das man es verhindern könnte, abgelenkt zu werden! Verschoben ist nicht aufgehoben: Kommen tun die Griechen schließlich immer und mit charmantem Lächeln trösten sie über die Verspätung hinweg, die gar nicht erst zum Thema wird! Wundern wir uns über diese Nonchalance, wundern sich die Griechen höchstens, dass ihre Verabredung trotz des offensichtlichen Ärgers gewartet hat.

Touristen, die sich über langsamen Service, unpünktlichen Transport oder unspeditive Arbeitsweise beschweren, müssen von den Griechen gar nichts mehr wollen: Der Kaffee wird nach halbstündiger Verspätung dazu noch kalt serviert werden, die Taxifahrt wird durch brüskes Bremsen und ungeahnte Umwege zum Alptraum und die Nachttischlampe wird während des ganzen Urlaubs nie mehr leuchten. Mit einem Lächeln erreicht man hier mehr als durch Reklamationen! Die Wirkung des Charmes kennen die Griechen auch und so kann man ihnen auch kaum wirklich böse sein, wenn sie in beschwichtigender Pose ihr beruhigendes „siga, siga“ (langsam, langsam) mit eleganter Handbewegung betonen. Im Ferienmekka Mykonos soll es keine Hektik geben: „Sofort“ (griech. „amesos“) bedeutet auf Mykonos „bald“ – und zwar genau so bald, bis man Lust darauf hat. Man verabredet sich nicht „um zwölf Uhr mittags", sondern „gegen zwölf Uhr mittags" (griech. „kata"). Aus „avrio" („morgen") wird „irgendwann einmal"! Die Griechen sind Meister in der Auslegung ihrer Zeitadverbien – besonders wenn sie in angenehmer „parea" („Gesellschaft") in einer Taverne sitzen – und überzeugt: Nichts kann so wichtig sein, dass man dafür auf eine schöne Zeit, eine hitzige Diskussion oder ein gutes Glas Retsina mit Freunden verzichten sollte …

Und sollte etwas tatsächlich wichtiger sein, wird sich die Wichtigkeit bis zum Folgetag kaum schmälern. Avrio – ein Wort, das Lustlosigkeit, Desinteresse und Faulheit so schön zu verbergen weiß.

Nicht ohne mein Smartphone

Als richtiger Grieche ist man stolzer Besitzer des brandneuesten Smartphones, das man permanent bei sich trägt und noch mehr als die Mitteleuropäer immer und überall exzessiv – und auffällig in Szene gesetzt – benutzt. Am Strand in einen Liegestuhl gepflanzt, lachen, streiten und diskutieren sie in ihr Phone. Oft befindet sich der Gesprächspartner gar am Nachbarstrand, von welchem er per Handy über die aktuelle Strandatmosphäre berichtet. So telefoniert man sich durch, diskutiert allerlei Belangloses, einigt sich mühsam auf einen Treffpunkt und gegen fünf Uhr nachmittags hat's dann die Mobilkommunikation geschafft, sich doch noch an einem Ort zusammenzufinden – meistens genau in jener Strandtaverne, wo sie täglich sind!

Einladungen

Griechen können sehr spendabel mit ihren Einladungen umgehen. Ein zusätzlicher Gast bedeutet immerhin eine Stimme, einen Tänzer und einen Esser mehr am Tisch. Die Taverne ist groß und will gefüllt werden. Mit wem aufgestockt wird, ist zweitrangig! Einladungen in griechische Privathäuser sind dagegen sehr selten, vor allem auf Mykonos. Die Tavernen sind die Orte, wo die Griechen alle dulden und willkommen heißen. Die Heime ihrer Kinder und Frauen hinter den weißen Kalkmauern öffnen sie selten.

Die griechischen Männer

Sie fühlen sich als Nachkommen von Adonis, der als Schönheitsideal gefeierten mythologischen Männergestalt: die griechischen Männer. Hat sich die Großartigkeit von Adonis´ Genen auf die Nachkommen ausgewirkt? Griechische Männer sind oft tatsächlich auffallend schön und gut gebaut. Nebst angenehmem Äußeren glänzen sie mit weiteren Eigenschaften! Im Gegensatz zu den heißblütigen Italienern sind griechische Männer sehr zurückhaltend. Die laute, eindeutige Anmache liegt ihnen nicht und das halbe Dorf muss eine allfällige Vorliebe auch nicht gleich mitbekommen. Alleinreisende Frauen können gelassen durch die Gassen laufen, ohne permanenten Attacken ausgesetzt zu sein ...

Griechische Männer scheinen hübsche Mädchen sogar zuweilen kaum wahrzunehmen. Das Gespräch mit dem Kumpel ist wichtiger als die schönen Beine der Passantin – ein Verhalten, das die moderne, selbstbewusste Frau irritierend und faszinierend zugleich findet! Der Mykoniote sucht selten einen One-night-Stand. Mag sein, dass Treue ein besonderer Charakterzug der Griechen ist oder dass die Nachkommen von Zeus zu träge sind, kurze, wirre Liebesgeschichten über sich ergehen zu lassen. Zweifellos wissen sie, dass Mykonos klein genug ist, davor gefeit zu sein, Begegnungen mit der alten Liebe zu verhindern! Und es mag peinlich sein, Hand in Hand mit der neuen Gefährtin gesichtet zu werden, nachdem man wenige Stunden zuvor das Bett mit einer anderen geteilt hat. Frauen sollten nicht enttäuscht sein, wenn ihr griechischer Adonis nie auf die Idee eines Tête-à-Têtes mit Kerzenlicht kommt, sondern laute, fröhliche Abende mit seinen Freunden plant! Männerfreundschaften haben Priorität, darauf kann auch nicht verzichtet werden, wenn die Liebe knospt. Es gilt als höchstes der Gefühle, die neue Bekanntschaft den Freunden vorzustellen, und die Affäre gilt erst dann als gebucht, wenn die Kollegen ihre Zustimmung angedeutet haben!

Unschuldig sind griechische Männer aber keineswegs. „Pame ja kamaki!“ ist die griechische Version des „Gehen wir auf Aufriss“. Wörtlich versteht man unter einem „Kamaki“ eine Art Besenstil mit Dreizack, den man bei der Tintenfischjagd verwendet. „Zarte Dämchen“ mit zappelnden Tintenfischen zu vergleichen, die mit einem Stoß erledigt werden können, ist kaum schmeichelhaft und dennoch Realität. Die übermütige Urlaubsstimmung und die prickelnde Atmosphäre von Mykonos verwandeln viele Frauen in ungeschickte Opfer, die sich allzu leicht in den grünen Ozeanen griechischer Augen verlieren. Wenn die Charterflieger abheben, sieht man in der Flughafenhalle die verweinten Augen junger Mädchen. Ungläubig starren sie auf die verhasste Fluggesellschaft, die sie gefühllos und nichtsahnend in die Heimat zurückbringen will. Ohne Kostas, Yiannis oder Dimitris, der ohne die Ablenkung der blonden Susanne bald die brünette Elena heiraten wird!

Die griechischen Frauen

Griechinnen sind stolze, temperamentvolle Frauen. Die Nachfolgerinnen Helenas scheinen genau zu wissen, was sie wollen und vor allem, wie sie es auf bequeme Art erreichen können. Die perfekt inszenierte Weiblichkeit ist die stärkste Waffe der Griechin. Auf ihre Fraulichkeit zählen denn die Griechinnen auch meist mehr als auf ihre staatlichen Rechte. Seit 1952 wahlberechtigt und seit 1975 vor dem Gesetze gleich, scheinen die griechischen Frauen herausgefunden zu haben, dass die rechtliche Gleichstellung oft mühsame Arbeit und Verantwortung mit sich bringt, die sie lieber den Männern überlassen. Außerdem spricht ihnen das Gesetz nichts zu, das nicht auch durch eine anmutige Kopfbewegung und eine zärtliche Geste bewirkt werden könnte.

Der Grieche und die Griechin

Griechen sind ein Herdenvolk. Je größer die Gesellschaft, in der man sich befindet, desto besser! Größere Ansammlungen neigen zur Gruppenbildung: männlich und weiblich. Dort entfalten sich die geschlechterspezifischen Verhaltens- und Kommunikationsmuster, man/frau genießt hier die Unkompliziertheit des Kompagnons, dort die Nähe der vertrauten Freundin.

Auch die jungen Griechen stürzen sich am liebsten „im Rudel“ ins Nachtleben. Laut und anzüglich wandern sie durch die Gassen, als gehöre ganz Mykonos ihnen. Hat bei den griechischen Jungs der Spaß ein abruptes Ende, wenn sich der deutsche Karl oder der italienische Massimo an die griechischen Mädels heranmachen, pflegen diese für ihre vergötterten Landsmänner die schönsten Touristinnen nicht nur ausfindig zu machen, sondern auch anzusprechen! Die neue, ausländische „Kollegin“ wird freundlich im Kreise aufgenommen, das übliche Konkurrenzdenken unter Frauen ist für einmal kein Thema. Wehe jedoch jener Frau, die den angebotenen Adonis nicht umgehend akzeptiert ...

Weibliche Touristinnen

Sonne und Meer bringen die Sinne in Wallung. Welche Frau schwärmte mit 15 nicht noch lange vom netten Giulio aus Rimini, welcher Mann fantasierte als Teenager nicht von den schnippischen Französinnen der Côte d’Azur? Machen die Jahre klüger? Nicht nur Zeus hatte Mühe, in der fröhlichen Götterwelt seiner Ehefrau zu gedenken, auch viele „alleinstehende“ Touristen und Touristinnen suchen jeden Sommer die Flirtinsel Mykonos auf, um dort eindeutigen Gelüsten nachzugehen! Großteils sind es für einmal die netten Frauen von nebenan, die auf Mykonos ihren Adonis suchen und oft auch finden! Typische „Geständnisse“:

Gaby L. aus Dortmund: „Natürlich war ich nicht auf der Suche. Ich wollte mit meiner Freundin einen lustigen Urlaub machen, Mann, Kinder und Haus einmal sich selbst überlassen. Ich war über mich selbst überrascht, wie ich auf die stolzen Griechen reagierte, denn ich weiß noch heute, warum ich meinen Mann geheiratet habe! Trotzdem, die Griechen sind halt nicht nur schön, sie sind so lebendig ...

Renate B. aus Bern: „Es sind die Augen. Nirgends findet man dunklere, treuherzigere Augen als hier. Sie sind nicht nur feurig wie die der Italiener, klug wie die der Deutschen oder romantisch wie die der Franzosen! Sie sind alles zusammen und man will gar nichts anderes, als diesen Blicken zu glauben ...“

Sylvie D. aus Bordeaux: „Ich habe Giannis vor zwei Wochen kennengelernt und meinen Urlaub wegen ihm verlängert. Mein Freund zu Hause weiß noch nichts, aber ich werde es ihm beim nächsten Anruf sagen ... Giannis ist so, wie ein Mann sein muss: schön und stark – und ich darf Frau sein. Ein simpler Ferienflirt? Nein, er war's ja nicht, der mich angemacht hat. Ich habe ihn angesprochen, nachdem er mich auch nach fünf Tagen Strandnachbarschaft immer noch nicht bemerkt hatte!“

In der Abflughalle von Mykonos sieht man denn die Touristinnen mit schmerzverzerrten Gesichtern sitzen. Ein letztes Telefonat, schauen ob der Handyempfang noch stabil ist ... Viele von ihnen kommen nie mehr zurück. Kostas, Giorgos und Iannis waren´s dann doch nicht! Nur bei einigen wenigen wird der Ferienflirt ein nicht nur irrealer Ferienwunsch nach Adonis.

Die Familie

Wie in anderen südlichen Ländern gilt die Familie in Griechenland als heilig und unantastbar! Die Scheidungsrate der Griechen ist viel niedriger als in Deutschland. Die griechische Familie basiert nicht nur auf dem Motiv der Altersversorgung oder wirtschaftlichen Unterstützung. Sie ist eine emotionale Stütze, auf die man sich blindlings verlassen kann! Die pubertären oder

Midlife crisis bedingten Problemjahre scheinen die Griechen nicht aneinander auszulassen und wer alt ist, muss noch längst nicht out sein!
Wenn Griechen feiern, ist oft der ganze Familienclan zugegen. Familienfeste sind keine verpönten Anlässe, sondern unterhaltsame, fröhliche Zusammenkünfte, die weder der kleine Enkel noch der alternde Großonkel so schnell verlassen will.

Lebenssinn

Griechen mögen rechthaberisch, egozentrisch, unzuverlässig und prahlerisch sein, ihr Sinn für Genuss und Lebensfreude ist aber mehr als nur ansteckend. Anders als andere Südländer lassen sie sich diesen weder durch einen krankhaften Ehrgeiz schmälern, sondern geben sich in kindlicher Manier dem Dolce Vita hin. Mit dem Wissen um ihre Philosophen schreiten sie frohgemut durchs Leben und quälen sich nicht damit, dieses groß zu hinterfragen. Macht etwas Spaß, verlangsamt man den Schritt, während Langeweile das Schritttempo vorantreibt. Als ob es so einfach wäre!
Gewohnt, der Seele Abgründe und die Bestimmung des Egos zu analysieren, tun viele dieses Laisser-faire als Oberflächlichkeit ab. Doch wie man Homers hedonistischen Göttergestalten in ihrer Menschlichkeit einfach mögen muss, kann man sich dem Charme der Griechen kaum entziehen. Nur zu gerne würden wir wenigstens zeitweise dem Schicksal die Lebensfäden übergeben ...

Erbe der Antike – der Stolz der Griechen

Stolz, Nachkommen der Begründer der Philosophie zu sein, sehen sich die Griechen noch heute gern als weise agierendes, tiefgründiges Volk, das den Alltag auf strikte Wertmaßstäbe aufbaut. Eine gekonnte Anspielung auf die ruhmvollen Vorfahren der Antike bringt ausländischen Gästen viele Freunde und noch mehr Vorteile. Unwissenheit scheinen Sokrates und Aristoteles dem griechischen Volk ein für alle Mal genommen zu haben. Der typische Grieche scheint deshalb eine Antwort auf alles zu wissen, die von Ausländern besser nicht laut hinterfragt wird! Kritik, und sei sie diplomatisch angebracht, wird einfach ignoriert und einem noch jahrelang übel genommen.
Mit bewundernswerter Nonchalance pocht Griechenland auf sein antikes Kulturerbe und glaubt sich deswegen einer ewigen Sonderposition in Europa berechtigt. Während alle Welt die alten Griechen kaum in direkte Verbindung zum heutigen Griechenland setzt, sehen

Katze in einer Gasse von Mykonos-Stadt

sich viele Griechen als die direkten Nachkommen und eigentlichen Erben sämtlichen antiken Kulturgutes. Die Darstellung der realen Gegenwart und tatsächlichen Lage der Dinge ist eher verpönt. In einem ist eine direkte Nachkommenschaft zu den weisen Griechen der Antike unverkennbar: Das Erzähltalent der Griechen scheint in Metaphorik und Blumigkeit tatsächlich direkt von Homer abzustammen, der dem gebirgigen Land mit seinen Sagen und Epen wundersame Bedeutung und göttliche Bestimmung verlieh!

Katzenfreu(n)de

Die Gassen von Mykonos-Stadt sind katzenfreundlich. Keine gefährlichen Autoräder und zig Touristen, die gerne was von ihrer Mahlzeit abgeben! Die Klugheit der Katze wurde schon von antiken Kulturen bestaunt: Die Tiere wissen genau um die Essenszeiten ihrer Urlauberfreunde und so sieht man die schlanken Katzen mit den auffallend großen Ohren vor allem nachts um die Gartenkneipe streifen. Von Restaurantbesitzern verhasst, den ausländischen Gästen geliebt, geht es Katzen auf Mykonos im Sommer gut. Im Winter und in der Nebensaison haben die Vierbeiner allerdings nicht viel zu wollen. Mykonioten sehen sie als bloße Nutztiere und behandeln sie als solche. Katzen sollen Speisereste und Küchenabfälle entsorgen, Mäuse jagen und es ja nicht wagen, das Haus zu betreten. Neugeborene Katzen überleben selten – und wenn, erwartet sie eine vage Zukunft.

Viele Urlauber zeigen Mitleid gegenüber den putzigen Vierbeinern. Das barsche Verhalten der Mykonioten zu ihren Katzen weckt bei vielen Unverständnis und Ärger. Oft fungieren Touristen als Retter in der Not: Die kleine Tigerkatze des Hotels wird ins Flugzeug geschmuggelt, damit sie zu Hause aufgepäppelt und an Gummibaum und Whiskas gewöhnt werden kann.

Tieradoptionen werden von der lokalen Tierschutzorganisation „Friends of the animals of Mykonos“ unterstützt. Sie kümmern sich um herrenlose, ausgesetzte und misshandelte Tiere, führen Sterilisationen durch und wollen ein Tierheim für langwierige Behandlungen errichten:

info@mykonosanimals.org
www.mykonosanimals.org

Anomie

Dieser griechische Ausdruck bezeichnet den Zustand fehlender oder geringer sozialer Normen. Gesetze sind trotz aller gegenteiliger Bekundungen nie für alle gleich gültig. Dem besonders Klugen und Schlauen bietet sich immer ein Schlupfloch. Die Griechen sind darin Meister, Paragraphen auszudehnen oder völlig zu umgehen: In Griechenland passen sich die Gesetze den Menschen an und nicht umgekehrt. Je nach Name, Ruf, Einfluss etc. ändert sich eine Situation um 180 Grad … Vetternwirtschaft. Rousfeti (dt.: „Gunsterweisung") ist der unverblümte Selbstschutz und die berechnende menschliche Neigung, stets nach dem größten Vorteil und angenehmsten Weg zu suchen.

Nomen est omen

Nicht nur dank Globalisierung können Touristen den Luxus von zuhause mittlerweile auf Sri Lanka ebenso wie auf den Antillen genießen. Der moderne Tourist ist kein Wiederholungstäter. Für Standardpreise reist er diesen Sommer nach Mykonos, für denselben Preis vergnügt er sich nächstes Jahr am Strand von Pattaya. Deswegen scheint es vielen Hoteliers und Restaurantbesitzern überflüssig, diesen unsteten Gast zu verwöhnen oder zu umsorgen! Der Urlauber des 21. Jh. kommt und geht. Jede Extramühe ist vergebens und zahlt sich nicht aus. Mit mehr als 50.000 Chartergästen pro Sommer hat Mykonos gelernt, seine Gastfreundschaft spärlich einzusetzen. Mykonos-Touristen müssen sich besondere Aufmerksamkeit schon verdienen. Wer sich weder durch jährliche Besuche noch durch entgegenkommendes Interesse auszeichnet, wird in der grauen Masse der Urlauber nur mittelmäßigen bis schlechten Service erfahren.

Auf Mykonos wachsen der Anteil der Stammklientel unter den Feriengästen und die Kluft zwischen der Behandlung von „Gelegenheits"-Touristen und der des Stammpublikums immer mehr! Bekannte Gesichter essen besser, werden schneller bedient, zuvorkommend beraten und oft gar eingeladen. Nomen est omen!

Die Griechen messen Status und Bekanntheit einer Person eine wichtige Bedeutung zu. Bis in die Sphären der Politik reicht der harmlose bis korruptionsfördernde Klientelismus. Ist man den richtigen Leuten bekannt, kriegt auch der etwas faule Bruder einen guten Job, der unzuverlässige Schwiegersohn plötzlich seinen Bankkredit und die Ehefrau trotz 10-jähriger Kinderpause ihre Managerstelle. Wer den richtigen Namen nennt, hat schon halb reüssiert. Amüsiert stellt man fest, wie beiläufig der bekannte Freund X und die reiche Verwandte Y ins Gespräch einfließen. In Mykonos sind nicht nur Ruhm, Geld und Macht türöffnend, sondern auch die Bande zur Ausgehszene der Insel: Es wundert daher nicht, dass der Besitzer des Sale 'n' Pepe einer der besten Freunde aller Mykonos-Reisenden ist, der Türsteher des Madclubs schon fast ein Bruder und der Kellner im Pierros ein besonderer Vertrauter!

Der Grieche und Europa

Während es bei uns manch einer mit dem Sprichwort „Morgenstund´ hat Gold im Mund" hält, beruft sich der Grieche auf den Gemeinplatz „die alten Griechen haben schon alles gesagt". Dieser Satz unterstellt jedem Fortschrittswillen ein Überflüssigsein und Zuspätkommen. Offensichtlich ist besonders der Spott gegen jene Nationen, die heute um die kulturelle Spitzenposition Europas rangeln, obwohl die Hierarchie bereits vor Jahrtausenden festgelegt wurde.

Wie der Weise, der sich auf seiner Erfahrung und Klugheit zur Ruhe setzt, um die Selbstfindung der unwissenden Folgegenerationen zu beobachten, scheint sich Griechenland auf seiner Vergangenheit ausruhen zu wollen. Der griechische Ursprung des Wortes „Europa" ist Trost genug über die aktuelle Abseitsstellung und eine größere Ehrerbietung als die Zugehörigkeit im Kreis der gegenwärtigen Spitzenmächte Europas.

Mit seinem barbarischen Kulturerbe ist der Westeuropäer den Begründern des Humanismus natürlich weit unterlegen. Westeuropäer werden oft als „Koutofrangos" betitelt, was wenig schmeichelhaft etwa der „dumme Westeuropäer" bedeutet. Der feststehende Begriff hat sich je länger, desto mehr auch im Tourismusgewerbe ausgebreitet. Obwohl die verhöhnten Westeuropäer beste Einkommensquelle sind, sind gute Behandlung oder Respekt nicht immer gewährleistet. Die Großzügigkeit hängt vom eigenen Bedürfnis ab: So ist der Tourist mittlerweile ersetzbar, den langweiligen Realismus des EU-Haushalts hingegen überlässt man gerne den tüchtigen Koutofrangos!

Kleiner Sprachführer

Deutsch – Griechisch

ja	ne [nä]
nein	óchi
hallo!	jassoú! jassás!
guten Tag/Morgen	kali méra!
guten Nachmittag/Abend	kali spéra!
gute Nacht	kali níchta!
auf Wiedersehen	adío!
bitte	parakaló
danke	efcharistó
Ich bin hungrig	pinao
Ich bin durstig	dhipsao
Ich bin müde	ime kurasmenos
Ich möchte essen	thelo na fao
Willkommen!	Kalós ilthate
Es macht nichts	dhen pirazi
Es tut mir leid	lipame
Okay/richtig!	entaksi
Das ist schön	ine poli oreo
sehr gut!	polí kalós
Was kostet das?	Póso kaní?
Darf ich das haben?	Boro na echo?
Wie geht es Ihnen?	Ti kánete?
Es freut mich, Sie kennen zu lernen!	Chero polí!
Ich habe mich verirrt	Chathika
nicht!	mi!
gut	kalós!
schlecht	kakós!

groß	megálos
klein	mikrós
rechts	deksjá
links	aristerá
Hilfe!	Voithia!
hier!	Edho!
dort!	Ekí!
Ich verstehe kein Griechisch	Dhen milao elinika!
Sprechen Sie Englisch?	Milate anglika?
Ich bin Deutscher!	Ime germanos!
Herr (Anredeform)	Kirie
Frau (Anredeform)	Kiria
Mein Name ist ...	To onoma mu ine ...
Wie spät ist es?	Ti ora ine?
Ich möchte ein Taxi!	Thelo ena taksi!
Restaurant	to estiatorio
Taverne	i taverna
Frühstück	to proyevma
Mittagessen	to yevma
Abendessen	to dhipno
Fisch	ta psaria
Im Ofen gebacken	sto furno
gekocht	to vrasto
gedünstet	me saltsa
gedämpft	to psito
gegrillt	to tiyanito
kalt	krio
am Spieß	tis suvlas